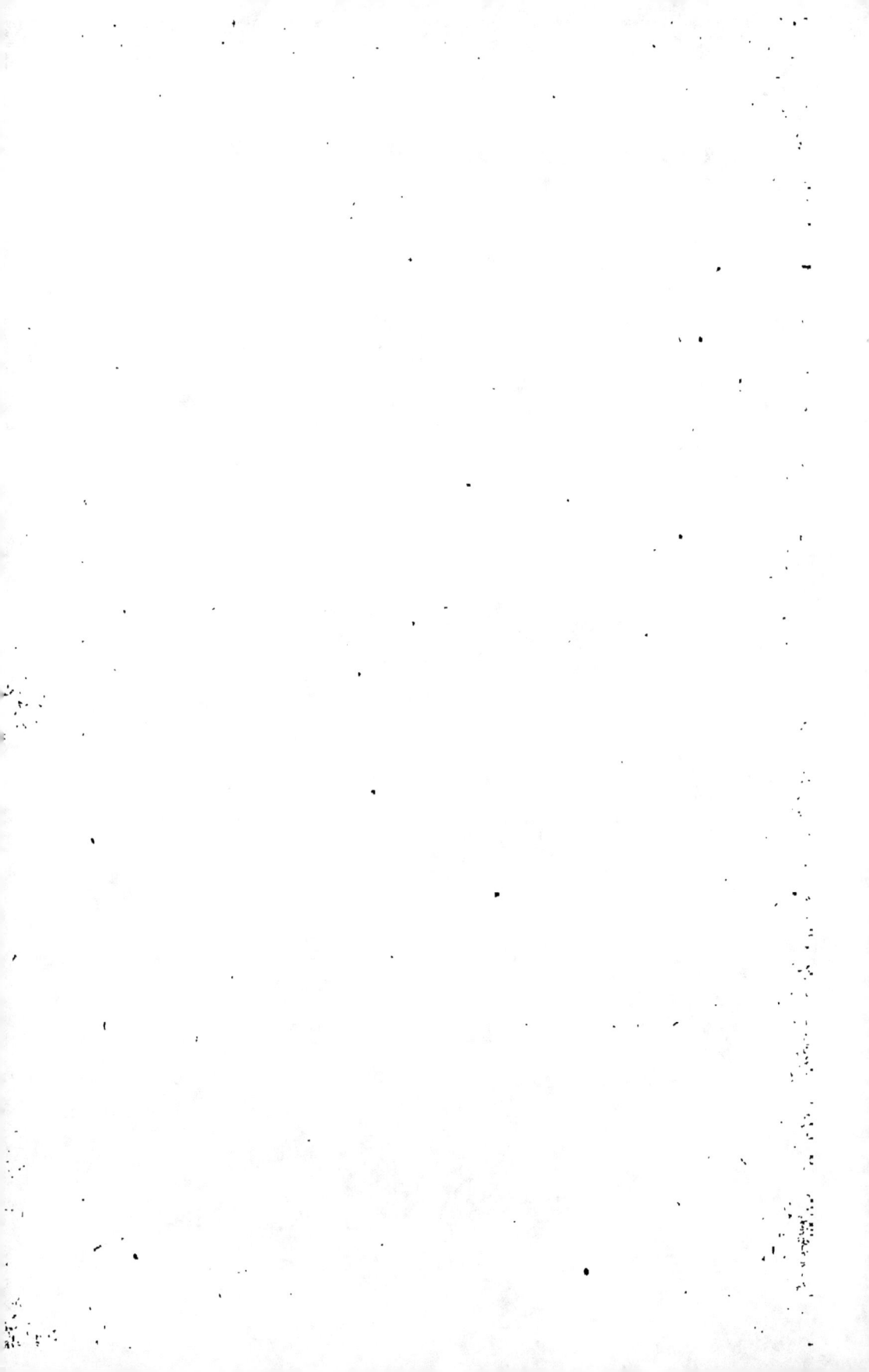

COURS DE ZOOLOGIE

CLASSE DE SIXIÈME

VOLUMES PARUS

(TOUS LES VOLUMES, FORMAT IN-8°, SONT RELIÉS EN TOILE)

CLASSE DE SIXIÈME

L. ROGER. — **Exercices faciles et petites Compositions françaises**...................... 2 fr.

FÉNELON. — **Les Aventures de Télémaque.** — Extraits annotés, — par H. Lion, professeur de rhétorique au Lycée d'Amiens ..'...... 1 fr. 25

E. PETIT, docteur ès lettres, professeur au Lycée Janson-de-Sailly. — **Morceaux choisis des Prosateurs du XIX⁰ siècle**, avec portraits... 4 fr. 50

BOUGUERET, professeur de dessin au Lycée Saint-Louis, à l'École normale supérieure de Saint-Cloud et aux Écoles Monge et J.-B. Say. — **Géométrie**, Cours théorique et pratique, avec de nombreuses figures......... 1 fr. 20

L. DESMONS, professeur agrégé au Lycée Janson-de-Sailly. — **Arithmétique**, avec gravures .... 2 fr.

H. LECOMTE, agrégé des Sciences naturelles, professeur au Lycée Saint-Louis. — **Zoologie**, avec nombreuses figures. — .... 2 fr. 50

LEROY, professeur agrégé. — **Géographie de la France et de ses Colonies**, avec nombreuses illustrations et cartes .... 2 fr. 50

CLASSE DE CINQUIÈME

GRIMM. — **Contes de l'Enfance et du Foyer**, par Lang, professeur agrégé de l'Université, avec portraits...................... 2 fr.

RACINE. — **Esther**, par Jules Wogue, professeur au Lycée de Reims, avec portrait................... 1 fr. 25

E. PETIT, docteur ès lettres, professeur au Lycée Janson-de-Sailly. — **Morceaux choisis des Prosateurs du XIX⁰ siècle**, avec portraits................... 4 fr. 50

L. DESMONS, professeur agrégé au Lycée Janson-de-Sailly. — **Arithmétique**, avec gravures. 2 fr.

PRIEM. — professeur agrégé au Lycée Henri IV. — **Géologie**.... 3 fr. 50

CLASSE DE QUATRIÈME

RACINE. — **Les Plaideurs**, par Th. Comte, professeur au Lycée Condorcet, avec portrait....... 1 fr. 25

MOLIÈRE. — **L'Avare**, par Pont-Sevrez, professeur aux Écoles municipales supérieures de Paris. 1 fr. 25

E. PETIT, docteur ès lettres, professeur au Lycée Janson-de-Sailly. — **Morceaux choisis des Prosateurs du XIX⁰ siècle**, avec portraits...................... 4 fr. 50

J. LEGRAND, professeur agrégé au Lycée Buffon. — **Plans de Compositions françaises sur des sujets variés**....... 1 fr. 50

LUDOVIC CARRAU. — **Cours de Morale pratique**.......... 3 fr.

B.-H. GAUSSERON, agrégé, professeur d'anglais au Lycée Janson-de-Sailly. — **Morceaux choisis d'auteurs anglais**, prose et poésie, avec portraits...................... 2 fr.

CLASSE DE TROISIÈME

MOLIÈRE. — **Les Précieuses ridicules**, par G. Reynier, professeur agrégé au Lycée de Grenoble, avec portrait................... 1 fr. 25

J. LEGRAND, professeur agrégé au Lycée Buffon. — **Plans de Compositions françaises sur des sujets variés**........... 1 fr. 50

E. PETIT, docteur ès lettres, professeur au Lycée Janson-de-Sailly. — **Morceaux choisis des Prosateurs du XIX⁰ siècle**, avec portraits...................... 4 fr. 50

CLASSE DE DEUXIÈME

J. LEGRAND, professeur agrégé au Lycée Buffon. — **Plans de Compositions françaises sur des sujets variés**........... 1 fr. 50

CORNEILLE. — **Polyeucte**, par Bernardin, professeur de rhétorique au Lycée Michelet, avec portrait 1 fr. 25

RACINE. — **Athalie**, par Jules Wogue, professeur au Lycée de Reims 1 fr. 25

MOLIÈRE. — **Le Misanthrope**, par G. Pélissier, professeur agrégé au Lycée Lakanal, avec portrait. 1 fr. 25

MOLIÈRE. — **Le Tartuffe**, par H. Meyer, professeur agrégé au Lycée Condorcet, avec portrait.... 1 fr. 25

CLASSE DE PREMIÈRE

J. LEGRAND, professeur agrégé au Lycée Buffon. — **Plans de Compositions françaises sur des sujets variés**............... 1 fr. 50

BIBLIOTHÈQUE DE L'ENSEIGNEMENT SECONDAIRE MODERNE

PUBLIÉE SOUS LA DIRECTION DE MM.

EUGÈNE MANUEL
Inspecteur général de l'Université,
Membre du Conseil supérieur.

VICTOR DUPRÉ
Inspecteur de l'Académie de Paris.

CLASSE DE SIXIÈME

COURS

DE

ZOOLOGIE

PAR

HENRI LECOMTE

Agrégé de l'Université,
Professeur au Lycée Saint-Louis.

Ouvrage conforme au programme du 15 juin 1891.

PARIS

ANCIENNE MAISON QUANTIN

LIBRAIRIES-IMPRIMERIES RÉUNIES

7, rue Saint-Benoît

MAY & MOTTEROZ, DIRECTEURS

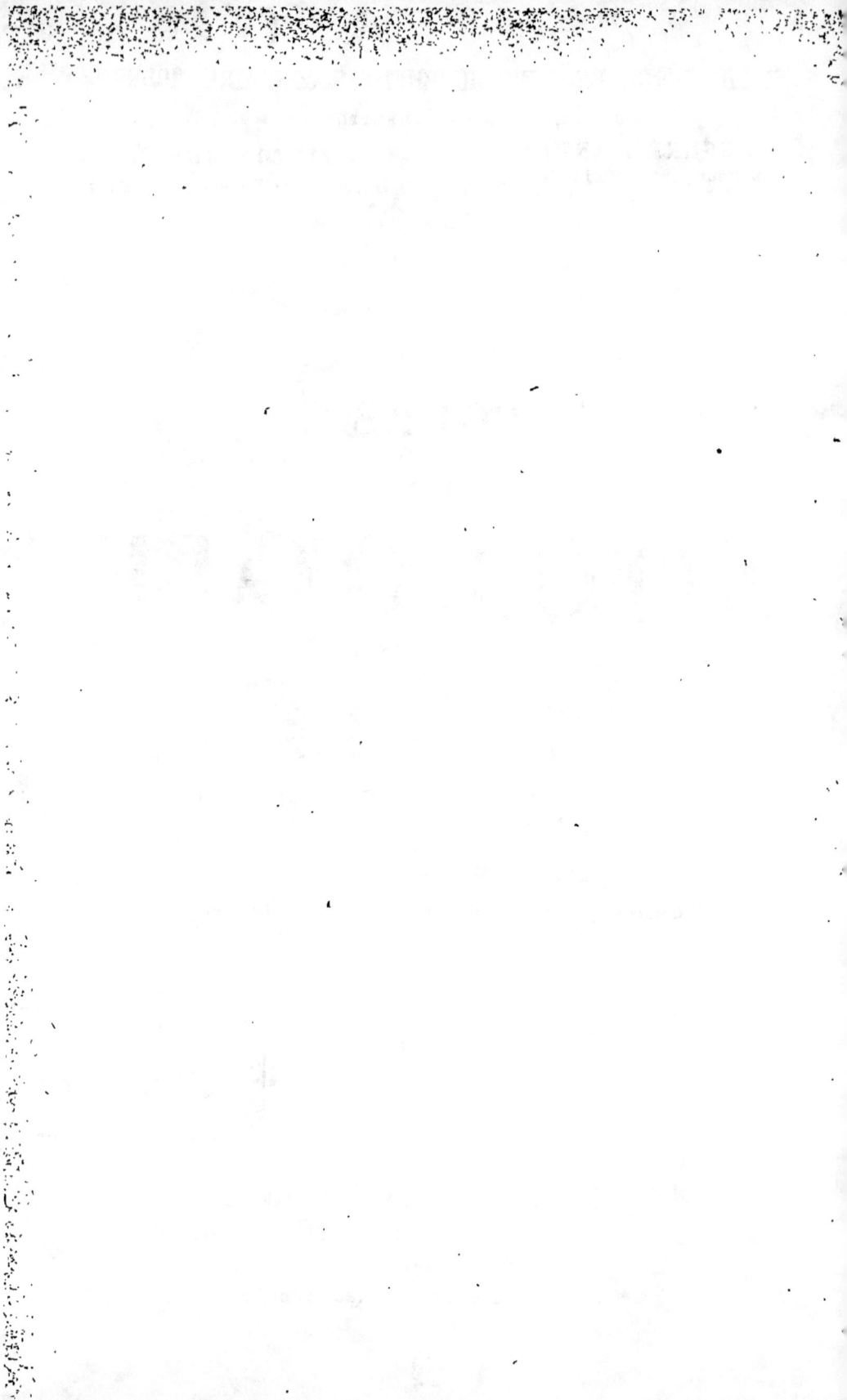

PREMIÈRE PARTIE

CHAPITRE PREMIER

Les animaux et les plantes. — Organes et fonctions

Les trois règnes de la nature. — L'histoire naturelle s'occupe de tous les corps répandus à la surface et à l'intérieur de la terre. Ces corps sont : les uns des *corps bruts* ou *minéraux*, les autres des *corps vivants* ou *organisés;* ceux-ci comprennent à leur tour deux catégories : les *végétaux* et les *animaux.* Il existe donc dans la nature trois grandes divisions qui ont reçu le nom de règnes :

Le règne minéral; corps bruts ;

Le règne végétal; ⎱ êtres vivants.
Le règne animal; ⎰

Différences entre les corps bruts et les êtres vivants. — Il ne semble pas difficile, au premier abord, de distinguer un minéral d'un être vivant (animal ou plante). Nous n'hésitons pas à dire d'un fragment de cristal de roche que c'est un minéral; nous disons de même d'un Chêne que c'est une plante, et d'un Chien que c'est un animal. Mais, quand il s'agit des Éponges ou des Coraux que l'on rencontre au fond de la mer, la distinction devient plus difficile; c'est ainsi que le Corail a tout d'abord été considéré comme un minéral, puis comme une plante avant d'être définitivement rangé parmi les animaux. Dire que les animaux et les végétaux sont doués de vie et que les minéraux en sont, au contraire, privés n'est donc pas suffisant : il faut apprendre en quoi consiste la vie.

Un Chêne et un Chien sont considérés par tout le monde comme des êtres vivants ; or, si nous cherchons ce qui les distingue d'un morceau de marbre ou d'un fragment de cristal de roche, nous trouvons que le Chêne et le Chien naissent d'êtres vivants qui existaient avant eux et qui leur ressemblaient ; puis qu'ils se nourrissent et s'accroissent ; enfin qu'ils meurent après avoir donné naissance à d'autres êtres semblables ; la faculté de se *nourrir*, de *s'accroître* et de se *reproduire* entre deux termes extrêmes, la *naissance* et la *mort*, voilà ce qui caractérise les êtres vivants.

Un morceau de marbre, au contraire, ne naît pas nécessairement d'un corps semblable existant avant lui ; il ne se nourrit pas, ne s'accroît pas, ne se reproduit pas et échappe à la mort qui est, chez les plantes et les animaux, la suite naturelle et la conséquence de la vie.

Les êtres vivants se distinguent donc surtout des minéraux par la faculté qu'ils possèdent de se nourrir, de s'accroître et de donner naissance à des êtres qui leur ressemblent.

Différence entre les animaux et les végétaux. — Il ne suffit pas de savoir distinguer les corps bruts des êtres vivants ; parmi ces derniers, il faut encore préciser les différences entre les *animaux* et les *végétaux*.

Outre que les plantes sont ordinairement vertes et que les animaux ne le sont pas, il existe encore d'autres caractères distinctifs plus importants. Un chien ne reste pas indifférent aux coups ; il manifeste ses impressions par des cris et par des mouvements : il est donc doué de *sensibilité* et de *mouvement*. Un chêne, au contraire, en est dépourvu, car il ne réagit aucunement quand on le frappe.

Un animal est donc un être vivant doué de sensibilité et de mouvement.

Le tableau suivant résume les différences entre les animaux et les végétaux :

ANIMAUX	VÉGÉTAUX
Non colorés en vert ;	Pourvus d'une matière colorante verte ;
Doués de sensibilité et de mouvement volontaire.	Non doués de sensibilité et de mouvement volontaire.

Mais il faut bien se garder de considérer ces distinctions comme tout à fait générales, car, dans la nature, il n'existe pas de lois sans exceptions.

C'est ainsi que certaines plantes, les Champignons par exemple, sont dépourvues de la coloration verte qui caractérise en général les végétaux.

Une plante verte fort commune dans l'Amérique du Sud, la *Sensitive*, possède la propriété de refermer ses feuilles au moindre choc ; elle les ferme même tout naturellement à l'approche de la nuit pour les ouvrir le matin. De nombreuses plantes de nos pays, la *Fève*, le *Trèfle incarnat*, etc., présentent, comme la Sensitive, ces mouvements de veille et de sommeil.

Nous trouverions encore bien d'autres exemples de ces mouvements chez les plantes inférieures, et, en particulier, chez les Algues microscopiques dont les eaux sont abondamment fournies.

Étude spéciale de l'homme : Organes, fonctions, appareils. — Chacun des *actes* accomplis par un animal est le résultat de l'activité d'une certaine partie de son corps ; ainsi les mouvements s'exécutent à l'aide des muscles ; la vue s'exerce par les yeux, etc. On donne le nom d'*organes* à ces parties du corps qui sont le siège d'actes déterminés : les muscles et les yeux sont des organes. — Plusieurs organes peuvent associer leur action dans un but commun ; leur réunion constitue alors un *appareil* : la bouche, les dents, l'estomac et l'intestin sont destinés à recevoir les aliments ou à les transformer ; leur ensemble constitue l'*appareil digestif*, et la totalité des actes accomplis par cet appareil porte le nom de *fonction*.

Anatomie ; physiologie. — On désigne plus spécialement sous le nom d'*anatomie* l'étude des organes d'un animal, et sous celui de *physiologie* celle des actes accomplis par ces organes. Étudier les différentes parties d'un œil, c'est faire de l'anatomie ; rechercher le rôle de chacune de ces parties, c'est faire de la physiologie.

Principales fonctions. — L'homme possède en commun

avec les autres animaux un certain nombre de fonctions ayant pour but d'assurer la conservation de l'individu : ce sont les *fonctions de nutrition*, comprenant :

1° La *digestion* par laquelle l'animal introduit dans son corps des aliments solides et liquides destinés à réparer les pertes continuelles qu'il éprouve;

2° La *respiration* par laquelle sont introduits les aliments gazeux pris à l'atmosphère en échange des gaz que le corps lui restitue;

3° La *circulation* par laquelle le sang transporte dans les diverses parties de l'organisme les aliments fournis par la digestion et la respiration et se charge des substances qui sont devenues inutiles pour les porter dans certains organes chargés de les rejeter au dehors;

4° Les *secrétions* qui fournissent les liquides internes et expulsent du corps les substances inutiles.

Ces fonctions de nutrition se retrouvent, en partie au moins, chez les plantes; elles suffisent à caractériser les êtres vivants. Mais les animaux possèdent, en outre, des fonctions qui leur sont spéciales et qui les distinguent des plantes : ce sont les *fonctions de relation*, comprenant :

1° La *locomotion*, par laquelle les animaux peuvent se mouvoir volontairement;

2° La *sensibilité*, qui leur permet d'être impressionnés par les chocs, la lumière, le son, les odeurs, etc.

Nous étudierons sommairement chacune de ces fonctions, avec les organes qui en sont les instruments.

RÉSUMÉ

Les corps naturels constituent trois règnes : le *règne animal*, le *règne végétal*, le *règne minéral*.

Les minéraux ou corps bruts se distinguent des êtres vivants, animaux et plantes, par le fait qu'ils ne naissent pas nécessairement d'autres êtres semblables existant avant eux et qu'ils n'éprouvent pas la nécessité de se nourrir.

Les animaux diffèrent des végétaux par l'*absence de couleur verte* et par la propriété de *sentir* et de *se mouvoir*. Ces différences ne sont pas générales.

Une partie du corps exécutant un acte est un *organe*; l'ensemble de plusieurs organes forme un *appareil* et la totalité des actes de cet appareil constitue une *fonction*.

L'*anatomie* consiste dans l'étude des organes et des appareils; la *physiologie* est l'étude des fonctions.

Il y a deux catégories de fonctions :

1° Fonctions de nutrition : *digestion, circulation, respiration, sécrétion*;

2° Fonctions de relation : *sensibilité* et *locomotion*.

CHAPITRE II

Cavités du corps. — Appareil digestif

Grandes cavités du corps. — Le corps de l'homme, du chien, du cheval, comprend trois parties principales : le *tronc*, la *tête* et les *membres*. Le tronc est séparé de la tête par le *cou*; c'est lui qui donne insertion aux *membres*; ceux-ci sont au nombre de deux paires.

Le tronc est creusé d'une grande cavité qui porte le nom de *cavité générale* (fig. 1) et qui renferme les principaux organes servant à la nutrition.

La cavité générale est elle-même divisée en deux cavités plus petites par une cloison en forme de voûte qu'on appelle le *diaphragme* (D.).

L'étage supérieur est le *thorax* (Th.) ou cavité thoracique; l'étage inférieur est l'*abdomen* (Ab.) ou cavité abdominale.

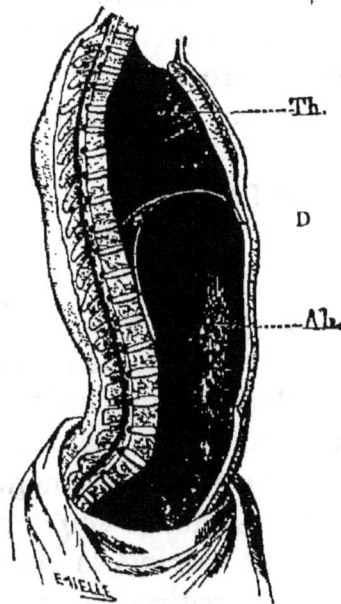

Fig. 1.
Cavité générale du corps.

Le thorax renferme le cœur, organe central de la circulation et, de chaque côté du cœur, les poumons ou organes de la respiration.

Quant à l'abdomen il contient la plus grande partie du *tube digestif* avec le *foie*, le *pancréas* et l'*appareil urinaire*.

L'appareil digestif et la digestion. — La *digestion* est la fonction par laquelle on introduit dans l'organisme des *aliments* solides et liquides pour en extraire les substances qui peuvent servir à la conservation et à l'accroissement du corps.

Aliments. — Les animaux se nourrissent presque exclusivement d'aliments organisés, c'est-à-dire provenant des êtres vivants, animaux ou plantes : la viande et le lait, par exemple, nous sont fournis par le règne animal; les légumes sont au contraire des végétaux. L'animal est dit *herbivore* quand il se nourrit exclusivement de substances végétales; on le dit *carnivore* s'il ne mange que la chair des autres animaux : le Bœuf est donc un herbivore et le Lion un carnivore; quant à l'Homme il varie sa nourriture, il est *omnivore*.

Les aliments dont l'homme fait sa nourriture appartiennent à trois catégories distinctes :

1° Les *aliments azotés*, comme la viande, le blanc d'œuf, le lait caillé;

2° Les *aliments féculents* ou *sucrés*, comme le sucre et l'amidon (le pain contient une grande quantité d'amidon);

3° Les *aliments gras*, tels que le beurre et la graisse des animaux.

A ces aliments proprement dits l'Homme ajoute quelques substances empruntées au règne minéral. Nous devons tout d'abord citer l'*eau*, qui est absolument nécessaire à la vie et dont la privation amène un malaise particulier, une sensation désagréable, la *soif*; puis viennent les *substances calcaires*, qui doivent servir à la conservation des os, et enfin le *sel* ou *chlorure de sodium*, dont l'Homme ne saurait impunément se priver.

L'appareil digestif. — L'appareil digestif comprend :

1° Un tube ouvert à ses deux extrémités, c'est le *tube digestif*, dont les diverses parties sont : la *bouche*, le *pharynx*, l'*œsophage*, l'*estomac* et l'*intestin*;

2° Des appareils disséminés le long de ce tube et le complétant : *glandes salivaires, foie* et *pancréas.*

Les parties du tube digestif où se produisent les actes les plus importants de la digestion sont la *bouche,* l'*estomac* et l'*intestin;* nous allons étudier successivement les modifications qu'éprouvent les aliments dans ces trois cavités et leur passage de l'une dans l'autre.

1° **Les aliments dans la bouche.** — La bouche, dans laquelle sont tout d'abord introduits les aliments, est une cavité limitée en haut par le *palais,* en bas par la *langue,* sur les côtés par les *joues,* en avant par les *lèvres,* et en arrière par le *voile du palais,* qui descend obliquement de la voûte palatine et ferme incomplètement cette extrémité. Les lèvres et les joues recouvrent les *mâchoires,* qui sont deux os présentant une saillie en fer à cheval sur laquelle sont implantées les *dents.*

La mâchoire inférieure est mobile, ce qui lui permet de se rapprocher ou de s'éloigner de la mâchoire supérieure. C'est par ces mouvements que s'opère la *mastication,* c'est-à-dire la trituration des aliments. Les joues, les lèvres et la langue prennent une part active à cette mastication en ramenant constamment les aliments sous les dents.

Dans la bouche les aliments sont encore imbibés de salive : c'est l'*insalivation;* enfin la *déglutition* les fait pénétrer dans l'*œsophage* et de là dans l'*estomac.*

Les dents. — Les *dents,* qui sont les principaux instruments de la mastication, sont implantées dans des cavités ou *alvéoles* des mâchoires (fig. 2). Chaque dent se compose d'une partie visible ou *couronne* et d'une ou plusieurs *racines* enfoncées dans l'alvéole. La substance qui les constitue porte le nom d'*ivoire;* mais l'ivoire de la couronne est lui-même pro-

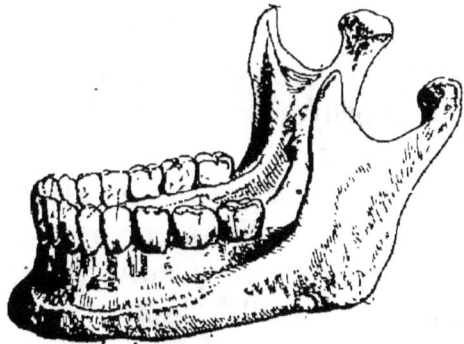

Fig. 2. — Mâchoire humaine avec dents.

tégé (fig. 3) par une couche plus ou moins épaisse d'une substance plus dure et plus brillante qui a reçu le nom d'*émail*.

L'homme adulte possède trente-deux dents
affectant trois formes distinctes :

Les *incisives* (de *inciser*, couper) (fig. 4, *a*)
sont situées en avant de la bouche, elles sont
au nombre de quatre à chaque mâchoire; le
bord de leur couronne est un peu tranchant,
ce qui leur permet de couper les aliments.

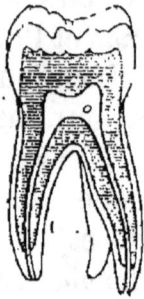

Fig. 3.
Coupe d'une dent.

Les *canines* (de *canis*, chien) (fig. 4, *b*) viennent après les incisives; elles sont au nombre de
quatre, une à chaque branche des mâchoires;
leur couronne un peu pointue, comme celle des dents de
chien, sert à déchirer les aliments.

Les *molaires* (de *mola*, meule) (fig. 4, *c*) sont de grosses
dents à cou-
ronne large et
mamelonnée,
possédant
deux, trois et
souvent qua-
tre branches
à la racine;
elles fonction-
nent comme
des meules

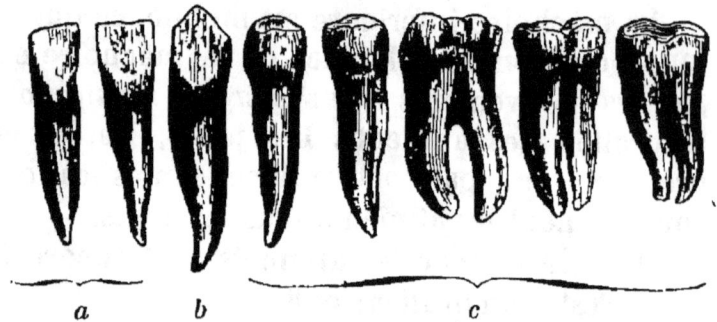

Fig. 4. — Dents de l'homme.

pour broyer les aliments et sont au nombre de dix à chaque
mâchoire.

Mais l'enfant ne possède d'abord que vingt dents, auxquelles on a donné le nom de *dents de lait*. Vers l'âge de sept
à huit ans, ces premières dents sont repoussées au dehors
par de nouvelles dents qui se développent au-dessous d'elles
et finissent par les remplacer; ce sont les *dents de remplacement* ou dents de la deuxième dentition. Outre celles qui rem-
placent les dents de lait il s'en forme d'autres à la partie postérieure des mâchoires; seules, les dernières, au nombre de
quatre, n'apparaissent que plus tard, souvent de vingt à trente

ans, et on leur donne vulgairement le nom de *dents de sagesse*.

Nous verrons plus tard qu'à chaque genre d'alimentation correspond pour les divers animaux une dentition spéciale.

Salive et insalivation. — En même temps que les aliments sont broyés dans la bouche par les dents, ils y sont imprégnés d'un liquide particulier, la *salive*, qui les transforme en une sorte de pâte.

Cette salive suinte constamment des parois de la bouche mais surtout pendant la mastication; elle est produite par des organes spéciaux qui ont reçu le nom de *glandes salivaires* et dont il existe trois paires. Mais la salive ne sert pas seulement à humecter les aliments; elle renferme, en effet, une substance spéciale qui agit par exemple sur l'amidon du pain pour le transformer en une sorte de sucre nommé *glucose*.

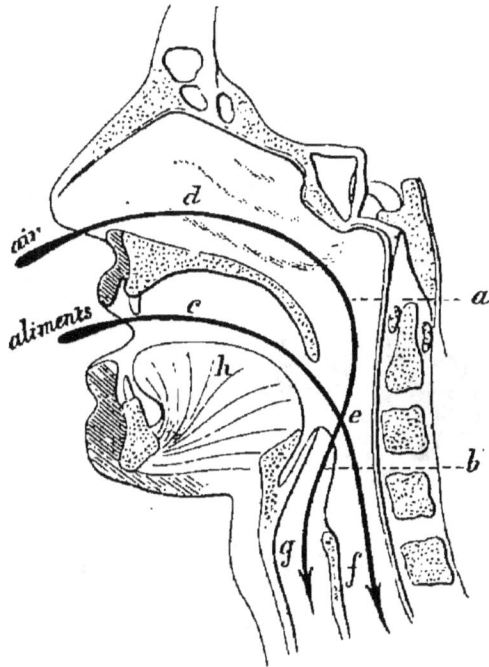

Fig. 5. — Déglutition (figure théorique de l'arrière bouche).

L'amidon ne pourrait, sans cette transformation, passer dans le sang et servir à l'entretien du corps.

Déglutition. — Les aliments, mâchés par les dents et imprégnés de salive, s'agglomèrent sur le dos de la langue en une masse unique, le *bol alimentaire*, qui doit pénétrer dans l'œsophage après avoir traversé une sorte de carrefour constitué par l'arrière-bouche. Dans cette cavité ou *pharynx* (fig. 5, *c*) la voie des aliments est en effet traversée obliquement par la voie de l'air de la respiration. Les aliments doivent donc éviter deux ouvertures, l'une (*a*) qui les conduirait dans les fosses nasales (*d*), l'autre (*b*) qui les porterait dans le larynx et de là dans les poumons.

Le bol alimentaire, poussé par la pression de la langue jusqu'à l'entrée de l'arrière-bouche, traverse cette cavité pour venir s'engager dans la partie supérieure de l'œsophage (*f*). A ce moment l'ouverture (*a*) qui conduit dans les fosses nasales se ferme par rapprochement de ses bords latéraux; quant au larynx (*g*) il s'élève et vient appuyer son ouverture contre la base de la langue, sous une sorte de clapet (*épiglotte*) qui contribue encore à le fermer. Ce mouvement d'ascension du larynx se constate facilement du regard et du doigt toutes les fois qu'on avale un peu de salive.

Le bol alimentaire est ainsi amené dans l'œsophage, tube aplati qui descend obliquement le long de la colonne vertébrale pour venir déboucher dans l'estomac après avoir traversé le diaphragme.

Les parois de cet œsophage se contractent au-dessus du point où se trouvent les aliments, et cette contraction se propageant de haut en bas pousse peu à peu le bol vers l'estomac.

2° **Les aliments dans l'estomac. — Chymification.** — L'*estomac* (fig. 6 E), dans lequel vient déboucher l'œsophage après avoir franchi le diaphragme, est une grande poche présentant la forme

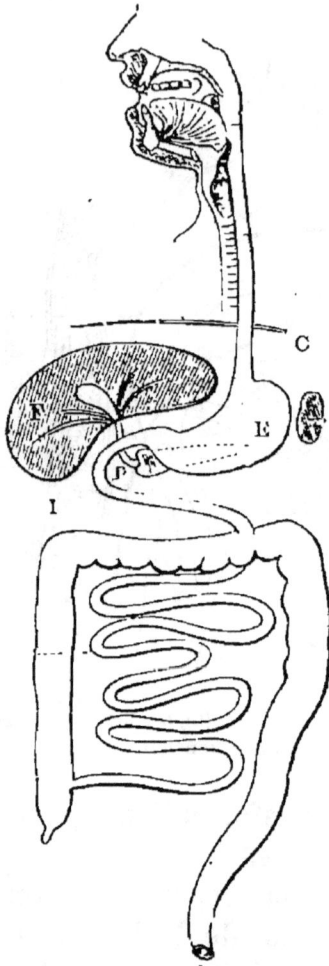

Fig. 6. — Figure théorique de l'appareil digestif de l'Homme.

d'une cornemuse. L'ouverture qui communique avec l'œsophage est le *cardia* (C); l'ouverture opposée ou *pylore* (P) (d'un mot grec signifiant portier) conduit dans l'*intestin* (I).

Aussitôt que les aliments ont pénétré dans l'estomac, les parois de cette poche se contractent et se relâchent successivement, ce qui les fait progresser tantôt dans un sens tantôt dans un autre; en même temps le sang afflue sur les parois de l'estomac, et de petites poches ou *glandes* creusées dans l'épaisseur de ces mêmes parois déversent un liquide qui se mélange aux aliments et transforme la viande, le blanc d'œuf, le lait caillé, en un mot les aliments azotés, en d'autres substances capables de passer directement dans le sang.

La masse alimentaire ainsi transformée a reçu le nom de *chyme;* elle franchit le pylore pour pénétrer dans l'intestin.

3° **Les aliments dans l'intestin. — Chylification. —** *L'intestin* (I), dans lequel arrivent les aliments après avoir séjourné dans l'estomac, est un long tube replié un grand nombre de fois sur lui-même (fig. 7) et dont la longueur est d'environ sept à huit fois celle du corps. Il se divise en deux parties bien distinctes : la première ou *intestin grêle* (I. G) est la plus étroite, mais la plus longue; ses parois ont une couleur grisâtre ou rosée suivant les régions. Le *gros intestin* (K), qui vient ensuite, forme la partie terminale du tube digestif.

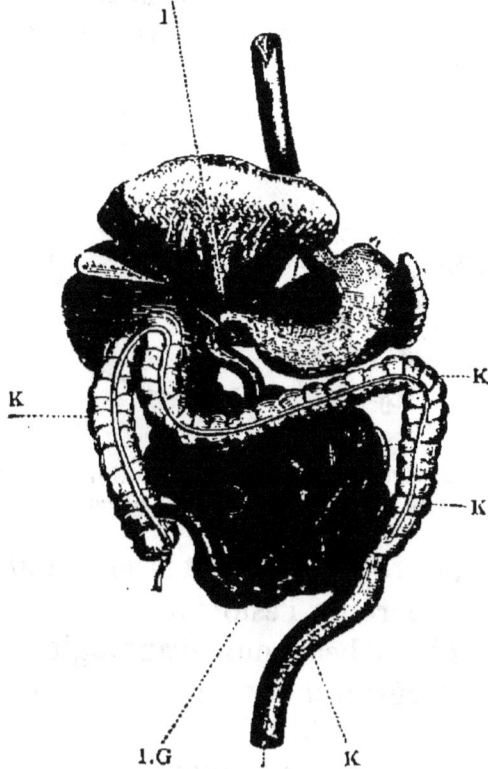

Fig. 7. — Tube digestif en place.

Aussitôt que le chyme a pénétré dans l'intestin grêle il passe devant deux petites ouvertures qui déversent dans le tube intestinal les liquides produits par deux glandes importantes annexées à l'appareil digestif : le *foie* et le *pancréas.*

Le foie et la bile. — Le *foie* est une grosse glande (fig. 8, F) d'un rouge brunâtre située au-dessus et à droite de l'estomac, immédiatement sous le diaphragme. Il est traversé continuellement par une quantité considérable de sang, et, dans l'intervalle des granulations qui le constituent, naissent de nombreux canaux qui se réunissent pour conduire la *bile* dans l'intestin. Quand cette bile n'est pas nécessaire dans le tube digestif elle remonte par une sorte d'embranchement s'emmagasiner dans une poche en forme de poire, la *vésicule du fiel* (V.b), située à la face inférieure du foie.

La bile est un liquide visqueux et jaunâtre se colorant rapidement en vert après la mort. Quand elle se répand par tout le corps au lieu de se rendre dans l'intestin elle donne à la peau une coloration jaune spéciale, caractéristique de la *jaunisse*.

La bile agit seulement sur les graisses, qu'elle émulsionne[1], c'est-à-dire qu'elle transforme en un grand nombre de gouttelettes très fines qui passeront dans le sang.

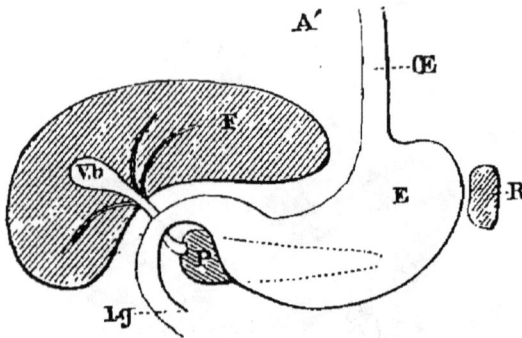

Fig. 8.

Œsophage (Œ), estomac (E), foie (F), vésicule biliaire (V.b), pancréas (P) et rate (R).

Le pancréas. — Le *pancréas* est une glande jaune, rosée, affectant la forme allongée d'une langue et située en arrière de l'estomac (fig. 8, P).

Elle a beaucoup d'analogie avec les glandes salivaires et vient déverser son produit, le *suc pancréatique*, au point même où suinte déjà la bile.

Le suc pancréatique se mélange alors intimement aux aliments et achève leur transformation. Il agit à la fois sur les substances sucrées, sur les aliments azotés et sur les graisses : à lui seul il produit donc les effets réunis de la salive, du suc gastrique et de la bile.

Mouvements des aliments dans l'intestin. — **Glandes intestinales.** — Pendant tout le temps que les aliments sé-

---

1. Cette propriété de la bile est utilisée par les dégraisseurs qui se servent parfois de ce liquide pour enlever les taches de graisse sur les habits.

journent dans l'*intestin*, les parois de ce tube se contractent et se relâchent successivement, ce qui fait progresser les aliments tantôt dans un sens tantôt dans un autre; de cette façon ils se mélangent intimement à la bile et au suc pancréatique; ils reçoivent en même temps un liquide sécrété par de nombreuses petites glandes contenues dans les parois de l'intestin grêle. Ce *suc intestinal* agit encore sur les aliments pour en transformer quelques-uns.

Le chyle. — Absorption. — Les aliments arrivés dans la dernière partie de l'intestin grêle ont subi des transformations considérables; leurs parties nutritives constituent alors un liquide blanchâtre et laiteux auquel on a donné le nom de *chyle;* quant aux substances inutiles, elles ont pris une couleur grisâtre et passent de l'intestin grêle dans le gros intestin pour être bientôt rejetées du corps.

Le chyle traverse peu à peu les parois du tube digestif et passe dans le sang des nombreux vaisseaux sanguins que contiennent ces parois ou bien dans des canaux de nature spéciale qui le conduisent indirectement dans le torrent de la circulation. — Ce passage des substances nutritives de l'intestin dans le sang constitue l'acte de l'*absorption*.

RÉSUMÉ

Il y a trois sortes d'aliments :
1° *Aliments azotés* : viande, blanc d'œuf, lait caillé;
2° *Aliments féculents* : amidon (pain, haricots), sucre, etc.
3° *Graisses* : beurre, etc.
Puis les *aliments minéraux* : eau, sel, phosphate et carbonate de chaux, etc.
Dans la *bouche*, les aliments sont divisés par la *mastication*, imprégnés d'eau et en partie transformés par la *salive* (les féculents deviennent des glucoses).
La *déglutition* amène les aliments de la bouche dans l'œsophage; arrivés dans l'*estomac*, les aliments sont mis en mouvement par les contractions des parois et mélangés au *suc gastrique* qui transforme les aliments azotés. — Le résultat de cette transformation est le *chyme*.
Ce *chyme* parvenu dans l'intestin y est soumis à des mouvements de va-et-vient; il y reçoit :
La *bile*, qui émulsionne les graisses;

Le *suc pancréatique,* qui transforme les trois sortes d'aliments;

Le *suc intestinal,* qui complète ces transformations. — Les substances alimentaires se composent alors :

1° De *chyle,* qui passe dans le sang;

2° D'une matière inutile qui arrive dans le gros intestin d'où elle est rejetée au dehors.

CHAPITRE III

Le sang et la circulation

Le sang. — Tout le monde s'est coupé au moins une fois ; que la blessure soit faite au doigt ou à la lèvre, au bras ou à la jambe, il s'en écoule toujours un liquide d'un beau rouge : c'est le *sang.* — La moindre piqûre dénote sa présence dans tous les points du corps. C'est qu'en effet il y est répandu jusqu'aux extrémités.

Vient-on à le laisser reposer après qu'il a été extrait du corps il se modifie bientôt ; une partie devient liquide et à peu près incolore ; dans ce liquide nage une masse tremblotante comme du lait caillé ou plutôt comme de la gelée ; le liquide porte le nom de *sérum* et la masse gélatineuse qu'il contient est le *caillot.* — Mais puisque le liquide séparé du caillot est devenu presque incolore, c'est qu'il devait sa coloration au caillot lui-même.

Observons un peu de ce caillot à l'aide d'un instrument grossissant, le *microscope,* et nous verrons en effet qu'il est constitué par un grand nombre de petits globules d'une couleur rougeâtre (fig. 9), et présentant la forme d'une pièce de monnaie moins épaisse au milieu que sur les bords. — Souvent ces corpuscules, que l'on appelle les *globules du sang,* sont empilés comme un rouleau de louis. — Ils sont d'ailleurs très petits ; une pile d'un mètre de hauteur se composerait d'environ 500,000 globules ; mais en revanche, ils sont si nombreux, qu'on ne les compte que par trillions. Un homme ordinaire, pesant environ 65 kilos, possède à peu près cinq litres de sang et, dans ces cinq litres de sang, il y a plus de 25 trillions de globules! Et tous ces globules empilés les uns sur les autres formeraient une colonne de 50,000 kilomètres de hauteur (la circonférence de la terre est de 40,000 kilomètres seulement). Avec ces globules rouges, il y a dans le sang des globules blancs, beaucoup moins nombreux; il existe environ un globule blanc pour 400 rouges. Ils sont sphériques au lieu d'être aplatis et leur surface est un peu granuleuse.

On a dit plus haut que le sang sorti du corps de l'animal se coagule. — Si, au lieu de laisser tranquillement le sang à lui-même, nous l'avions, au fur et à mesure de sa sortie des vaisseaux, vigoureusement battu à l'aide d'un petit balai, on aurait trouvé un grand nombre de filaments fixés à ses rameaux. Ces filaments sont constitués par une substance particulière, la *fibrine*, qui a la propriété de se solidifier en présence de l'air et

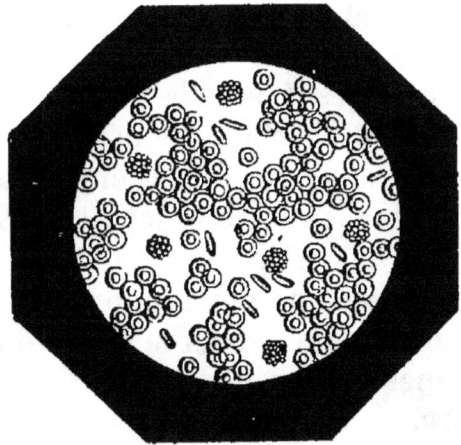

Fig. 9. — Globules du sang de l'Homme.

qui forme alors la trame d'une sorte de filet qui emprisonne les globules sanguins.

Le sérum chauffé jusque vers soixante degrés se prend en masse comme le blanc de l'œuf; c'est qu'en effet il renferme de l'*albumine* dissoute dans de l'eau.

Si maintenant nous venons à résumer la composition du sang, nous voyons qu'elle est la suivante : *eau, albumine, fibrine, globules.*

L'albumine et la fibrine sont analogues à la substance qui constitue la chair, aussi donne-t-on souvent au sang le nom de *chair coulante.*

Rôle du sang. — Il arrive parfois qu'une blessure, même très légère, laisse échapper une quantité considérable de sang; le patient s'affaiblit peu à peu, et si l'écoulement n'est pas arrêté à temps, la mort peut survenir. Le sang est donc nécessaire à la vie. Mais de quelle façon? Nous avons appris, en étudiant la digestion, que les substances nutritives sont introduites dans le corps par l'intermédiaire du tube digestif; l'étude de la respiration nous montrera que l'oxygène de l'air pénètre constamment dans les poumons. Ces deux catégories de substances, les aliments et l'oxygène, sont nécessaires à l'entretien de la vie dans toutes les parties du corps; mais il est évident que le pied ou le bras ne peuvent venir chercher dans le tube digestif et dans les poumons les substances nutritives et l'oxygène dont ils ont besoin. Il faut un intermédiaire et cet intermédiaire n'est autre que le sang. Il est sans cesse occupé à aller chercher dans les poumons et dans le tube digestif les substances nutritives nécessaires aux organes et à les distribuer dans toutes les parties du corps, pour revenir ensuite se charger de nouveaux matériaux et recommencer le même trajet. Il décrit par conséquent toujours une sorte de cercle; on dit qu'il *circule*.

De ce que nous venons d'apprendre, il résulte qu'il existe constamment dans le corps du sang qui va nourrir les organes et du sang qui en revient; celui qui se dirige vers les organes est un sang riche, il est chargé de substances nutritives et d'oxygène; il est d'une belle couleur rouge vermeil : c'est le *sang rouge;* au contraire, le sang qui revient s'est appauvri : il a perdu une grande partie de son oxygène, s'est chargé d'acide carbonique et a pris une couleur plus foncée, noirâtre; on le désigne sous le nom de *sang noir*. — Le premier est éminemment propre à entretenir la vie; le second en est incapable.

Artères et veines. — Le sang circule dans de petits canaux que l'on appelle les *vaisseaux sanguins;* quand ces vaisseaux sont situés sous la peau, au poignet par exemple, on les voit par transparence sous la forme de bandes bleuâtres.

Les vaisseaux qui contiennent du sang rouge ont leurs parois élastiques comme si elles étaient de caoutchouc. Ce sont les *artères.* — Quant aux *veines* qui ramènent le sang noir elles n'ont pas leurs parois élastiques, mais elles contiennent un grand nombre de petits replis ou *valvules* qui empêchent le sang de revenir sur ses pas.

Circulation. — Le mot circulation implique l'idée d'un cercle parcouru par le sang. On peut représenter la circulation par la figure 10 ci-contre, dans laquelle C et C′ représentent le cœur, I l'intestin et P les poumons. — Le sang

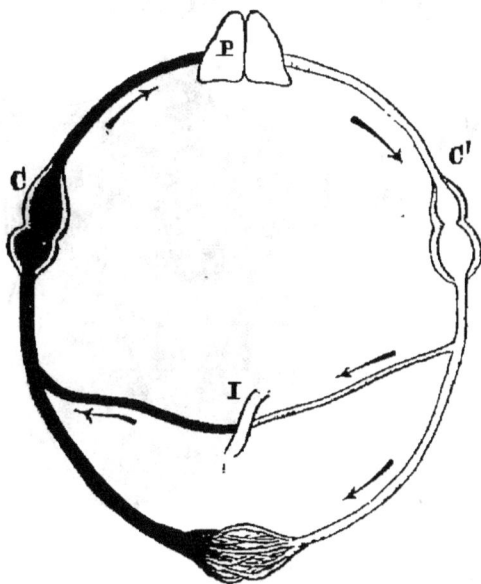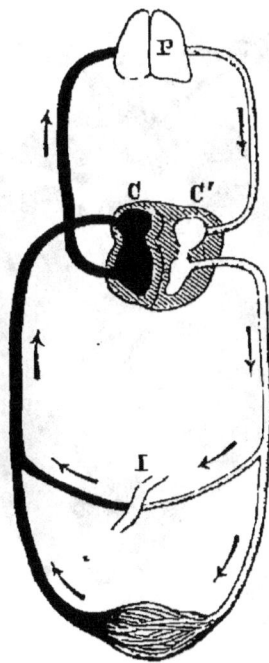

Fig. 10.   Fig. 11.

Figures théoriques de la circulation.

noir arrivant du corps passe dans un organe creux et contractile ou *cœur veineux* C qui le chasse dans les poumons P. Il en revient par des vaisseaux sur le trajet desquels se trouve un autre cœur C′ qui le pousse dans toutes les parties du corps.

En réalité, les deux cœurs au lieu d'être séparés sont intimement unis comme l'indique la figure 11, et l'ensemble de la circulation, au lieu d'être un cercle, affecte plutôt la forme d'un 8.

Cœur. — Le *cœur* est un organe charnu qui, se contractant énergiquement à des intervalles réguliers, chasse au dehors

le sang qu'il contient; puis, cessant alors de se contracter, il
se laisse distendre par le sang qui afflue de toutes parts; ces
deux phases de distension et de contraction se reproduisent
alternativement environ 70 fois par minute chez l'homme.

Le cœur droit et le cœur gauche constituent une loge
divisée en deux compartiments par un étranglement médian
(fig. 12 et 13); les compartiments supérieurs sont les *oreillet-*
tes (O.dr et O.g); les inférieurs
plus grands portent le nom de
ventricules (V.dr et V.g). — Les

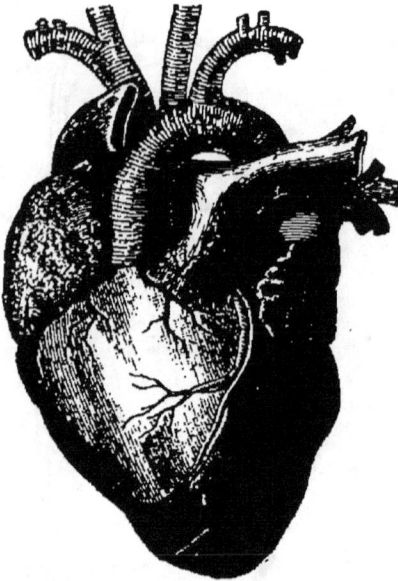

Fig. 12.

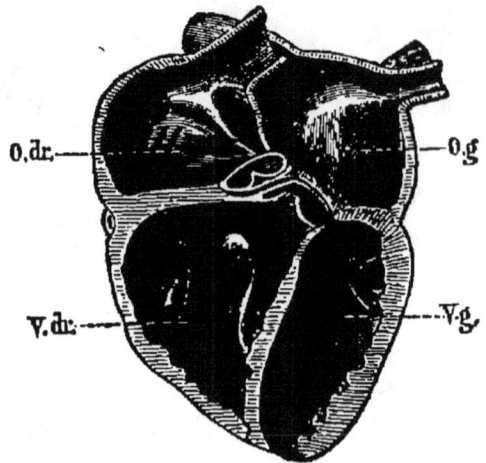

O.dr — — O.g

V.dr — — V.g

Fig. 13.

Cœur entier et cœur ouvert.

cavités du même côté communiquent entre elles, mais il
n'existe aucune communication entre les cavités de droite et
les cavités de gauche.

Jeu du cœur. — Le sang rouge venant du poumon et le
sang noir qui revient des organes arrivant en même temps
dans les deux oreillettes les distendent et les remplissent. Puis
les parois des deux oreillettes se contractant en même temps
chassent le sang qu'elles contiennent dans les ventricules : le
sang noir dans le ventricule droit et le sang rouge dans le
ventricule gauche. Il en résulte que les ventricules se distendent pendant que les oreillettes se contractent. Enfin les
ventricules remplis à leur tour se contractent en même temps

et poussent le sang au dehors ; à droite dans le poumon ; à gauche dans les différentes régions du corps.

Comme on peut le voir par l'examen des figures, le cœur droit n'est traversé que par du sang noir et le cœur gauche uniquement par du sang rouge.

Capillaires. — La principale artère qui part du ventricule gauche pour porter le sang dans le corps porte le nom d'*artère aorte* (fig. 14 AC). A mesure qu'elle s'éloigne du cœur, l'aorte se ramifie en des artères de deuxième puis de troisième ordre qui deviennent de plus en plus petites et de plus en plus nombreuses ; elles finissent par se résoudre en un lacis très fin de vaisseaux si petits qu'on les a nommés *capillaires* par comparaison avec les cheveux ; mais cette comparaison est encore au-dessous de la vérité, car il y a des capillaires plus fins que le cheveu le plus soyeux. — Il suffit de se faire une légère

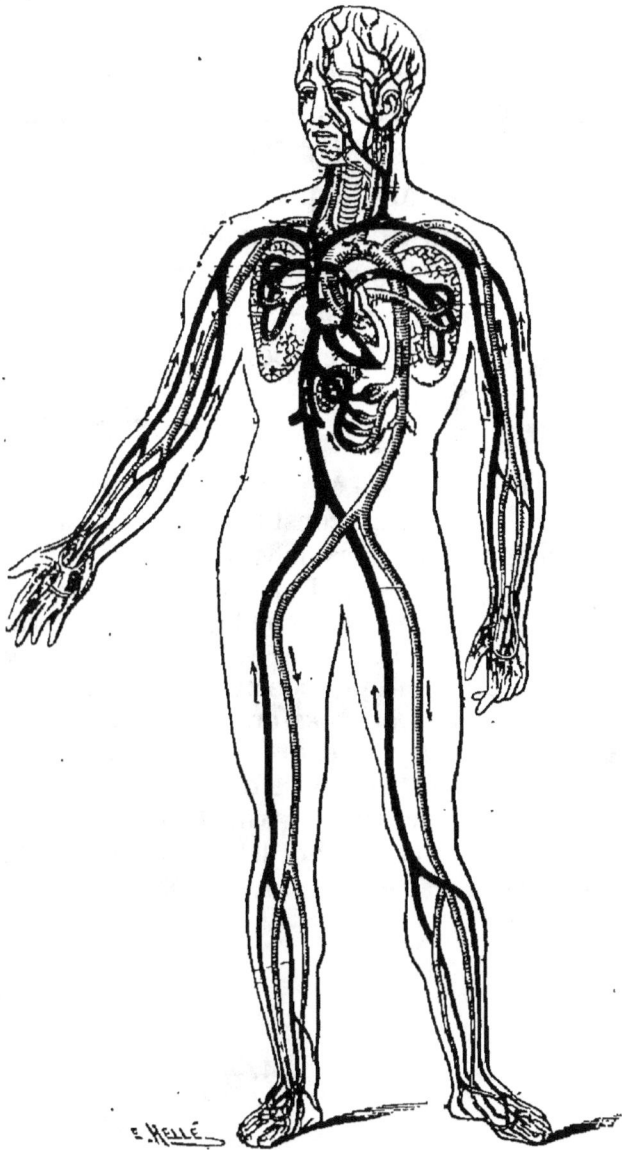

Fig. 14. — Figure demi-théorique de l'appareil circulatoire de l'Homme.

piqûre au bout d'un doigt pour rencontrer des capillaires et déterminer la sortie d'une gouttelette de sang.

Tous ces capillaires se réunissent à leur tour de la même façon qu'ils se sont ramifiés et les vaisseaux qui proviennent de cette fusion sont les veines qui ramènent le sang au cœur.

Pouls. — A chaque pulsation du cœur, une certaine quantité de sang est poussée dans les artères et augmente la pression de celui qui y était déjà contenu. C'est par suite de cette augmentation de pression qu'à chaque mouvement du cœur correspond un choc facile à constater quand on place le doigt sur une artère reposant elle-même sur un os. Ce choc n'est autre chose que le *pouls*, qu'on peut facilement ressentir au poignet ou à la tempe.

RÉSUMÉ

Le *sang* laissé à lui-même se coagule.

Le *caillot* est constitué par des *globules blancs* et des *globules rouges* emprisonnés dans une sorte de filet de fibrine coagulée.

Le *sérum* est de l'eau contenant des sels et de l'albumine.

Les vaisseaux qui conduisent le sang rouge sont les *artères*; ceux qui contiennent le sang veineux sont les *veines*.

Le sang circule constamment dans le corps; il va du *cœur* aux *organes*, des *organes* au *cœur*, puis du *cœur* aux *poumons* et de là au *cœur* pour reprendre le même trajet.

Le cœur se compose de 4 cavités : deux *oreillettes* et deux *ventricules;* il produit environ 70 battements par minute.

Les *capillaires* sont les vaisseaux excessivement ténus qui servent d'intermédiaires entre les artères et les veines.

CHAPITRE IV

Appareil respiratoire et respiration. — Excrétions

La respiration. — La *respiration* consiste, comme il est facile de le constater sur soi-même, à introduire dans l'intérieur du corps puis à expulser une certaine quantité d'*air;*

ces entrées et sorties de l'air se produisent pendant toute la vie, aussi bien pendant le sommeil que pendant le jour; elles ne cessent qu'à la mort. La respiration est donc nécessaire à la vie.

Canaux qui conduisent l'air. — L'air entre par le nez et par la bouche et de là pénètre dans des organes appelés *poumons*, situés dans la *poitrine*, par un canal qui prend naissance en arrière de la bouche et en avant de l'œsophage. Ce canal est assez résistant; il est renflé à sa partie supérieure en un organe appelé *larynx* (a) dans lequel se produit la voix; on sent facilement le larynx, qui fait saillie à la région antérieure du cou. Le canal *ou trachée-artère* (b) qui porte l'air dans les poumons est relativement court; il se bifurque bientôt en deux

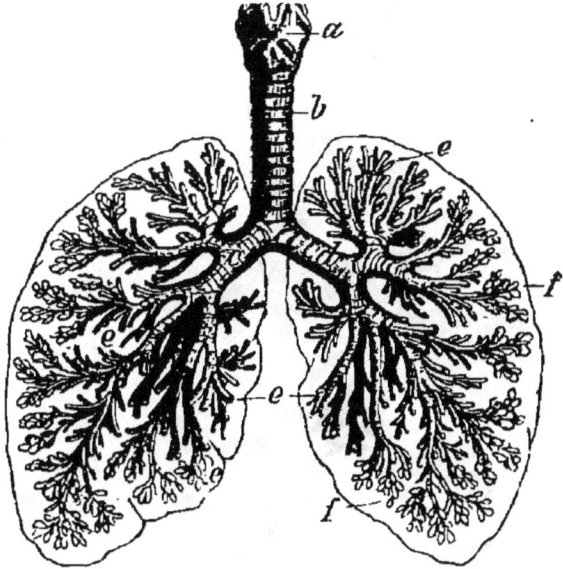

Fig. 15. — Ramification des bronches dans les poumons.

canaux secondaires ou *bronches* (c et d) se rendant chacun dans un poumon (fig. 15), l'un à droite, l'autre à gauche.

Les poumons. — Il existe en effet deux poumons : ils ont une couleur rosée; leur substance est molle; quand on les coupe, on y rencontre un grand nombre de canaux remplis d'air, ce sont les *ramifications des bronches* (e). Ces ramifications sont extrêmement nombreuses dans chaque poumon; leur ensemble rappelle assez un arbre dont le tronc serait creux ainsi que toutes les branches. Aux extrémités de ces ramifications sont des sacs très petits nommés *vésicules pulmonaires* (f). Le tout est englobé dans la substance rose du poumon.

Les poumons remplissent toute la poitrine, moins l'espace occupé par le cœur (fig. 16). Leur cavité ne communique donc avec le dehors que par la trachée et le larynx s'ouvrant à l'arrière-bouche; l'air peut y pénétrer soit par la bouche soit par les fosses nasales; mais c'est par ces dernières ouvertures qu'il doit normalement s'introduire.

Inspiration et expiration. — L'entrée de l'air dans les poumons s'appelle l'*inspiration*; la sortie de cet air porte le nom d'*expiration*.

Dans l'*inspiration*, la poitrine se soulève; elle se dilate; en même temps le diaphragme, cette cloison qui sépare la poitrine de l'abdomen, s'affaisse et agrandit encore la cavité de la poitrine; mais les poumons suivent ce mouvement de dilatation; quand la poitrine s'agrandit, ils se dilatent et, comme un soufflet que l'on ouvre, ils appellent l'air à leur intérieur.

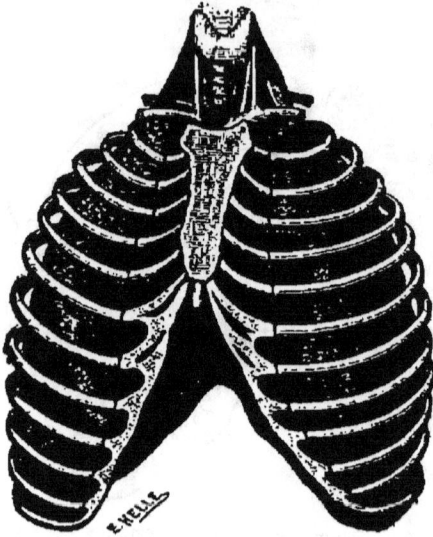

Fig. 16. — Poumons et cœur en place dans la cage thoracique.

Quand ce mouvement s'est produit, les organes qui l'ont provoqué cessent d'agir; la poitrine s'affaisse; le diaphragme remonte former une sorte de voûte dans la poitrine; les poumons sont devenus plus petits; ils chassent donc à l'extérieur l'air qu'ils contiennent : c'est l'*expiration*.

Nous faisons en moyenne 12 à 18 mouvements respiratoires par minute; à chacun de ces mouvements nous introduisons dans nos poumons ou bien nous expulsons un demi-litre d'air.

Changements dans l'air de la respiration. — L'air qui pénètre dans les poumons est de l'air atmosphérique, c'est-à-dire un mélange de deux gaz, l'oxygène et l'azote; ce dernier ne joue aucun rôle actif dans la respiration; il tempère seulement les propriétés du premier comme l'eau tempère la force du vin auquel nous la mélangeons.

Si nous comparons l'air qui sort de nos poumons avec l'air qui entre, nous trouverons qu'il en diffère considérablement :

1° L'air expiré est plus chaud que l'air inspiré;

2° L'air rejeté par l'expiration contient de la vapeur d'eau; pour s'en assurer, il suffit de respirer devant un objet froid, comme une vitre, par exemple; cet objet se recouvre immédiatement d'une buée qui le ternit et qui est composée d'un nombre considérable de petites gouttelettes d'eau;

3° Enfin l'air rejeté des poumons contient une assez grande quantité d'un gaz qui porte le nom d'*acide carbonique*; c'est ce gaz qui rend mousseux le vin de Champagne et qui s'élève de nos foyers quand nous faisons du feu. Il ne se trouve qu'en faible quantité

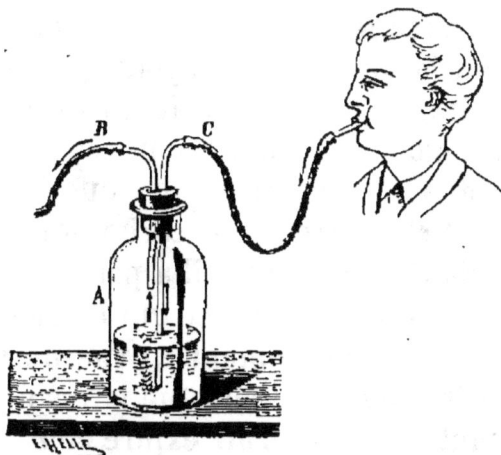

Fig. 17. — Expérience pour démontrer la présence de l'acide carbonique dans l'air expiré.

dans l'air de l'inspiration. Comment pouvons-nous constater ce fait de l'exhalaison d'acide carbonique par la respiration? Il faut savoir pour cela que l'eau de chaux parfaitement limpide se trouble quand on y fait passer un peu de gaz carbonique. Dans une carafe A (fig. 17), mettons un peu de cette eau de chaux. Un tube B s'ouvre au sommet de la carafe; un autre tube C plonge dans l'eau. Si l'on aspire de l'air par le tube B, cet air pour arriver à ce tube est obligé de traverser l'eau, mais il ne la blanchit pas, car il n'a pas encore été respiré. Rejetons au contraire le contenu de nos poumons par le tube C; l'air expiré barbotera dans l'eau avant de sortir de la carafe et on verra cette eau de chaux se troubler rapidement, ce qui prouve que l'air expiré contient beaucoup d'acide carbonique. Il a perdu en même temps une quantité à peu près égale d'*oxygène*.

Changements provoqués dans le sang par la respiration. — Nous avons vu plus haut que les poumons ont une couleur rose. Cette coloration est due à la présence du sang. En effet, ils ne renferment pas seulement de l'air, mais ils reçoivent du cœur du sang qui se répand entre les canaux remplis d'air par un grand nombre de vaisseaux extrêmement ténus. Puis de ces vaisseaux en naissent d'autres qui se réunissent pour en former de plus grands et reportent au cœur le sang qui a traversé les poumons. Si nous comparons le sang à l'entrée et à la sortie, nous voyons qu'à l'entrée il est fortement coloré, noirâtre, tandis qu'à la sortie du poumon, lorsqu'il retourne au cœur, sa coloration est d'un beau rouge vermeil; cette différence est due à ce que le sang qui vient aux poumons était chargé d'acide carbonique; il s'en est débarrassé en le cédant à l'air, mais il a pris en échange une assez forte proportion d'oxygène, ce qui l'a rendu rouge vermeil.

C'est uniquement en vue de cet échange de gaz entre l'air et le sang que s'effectue la respiration. On comprend maintenant pourquoi l'air expiré contient de l'acide carbonique : ce gaz a été pris au sang dans les poumons.

Chaleur animale. — L'*acide carbonique* est constitué par du *carbone* (charbon) et de l'*oxygène*. L'oxygène vient de l'air; quant au carbone qui a servi à la formation de cet acide carbonique, il vient des aliments; il a été rencontré par le sang dans toutes les parties du corps; il y avait été transporté déjà par le même véhicule, après la digestion. C'est donc dans toutes les parties du corps que se produit l'acide carbonique. Il y est formé par la combinaison de l'oxygène et du carbone comme dans nos foyers. Et, comme dans nos foyers, cette combustion, jointe à quelques autres combinaisons moins importantes, donne naissance à de la chaleur, la *chaleur animale*, qui entretient constamment dans notre corps une température plus élevée que celle de l'air et des objets qui nous entourent : la température moyenne de l'homme est d'environ 37° 1/2.

Asphyxie. — Si la respiration ne s'opère pas normalement, si l'oxygène vient à manquer, le sang reste noir; il devient incapable d'entretenir la vie, et la mort survient rapidement. C'est ce qui arrive pour les noyés, les pendus, etc. On dit qu'ils sont morts d'*asphyxie*.

L'homme est quelquefois exposé à respirer d'autres gaz que l'air, comme le gaz des égouts, le gaz d'éclairage et surtout celui qui provient de la combustion du charbon. En présence de ces gaz étrangers, le sang perd ses propriétés vivifiantes et la mort par asphyxie ne tarde pas à survenir.

Quand, dans une salle, sont réunies de nombreuses personnes et que l'air n'est pas suffisamment renouvelé, on ne tarde pas à ressentir un malaise qui n'est autre chose qu'un commencement d'asphyxie; l'acide carbonique rejeté dans l'air

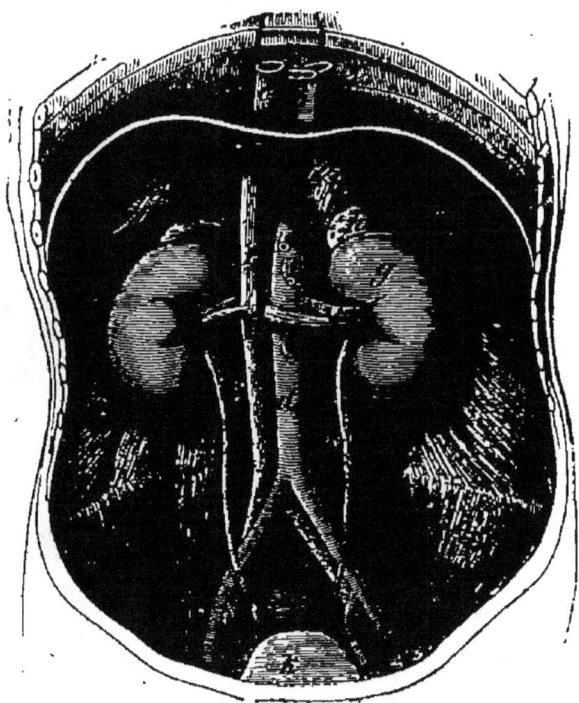

Fig. 18. — Cavité abdominale ouverte pour montrer les reins et la vessie.

par la respiration a vicié cet air et l'a rendu incapable de transformer le sang noir en sang rouge.

Avant tout, il faut toujours apporter les asphyxiés dans une atmosphère pure et faire son possible pour provoquer les mouvements respiratoires, car fréquemment la mort n'est qu'apparente.

Excrétions; urine, sueur. — Les hasards de l'alimentation introduisent journellement dans le corps des substances inutiles qui doivent être rejetées. D'autre part, le sang parcourant les tissus se charge de matériaux d'usure, de déchets qu'il est nécessaire d'éliminer.

Les deux principaux appareils chargés de débarrasser l'organisme de toutes ces substances sont les *reins* et la *peau*.

Les reins. — Les *reins* sont des organes compacts situés dans la cavité abdominale, derrière l'intestin et de chaque côté de la colonne vertébrale (fig. 18 *g*). Ils sont au nombre de

Fig. 19. — Coupe de la peau.

deux et affectent la forme de haricots ayant environ un décimètre de long. Leur substance rouge brunâtre est formée de nombreux tubes dont une extrémité porte des sortes de petites boules dans lesquelles est sécrétée l'*urine* et dont l'autre extrémité vient aboutir dans une cavité nommée *bassinet* située à la face interne de chaque glande. De ces bassinets l'urine s'écoule par deux canaux ou *uretères* (*i*) jusque dans la *vessie* (K), réservoir volumineux d'où elle se déverse au dehors.

Les glandes de la peau. — La *peau* contient dans son épaisseur un grand nombre de petites glandes formées par des tubes dont l'extrémité profonde se pelotonne sur elle-même, tandis que l'autre s'ouvre à la surface (fig. 19); ce sont les *glandes sudoripares* (S); elles produisent la *sueur*. Lorsqu'on les empêche de fonctionner en recouvrant la peau d'un enduit, il se produit dans l'organisme des désordres graves et la mort ne tarde pas à survenir : ce sont donc des organes nécessaires.

L'urine et la sueur. — L'urine sécrétée par les reins et la sueur fournie par les glandes sudoripares sont des liquides ayant une grande analogie; tous les deux contiennent une substance particulière, l'*urée*, qui est un des principaux déchets de nos organes. Quand cette urée vient à s'accumuler dans le corps au delà d'une certaine limite, elle provoque des maladies dangereuses et peut amener la mort.

RÉSUMÉ

La *respiration* a pour but d'introduire dans le corps les aliments gazeux (*oxygène*) nécessaires à la vie et d'en rejeter ceux qui sont devenus inutiles ou nuisibles (*vapeur d'eau; acide carbonique*).

L'appareil respiratoire comprend :

1° Les *voies respiratoires* : *fosses nasales, arrière-bouche, larynx, trachée-artère*;

2° Deux *poumons* dans lesquels viennent se ramifier les *bronches* ou terminaisons des voies respiratoires. — Les poumons sont de plus traversés constamment par du sang.

Les mouvements respiratoires sont de deux sortes : ceux d'*inspiration* pour l'entrée de l'air et ceux d'*expiration* destinés à l'expulser.

L'air, pendant son passage dans les poumons :

1° Perd de l'oxygène;

2° Se charge d'acide carbonique;

3° Se charge vapeur d'eau;

4° S'échauffe.

SANG A L'ENTRÉE DES POUMONS	SANG A LA SORTIE DES POUMONS
Rouge foncé.	Rouge vermeil.
Impropre à entretenir la vie. Riche en acide carbonique. Pauvre en oxygène.	Propre à entretenir la vie. Pauvre en acide carbonique. Riche en oxygène.

Excrétion. — Il existe deux *reins* situés dans la région abdominale; ils sécrètent l'*urine* qui s'écoule dans la *vessie*.

La *peau* contient de nombreuses *glandes sudoripares* produisant la *sueur*.

CHAPITRE V

Le squelette et la locomotion

Les os. — Pour satisfaire aux exigences diverses de leur genre de vie, les animaux ont la faculté de se mouvoir volontairement. Les organes moteurs sont les *muscles,* masses charnues qui chez l'homme et la plupart des grands animaux se fixent par leurs extrémités à des pièces solides qu'ils mettent en mouvement. Ces pièces solides sont les *os,* et l'ensemble des os constitue le *squelette.*

Les os sont des masses blanches et dures affectant les formes les plus diverses ; les uns sont allongés, comme l'os de la cuisse ou ceux du bras ; les autres sont aplatis, comme ceux qui couronnent la tête ; enfin il en est de petits et courts, tels que ceux du poignet ou du talon.

Quand on brûle un os à l'air libre, il devient très léger ; sa forme ne change pas, mais sa substance paraît alors criblée de nombreux petits canaux qui étaient remplis avant l'action du feu par une sorte de gélatine analogue à celle que l'on connaît sous le nom de colle forte ; la partie dure qui reste est constituée par une substance calcaire.

Les os courts et les os plats sont complètement pleins ; mais les os longs, comme celui de la cuisse, sont creusés d'un canal renfermant la *moelle,* substance grasse, de couleur rosée ou jaunâtre.

Squelette du tronc. — Le squelette de l'homme se divise comme le corps en trois régions : la *tête,* le *tronc,* les *membres* (fig. 20).

Le tronc correspond à la poitrine et à l'abdomen. Il présente en arrière une sorte d'axe ou de colonne qui le maintient ; cette colonne est formée de trente-trois petits os superposés les uns aux autres, comme des pièces de monnaie qui seraient empilées. Chacun de ces petits os est une *vertèbre,* et la colonne tout entière est la *colonne vertébrale*. Chaque vertèbre est percée d'un trou, et, par leur superposition, tous ces orifices donnent naissance à un long canal qui contient la *moelle épinière*. Elles présentent de plus en arrière une saillie

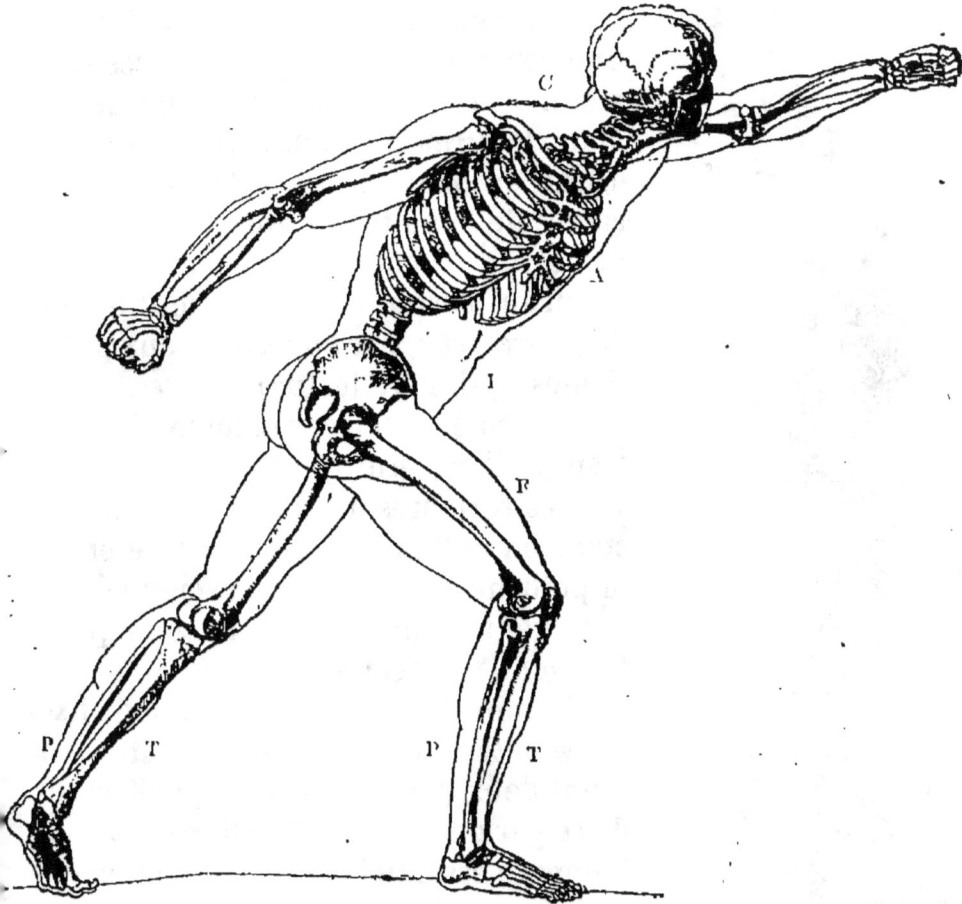

Fig. 20. — Squelette de l'Homme.

ou *apophyse épineuse*, et l'ensemble de toutes ces saillies forme le long du dos une crête ou *épine dorsale*.

Suivant les régions, les vertèbres ont d'ailleurs des caractères particuliers ; on distingue :

7 vertèbres *cervicales* pour le cou (fig. 21, 1-7) ;

12 — *dorsales* (fig. 21, 8-19) ;

5 vertèbres *lombaires* correspondant à l'abdomen (fig. 21, 20-24);
5   —   *sacrées* soudées en un seul os, le *sacrum* (C);
4   —   *coccygiennes* réunies aussi en un seul os, le *coccyx* (K).

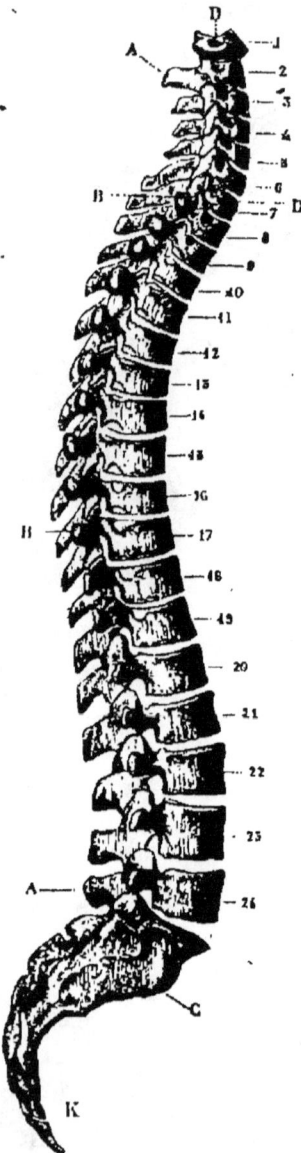

Fig. 21.— Colonne vertébrale.

Sur les vertèbres dorsales s'appuient douzes paires d'arcs osseux, les *côtes*, qui contournent la poitrine et lui forment une sorte de cuirasse. Sept de ces côtes viennent rejoindre en avant un os médian, le *sternum* (fig. 20 A), qui se trouve dirigé de haut en bas à la partie antérieure de la poitrine; enfin les cinq dernières de chaque côté n'arrivent pas jusqu'au sternum; elles portent le nom de *fausses côtes*, par opposition aux précédentes qui sont les *vraies côtes*. — Les deux dernières paires ont même leur extrémité libre; on dit qu'elles sont *flottantes*.

Les vertèbres dorsales, les côtes et le sternum entourent donc complètement la poitrine ou cavité thoracique; 'elles protègent les poumons et le cœur qui s'y trouvent renfermés.

Membres. — Sur le tronc sont fixés les *membres*, au nombre de quatre, formant deux paires. Ils sont symétriques, deux par deux; leurs fonctions sont chez l'homme essentiellement différentes; les membres supérieurs ou *bras* servent uniquement à toucher et à saisir, tandis que les *jambes* servent à marcher. Malgré cette différence profonde dans leurs rôles respectifs, les bras et les jambes sont constitués par des parties identiques : le membre supérieur se compose du *bras*, de l'*avant-bras* et de la *main* ; le membre inférieur comprend la *cuisse*, la *jambe* et le *pied*. Chaque membre a une charpente osseuse recouverte

par des muscles. — Le *bras* (fig. 22) est formé d'un seul os,
l'*humérus* (*h*) ; l'*avant-bras* en comprend deux, le *radius* (*r*) et
le *cubitus* (*u*) ; le *poignet* ou *carpe* (*c*) en compte huit ; enfin la

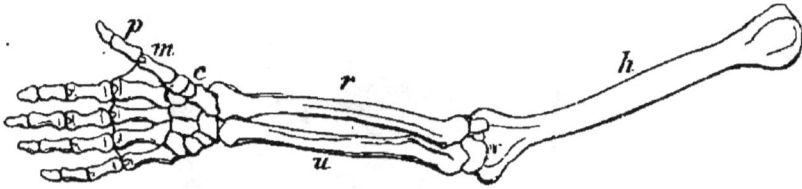

Fig. 22. — Os du bras, de l'avant-bras et de la main.

main se compose de la *paume* et des *doigts* ; la paume comprend cinq os correspondant aux cinq doigts, et chacun de
ceux-ci est constitué par trois petits os ou *phalanges*, à l'exception du *pouce* qui en compte deux seulement.

Le *fémur* (fig. 20 F) pour la *cuisse*, le *tibia* (T) et le *péroné* (P)
pour la *jambe* correspondent aux os du bras et de l'avant-
bras ; mais en avant du *genou* se trouve un os arrondi n'ayant
pas d'analogue au coude, c'est la *rotule* (*g*).

Le *tarse* ou *cou-de-pied* (1 à 17) rappelle le poignet, mais il

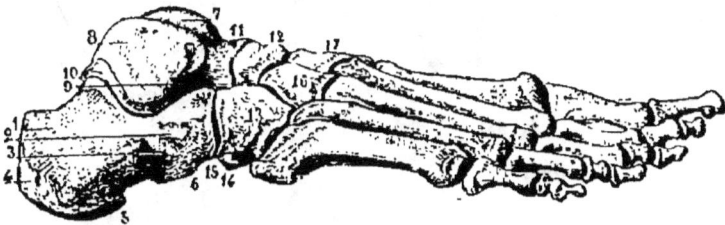

Fig. 23. — Os du pied.

n'a que sept os au lieu de huit ; enfin le *pied* (fig. 23) se compose des mêmes parties que la main.

Les membres inférieurs sont reliés au tronc par l'intermédiaire du *bassin* (fig. 24), formé des deux *os iliaques* (I). Quant
aux membres supérieurs, ils se relient au tronc par l'intermédiaire de l'*épaule* (fig. 20), comprenant de chaque côté l'omo-

plate, qui glisse en arrière sur les côtes et la *clavicule* (C) qui fait saillie en avant.

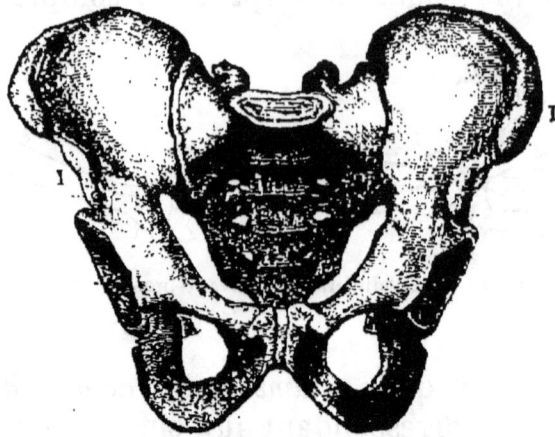

Fig. 24. — Bassin.

Le tableau suivant résume ces analogies des deux paires de membres :

MEMBRE SUPÉRIEUR		MEMBRE INFÉRIEUR	
Épaule.............	{ *omoplate.* { *clavicule.*	Bassin.............	*les os iliaques.*
Bras..............	*humérus.*	Cuisse............	*fémur.*
Avant-bras........	{ *radius.* { *cubitus.*	Jambe.............	{ *tibia.* { *péroné.*
Carpe ou poignet...	8 *os.*	Tarse ou cou-de-pied.	7 *os.*
Paume de la main..	5 *os.*	Plante du pied	5 *os.*
Phalanges.		*Phalanges.*	

La tête. — A la partie supérieure de la colonne vertébrale est fixée la *tête* ; le canal médullaire s'y épanouit en une vaste cavité renfermant le *cerveau* et le *cervelet*. Les os qui entourent cette cavité forment la boîte osseuse du crâne ; ils sont au nombre de huit, fortement engrenés par leurs bords : le *frontal* (fig. 25, Fr), les deux *pariétaux* (Pa), l'*occipital* (Oc), les deux *temporaux* (Te), l'*ethmoïde* (Et) et le *sphénoïde* (Sp).

A la boîte osseuse du crâne est suspendue la face, dont les deux os principaux sont le *maxillaire supérieur* (Ma.S) et le maxil-

laire inférieur (Ma.l) ; puis viennent les *os des pommettes* (P), les *palatins*, le *vomer*, les *os nasaux* (Na) et les *os lacrymaux*.

Muscles. — Les os qui composent le squelette étant des pièces inertes ne pourraient par eux-mêmes se déplacer les uns par rapport aux autres ; mais ils sont réunis par des *muscles* qui les mettent en mouvement. Tout le monde connaît

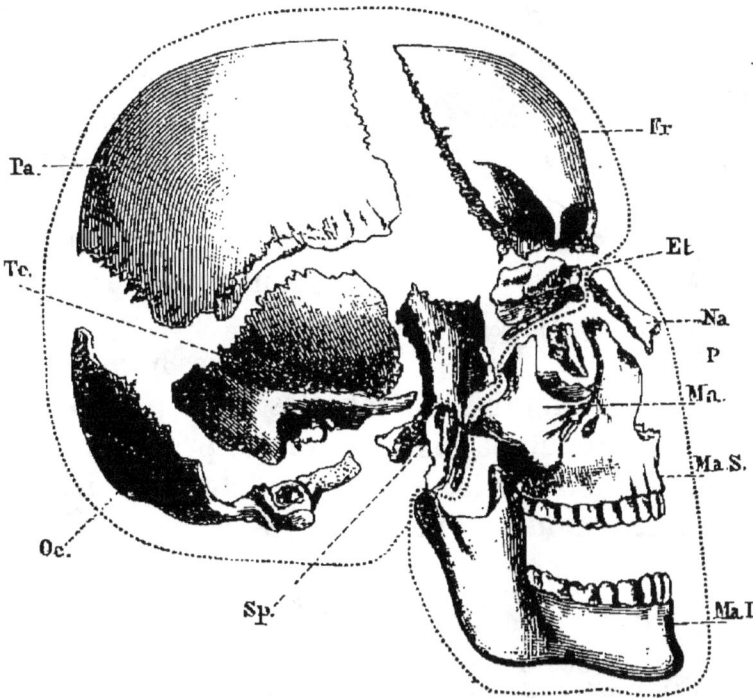

Fig. 25 — Os de la tête disjoints.

les muscles ; ce sont eux qui forment la chair des animaux ; ils sont constitués par la réunion d'un grand nombre de petites fibres parallèles les unes aux autres. Leur forme est généralement allongée, et les deux extrémités de cette bande sont presque toujours attachées à des os différents. Ils sont d'un rouge vif, mais leurs extrémités qui se soudent aux os sont résistantes, blanchâtres et portent le nom de *tendons* ; il ne faut pas confondre les tendons avec les nerfs, comme on le fait habituellement dans le langage usuel.

Chaque muscle possède la propriété de se contracter,

c'est-à-dire de se raccourcir sous l'action de la volonté ; il en résulte que les os soudés aux extrémités tendent à se rapprocher. Voyons, par exemple, ce qui se passe dans le bras. Un muscle puissant, le *biceps* (d) (fig. 26), se fixe par une de ses extrémités (e) sur l'os du bras et par l'autre (f) sur l'un des os de l'avant-bras (*radius*). Quand ce muscle n'est pas en état d'activité, le bras est allongé ; mais si le biceps se contracte, l'avant-bras se replie sur le bras. En même temps qu'il se contractait dans sa longueur, le muscle s'est gonflé dans sa région moyenne.

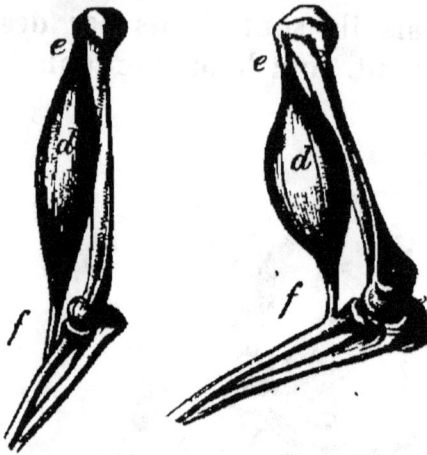

Fig. 26. — Le muscle biceps.

Le corps humain renferme un nombre considérable de muscles. C'est par le jeu de ces organes que s'exécute la marche, que se produisent les mouvements respiratoires et la mastication, etc., etc.; ils président, en un mot, aux mouvements de toutes les parties du corps.

RÉSUMÉ

Les *os* sont formés d'une partie calcaire et d'une substance analogue à la gélatine. Les os longs renferment de la *moelle*.

La colonne vertébrale se divise en 5 régions comprenant 33 vertèbres. — Elle porte 12 côtes limitant la poitrine.

Les os constituant le membre supérieur sont comparables à ceux du membre inférieur.

La tête comprend deux parties : la *face* et le *crâne*.

Les *muscles* sont les véritables organes du mouvement; ce sont leurs contractions qui provoquent le déplacement des diverses parties du squelette.

CHAPITRE VI

Le système nerveux et les organes des sens

Le système nerveux; ses diverses parties. — Nous venons de voir que les muscles sont les principaux organes du mouvement : ce sont leurs contractions qui provoquent les déplacements des diverses parties du squelette; mais ces contractions ne se produisent pas d'elles-mêmes. Quand un muscle est détaché du corps, on peut provoquer son raccourcissement, c'est-à-dire sa contraction en le pinçant, ou bien en le soumettant au froid, à l'action d'un acide ou encore à celle d'une décharge électrique.

Quand les muscles ne sont pas détachés du corps, quand ils font partie de l'animal vivant, ce qui provoque leur activité n'est pas une excitation comme celles que je viens de citer; ils reçoivent de nombreux petits filaments blanchâtres qu'on appelle les *nerfs* et qui agissent sur eux pour les faire contracter absolument comme le courant électrique arrivant par le fil du télégraphe agit sur le mécanisme de l'appareil pour imprimer une dépêche.

Les nerfs ne sont eux-mêmes qu'une partie du grand appareil qui commande à toutes les parties du corps : *le système nerveux.*

Le système nerveux (fig. 27) se compose de la *moelle épinière*, du *cerveau*, du *cervelet* et des *nerfs*.

La moelle épinière. — La *moelle épinière* (fig. 27 c.) constitue un cordon mou, blanchâtre, logé dans le canal formé par la colonne vertébrale. La surface de la moelle est blanche; elle est formée de nombreux petits filaments; la partie interne est, au contraire, d'une couleur grisâtre.

Au niveau de chaque vertèbre, la moelle fournit une paire de cordons ou nerfs, l'un à droite, l'autre à gauche; les nerfs vont se rendre aux muscles et aux organes en se ramifiant abondamment sur leur parcours.

Le cerveau. — Le *cerveau* (fig. 27 *a*), n'est autre chose que l'extrémité supérieure de la moelle fortement renflée et logée dans le crâne. Le cerveau est divisé en deux moitiés ou *hémisphères* par un sillon profond dirigé d'avant en arrière. La surface offre de nombreux replis qu'on appelle des *circonvolutions*.

A l'encontre de ce que nous avons observé dans la moelle, la surface du cerveau est formée de substance grise et la partie centrale de substance blanche.

Le cervelet. — Le *cervelet* (fig. 27 *b*) est situé en arrière et au-dessous du cerveau. — Un sillon médian moins profond que celui du cerveau le divise encore en un lobe droit et un lobe gauche. Sa surface ne présente que des circonvolutions plus petites que celles du cerveau et à peu près parallèles les unes aux autres. — La substance grise se trouve à la surface et la substance blanche à l'intérieur ; mais la ligne de séparation de ces deux substances paraît fort sinueuse sur une section du cervelet, de telle sorte que cette section rappelle assez le dessin d'un arbre : on lui a donné le nom d'*arbre de vie*.

Nerfs. — De la partie du système nerveux comprise dans la cavité du crâne naissent douze paires de nerfs dont les uns se rendent aux yeux, les autres aux oreilles, à la langue, à la face et à divers organes.

Tous les nerfs qui partent de la moelle ou du cerveau relient donc ces parties centrales du système nerveux aux différentes parties du corps.

Nerfs sensitifs et nerfs moteurs. — Si par inadvertance notre main vient à toucher un objet trop chaud nous la retirons spontanément de même que le bras. — La chaleur de l'objet a produit sur les nerfs de la main un certain effet ; ces nerfs ont transmis à la moelle et peut-être au cerveau l'impression qu'ils ont reçue, et de ces centres nerveux est parti un ordre qui, par l'intermédiaire d'autres nerfs, vient contracter les muscles de la main et du bras pour provoquer le mouvement que nous avons constaté.

Plaçons sur notre langue un bonbon sucré, et aussitôt la salive afflue dans la bouche.

Qu'un appel vienne frapper nos oreilles, et tout d'un coup nous nous retournons vers l'endroit d'où vient le cri.

Qu'une lumière éblouissante frappe soudainement nos yeux, et nos paupières se ferment.

Il y a donc des nerfs qui portent aux centres nerveux les impressions du dehors : ce sont les *nerfs sensitifs*; d'autres, au contraire, partent des centres nerveux et vont provoquer les mouvements des muscles : ce sont les *nerfs moteurs*.

Les phénomènes que nous venons d'enregistrer utilisent successivement ces deux sortes de nerfs, et nous pourrions les comparer à ce qui se passe dans nos grandes villes lorsque éclate un incendie. — Aussitôt que l'incendie est connu, le poste le plus voisin adresse une dépêche au poste central qui représente nos centres nerveux; puis de ce poste central on expédie dans toutes les directions des dépêches enjoignant aux postes de pompiers de se mettre en marche.

Fig. 27. — Système nerveux de l'Homme.

Rôle de la moelle épinière. — Enlevons le cerveau à un pigeon; il se tient sur ses pattes; un bruit violent le fait tressaillir; il suit des yeux une lumière vive que l'on déplace; il

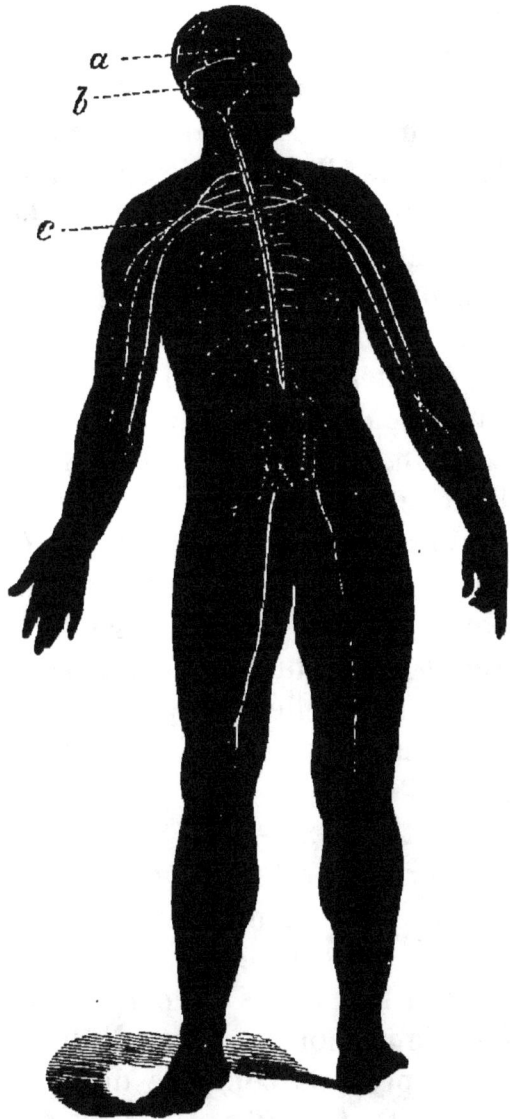

vole régulièrement si on le jette en l'air; il avale et digère des grains qu'on porte dans son arrière-bouche.

La moelle épinière suffît donc seule, en l'absence du cerveau, pour provoquer les mouvements, pour diriger la nutrition, c'est-à-dire la digestion, la circulation et la respiration.

Rôle du cerveau. — Mais ce pigeon privé de cerveau qui continue de vivre ne sait pas diriger son vol; il va droit devant lui et s'arrête au premier obstacle; il ne s'envole pas de lui-même, il faut le jeter en l'air; la nourriture qu'il avale et qu'il digère, il ne sait plus la chercher et la trouver lui-même. — Il n'est plus qu'une machine dont le mécanicien a disparu, un automate qui fonctionne sans discernement et sans intelligence.

Ce mécanicien qui doit commander à la machine, cette intelligence qui doit dominer l'animal résident donc dans le cerveau. — C'est lui qui est le siège de la mémoire, de l'intelligence et de la volonté.

Les organes des sens. — Les nerfs sensitifs viennent se terminer en grand nombre dans certaines parties du corps pour recevoir les impressions extérieures. Ils nous renseignent ainsi sur cinq catégories d'impressions et constituent ce qu'on appelle les *organes des sens.*

Nous possédons cinq sens : le *toucher*, le *goût*, l'*odorat*, la *vue* et l'*ouïe*.

Le toucher. — Le *toucher* nous renseigne sur la présence des corps, sur leur forme, leurs dimensions, leur poids, leur dureté, leur température, l'état de leur surface, etc. — Il s'exerce par la peau, mais avec une perfection très inégale suivant les parties du corps. C'est la peau des doigts qui jouit sous ce rapport de la sensibilité la plus exquise.

La peau se compose de deux couches : l'*épiderme* (A) qui est à la surface (fig. 19, *A, B*) et le *derme* (B) situé au-dessous.

L'épiderme joue simplement le rôle d'organe protecteur; il se renouvelle constamment par sa partie profonde pendant qu'il se détruit par sa surface externe. — Il ne contient ni nerfs ni vaisseaux.

Le derme, situé au-dessous, en est séparé par une surface

hérissée de papilles. Là viennent se terminer un grand nombre de nerfs sensitifs qui sont impressionnés toutes les fois qu'un corps touche la peau.

Le goût. — Le sens du *goût* nous apprend si les corps introduits dans la bouche sont sucrés ou acides. — La *langue* (fig. 28) est le principal organe du goût. Elle est recouverte d'une sorte de peau très fine qui porte le nom de *muqueuse*. Sur le dos de la langue, cette muqueuse est soulevée par un grand nombre de petites *papilles* (*f*) qui la hérissent et dont les plus grandes sont situées à la base de cet organe où elles dessinent une sorte de V (*e*).

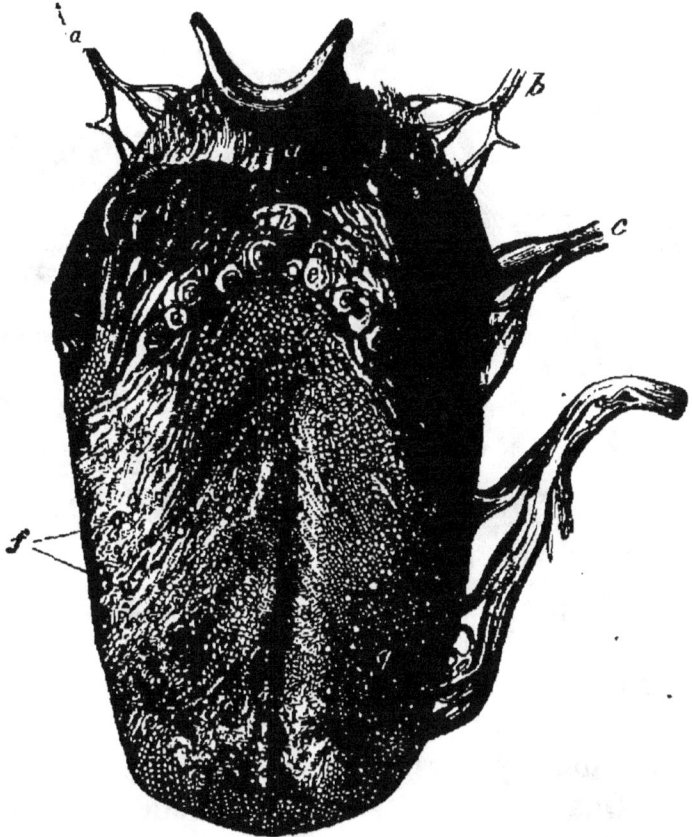

C'est dans ces papilles que viennent se terminer les nerfs sensitifs (*a*, *b*, *c*) chargés de recueillir et de transporter au cerveau les impressions produites par les *corps sapides*.

Fig. 28. — Face supérieure de la langue avec les papilles.

Pour que les corps puissent agir sur les papilles de la langue, il faut qu'ils soient dissous; aussi, quand on place sur la langue des fragments d'une substance sapide, la salive arrive-t-elle en abondance ; c'est ce que l'on exprime en disant que ces corps font venir l'eau à la bouche.

L'odorat. — L'*odorat* qui a pour siège les *fosses nasales* (fig. 29) nous permet d'apprécier les odeurs. Ce sens dont le siège est sur le trajet de l'air de la respiration nous est très utile, car il nous renseigne rapidement sur les qualités de l'air que nous introduisons dans nos poumons.

Les fosses nasales présentent de chaque côté trois replis

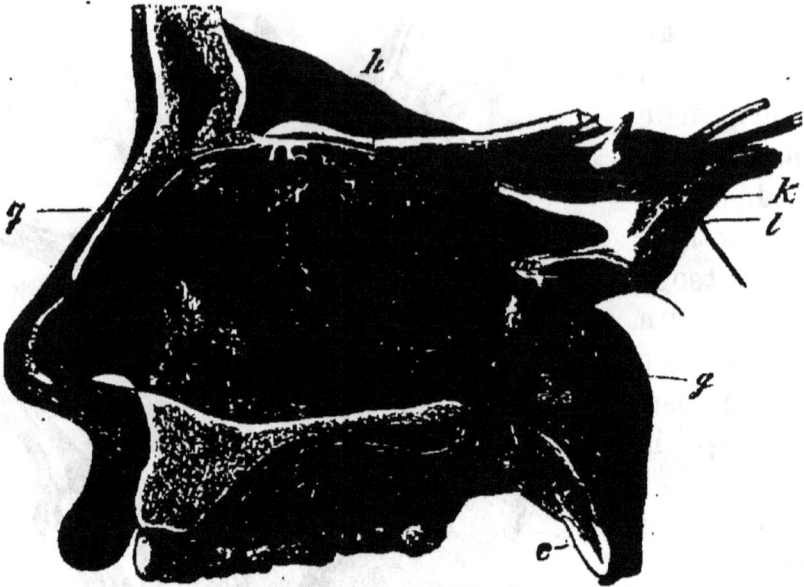

Fig. 29. — Fosses nasales.

ou *cornets* (*a, b, c*) revêtus par une membrane humide dans laquelle vient se ramifier et se terminer un nerf qui est impressionné par les odeurs et qui porte le nom de *nerf olfactif* (*h*).

Quand, par suite de l'obstruction des fosses nasales, dans le *coryza*, par exemple, nous respirons par la bouche, l'air ne vient plus passer sur la membrane sensible et nous ne percevons plus les odeurs.

L'étude fort compliquée des *yeux* et des *oreilles* trouvera naturellement sa place dans le développement du programme de cinquième année.

RÉSUMÉ

Le *système nerveux* comprend :
1° Les *centre nerveux* : *moelle épinière*, *cerveau*, *cervelet*.

2º Les *nerfs* qui partent du cerveau et de la moelle pour se distribuer dans toutes les parties du corps.

Il y a deux sortes de nerfs : les *nerfs sensitifs* et les *nerfs moteurs*.

La moelle peut diriger les actes involontaires tels que ceux de la digestion, de la circulation et de la respiration.

Le cerveau est le siège de l'*intelligence* et de la *mémoire*.

Il y a cinq sens : le *goût*, l'*odorat*, le *toucher*, l'*ouïe*, et la *vue*.

Le *goût* a pour siège la *langue* hérissée de papilles dans lesquelles se terminent les nerfs spéciaux.

. L'organe de l'*odorat* est constitué par la *membrane pituitaire* qui tapisse la partie supérieure des fosses nasales et reçoit les *nerfs olfactifs*.

Le *toucher* s'exerce par la *peau*, grâce aux nombreux nerfs qui viennent se terminer dans les papilles du derme.

CHAPITRE VII

Caractères des Vertébrés. — Classifications.
Types animaux

Le Chien. — **Caractères par lesquels il diffère de l'Homme.** — Le *Chien* comparé à l'*Homme* présente avec ce dernier un certain nombre de différences bien tranchées.

Tout d'abord il a le corps entièrement couvert de poils, tandis que l'Homme n'en porte de bien développés que dans certaines parties du corps.

Il possède une queue, l'Homme n'en présente pas, au moins extérieurement.

Ses quatre membres servent à la marche, c'est un quadrupède ; l'Homme au contraire est bipède.

Il a cinq doigts aux membres antérieurs et *quatre* seulement aux membres postérieurs ; l'Homme en a cinq à tous les membres.

Le pouce du membre antérieur est opposable aux autres doigts chez l'Homme ; le Chien n'a pas le pouce opposable aux autres doigts : il manque donc de main.

Les doigts de l'Homme sont protégés par des ongles ; ceux du Chien sont terminés par des griffes.

L'Homme appuie sur le sol toute la surface inférieure du pied ; le Chien marche sur l'extrémité des doigts.

La tête du Chien est allongée en un museau par suite du développement exagéré des mâchoires ; la face de l'Homme ne proémine pas en avant.

Le nombre des dents est de 42 chez le Chien ; de 32 seulement chez l'Homme.

Les canines du Chien sont pointues et dépassent les autres dents : ce sont des *crocs* ; les canines de l'Homme ne sont presque pas pointues et ne dépassent pas les autres dents.

Les molaires du Chien ont une couronne tranchante ; les molaires de l'Homme ont une couronne mamelonnée.

Caractères par lesquels le Chien ressemble à l'Homme. — Malgré les nombreuses différences que nous avons constatées de prime abord, la distance qui sépare le Chien de l'Homme au point de vue de l'organisation n'est pas aussi grande qu'on pourrait le croire.

Le corps est divisé en trois régions bien distinctes : tête, tronc, membres.

Le Chien présente comme l'Homme une peau facile à isoler du reste du corps.

Le squelette (fig. 30) se compose des mêmes parties semblablement placées ; seulement la colonne vertébrale se continue à la région postérieure du corps pour soutenir la queue et les os des membres sont un peu différents de ceux de l'homme au point de vue des dimensions relatives ; le nombre des doigts n'est pas le même au membre postérieur et le Chien manque de clavicules ; mais ces os sont représentés par des ligaments.

Pour ce qui concerne les organes internes, la ressemblance est encore plus parfaite.

La cavité générale est toujours divisée en une région thoracique et une région abdominale par un diaphragme.

Le tube digestif comprend les mêmes parties que celui de

l'Homme avec des glandes salivaires, un foie, un pancréas, etc.

La respiration se fait par deux poumons situés dans la cavité thoracique.

Le cœur, placé entre les deux poumons, se compose de quatre cavités.

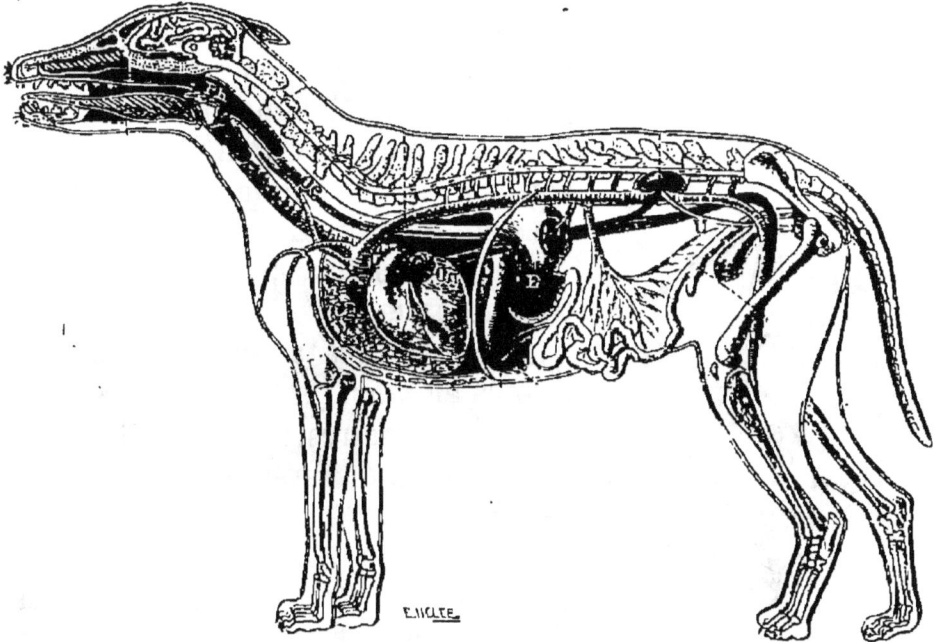

Fig. 30. — Anatomie du Chien.

Le sang est à température constante ; il est coloré en rouge par des globules.

Le système nerveux comprend une moelle épinière logée dans la colonne vertébrale à la région dorsale du corps, un cerveau renfermé dans le crâne et des nerfs en grand nombre qui partent du cerveau et de la moelle.

Enfin les petits chiens sont allaités par leur mère.

Nous pourrions trouver beaucoup d'autres ressemblances ; mais celles que nous venons d'énumérer suffisent pour démontrer que le Chien est construit sur le même type que l'Homme.

La plupart des grands animaux qui nous entourent et qui

ont *quatre pattes*, qui *allaitent leurs petits* et *sont couverts de poils*
nous présenteraient la même organisation que l'Homme et le
Chien : on leur a donné le nom de *Mammifères*.

**Le Coq. — Principaux traits qui le distinguent du
Chien.** — Le *Coq* n'a pas comme le *Chien* la peau revêtue de
poils, mais il a le corps couvert de productions d'un autre
genre qu'on appelle des *plumes*.

Il n'utilise que deux pieds pour marcher ; il est donc *bipède*, ce qui l'éloigne du Chien ; mais
il est facile de voir qu'il n'a pas la station
verticale de l'Homme, car son dos est
presque horizontal.

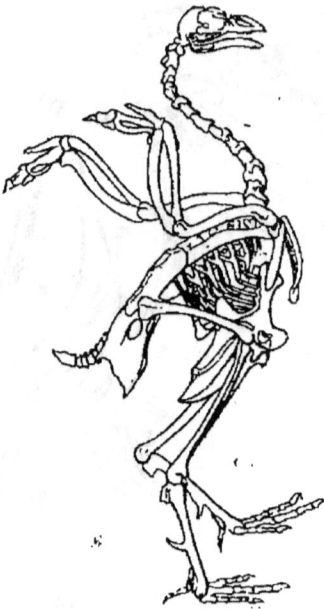

Il ne possède que quatre doigts à
chaque patte.

Les membres antérieurs sont transformés en *ailes*.

Les mâchoires, au lieu d'être armées
de dents, sont revêtues de lames cornées constituant un *bec*.

Enfin le cou, sensiblement plus long
que celui des Mammifères, permet à la
tête des mouvements plus étendus et
plus variés.

**L'organisation du Coq ne s'éloigne
pas beaucoup de celle des Mammifères.** — A côté de ces différences su-

Fig. 31. — Squelette du Coq.

perficielles que nous venons d'enregistrer, signalons les nombreux points de ressemblance.

Le corps se divise en trois régions : *tête, tronc, membres*.

La peau se laisse facilement isoler du reste du corps.

Les plumes sont des productions de la peau analogues aux
poils.

Le squelette (fig. 31) se compose toujours d'une colonne
vertébrale avec des côtes, un sternum, des membres et une
tête ; mais le nombre des vertèbres du cou est plus grand que
chez les Mammifères ; chaque côte est formée par deux os

réunis en une sorte de V très ouvert ; le sternum est un os très large avec une saillie médiane ou *bréchet* pour l'insertion des muscles des ailes ; le métatarse est formé d'un seul os allongé recouvert d'une peau écailleuse ; les membres antérieurs transformés en ailes ne possèdent que trois doigts dont deux sont soudés l'un à l'autre ; les deux clavicules sont réunies en un seul os qui a la forme d'un V et auquel on a donné le nom de *fourchette* ; enfin les os longs des membres du Coq sont creux et remplis d'air au lieu de renfermer de la moelle.

L'appareil digestif (fig. 32) est disposé de la même façon que celui des Mammifères mais il présente plusieurs estomacs dont l'un, le *gésier*, possède des parois puissantes capables de broyer en se rapprochant les aliments que les mâchoires privées de dents ne peuvent suffisamment triturer ; enfin le tube digestif vient s'ouvrir avec les conduits urinaires dans une cavité unique ou *cloaque*.

La respiration se fait encore par des poumons ; mais à ces poumons sont annexés neuf sacs remplis d'air (fig. 33), les sacs aériens, qui communiquent eux-mêmes avec les cavités dont les os sont creusés.

Le cœur est tout à fait analogue à celui des Mammifères. Il en est de même des autres parties de l'appareil circulatoire ; mais la crosse de l'aorte se recourbe vers la droite au lieu de se recourber vers la gauche.

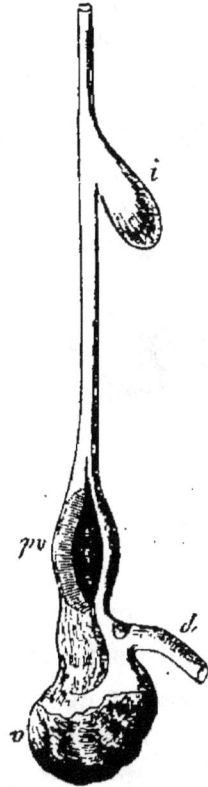

Fig. 32.
Partie du tube digestif d'un Oiseau, *i*, jabot ; *pr*, ventricule succenturié ; *v*, gésier.

Le sang a une température plus élevée que celui des Mammifères ; il est coloré par des globules elliptiques plus épais au milieu que sur les bords.

Le système nerveux a ses parties centrales, moelle et cerveau, logées dans la colonne vertébrale et dans le crâne à la région dorsale du corps.

En résumé le Coq diffère surtout des Mammifères par *ses*

plumes, son bec et *ses ailes.* Tous les animaux qui ont comme lui le corps recouvert de plumes sont des *Oiseaux.*

Les Oiseaux sont ovipares. — Les Oiseaux ne mettent pas au monde des petits tout vivants ; mais ils pondent des *œufs* qui, après une certaine période, dite *d'incubation*, donnent naissance à de jeunes Oiseaux.

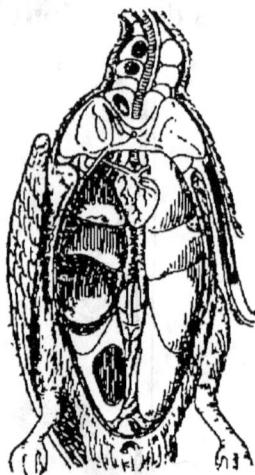

Fig. 33.
Appareil respiratoire
et
cœur d'un Oiseau.

Le Lézard. — L'aspect extérieur du *Lézard* diffère notablement de celui du Coq (fig. 34) ; il se sert de ses quatre pattes pour marcher, mais son ventre traîne à terre ; on dit qu'il rampe. Son corps est recouvert de petites écailles au lieu de porter des poils comme celui des Mammifères ou des plumes comme celui des Oiseaux. Enfin le cou est beaucoup moins développé que celui des Oiseaux et le corps se termine par une queue allongée.

Ces différences que nous venons de signaler ne sont pas très importantes ; si nous continuons notre examen, nous trouvons que le corps est toujours formé de trois régions, tête, tronc et membres, comme celui des Oiseaux et des Mammifères. Il est soutenu par un squelette comprenant les mêmes parties semblablement placées et la colonne vertébrale qui constitue l'axe de ce squelette abrite encore une moelle épinière dorsale aboutissant au cerveau logé dans le crâne.

L'appareil digestif est construit de la même façon, mais les dents ne sont pas implantées dans des alvéoles.

Le sang renferme des globules analogues à celui des Oiseaux ; il ne dépasse guère la température du milieu dans lequel vit l'animal ; c'est ce qui fait dire que le Lézard est un animal à sang froid. Ce sang est contenu dans un appareil circulatoire fermé, composé d'artères et de veines ; il est mis en mouvement par un cœur logé dans la région thoracique ; mais ce cœur ne comprend que trois cavités, deux oreillettes et un seul ventricule, ce qui occasionne le mélange du sang veineux et du sang artériel dans le ventricule unique. La respiration s'effectue par des poumons placés de chaque côté du cœur.

Enfin les Lézards pondent des œufs comme les Oiseaux : ils sont donc ovipares.

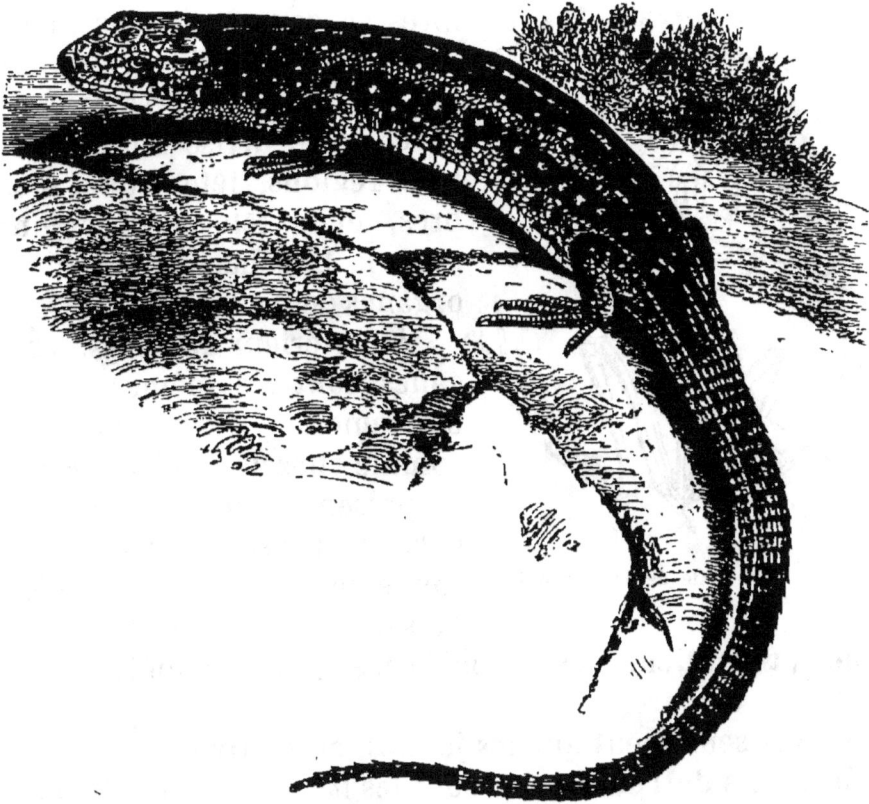

Fig. 34. — Le Lézard commun. — Grandeur naturelle.

Tous les Vertébrés ovipares qui ont, comme le Lézard, le corps couvert *d'écailles*, un cœur *composé de trois cavités*, du *sang à température variable* et un *appareil respiratoire toujours composé de poumons*, ont reçu le nom de *Reptiles*.

La Grenouille. — La peau de la *Grenouille* est toujours lisse et humide au lieu d'être couverte d'écailles comme celle du Lézard; la tête est plus large et le corps n'est pas terminé par une queue; enfin la Grenouille ne peut vivre que dans les lieux humides.

Mais elle présente cependant un grand nombre de caractères qui la rapprochent du *Lézard*, du *Coq* et du *Chien*.

Comme ces derniers, la Grenouille présente une colonne vertébrale qui constitue l'axe du corps; mais ici les côtes sont très courtes (fig. 35). Les membres se composent des mêmes parties essentielles; enfin le squelette de la tête n'en diffère que par des caractères de détail.

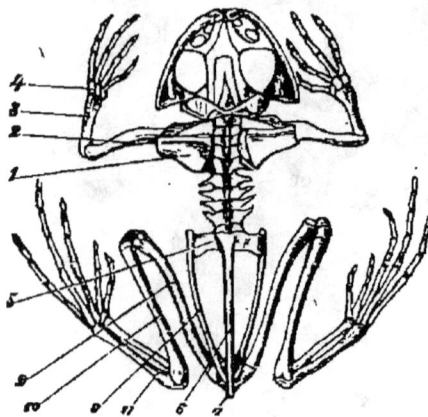

Le corps se divise nettement en trois régions, tête, tronc, membres, et la tête porte toujours, avec la bouche, les principaux organes des sens.

A l'intérieur du corps, les organes sont les mêmes et semblablement placés, seulement, comme chez le Lézard, le cœur ne présente que trois cavités et le sang noir se mélange au sang rouge dans le ventricule unique.

Fig. 35. — Squelette de la Grenouille.

Le sang est à température variable et contient des globules très grands; enfin la Grenouille est ovipare.

Notons seulement que les jeunes, au sortir de l'œuf, n'ont pas la forme de l'adulte : ce sont les *têtards;* ils ont la forme de Poissons, possèdent une respiration aquatique et sont herbivores; ils passent ensuite par une série d'états successifs ou *métamorphoses* (fig. 36) avant d'acquérir la forme et d'atteindre la taille de la Grenouille adulte; nous aurons plus loin l'occasion de décrire ces curieuses métamorphoses.

On réserve le nom de *Batraciens* à tous les animaux qui ont, comme la Grenouille la *peau nue et humide*, un *cœur à trois cavités,* le *sang à température variable* et qui, étant *ovipares* comme les Oiseaux et les Reptiles, *subissent des métamorphoses* avant d'acquérir leur forme définitive.

La Carpe. — La *Carpe* (fig. 37), vivant exclusivement dans l'eau, possède une organisation adaptée à ce genre de vie. Le corps est tout d'une venue pour mieux fendre l'eau ; il ne présente plus la division ordinaire en tête, tronc et membres ; mais il affecte la forme allongée d'un fuseau. Il porte des *écailles* se recouvrant les unes les autres comme les tuiles d'un toit.

Sur la ligne médiane du dos et de la face ventrale, ainsi

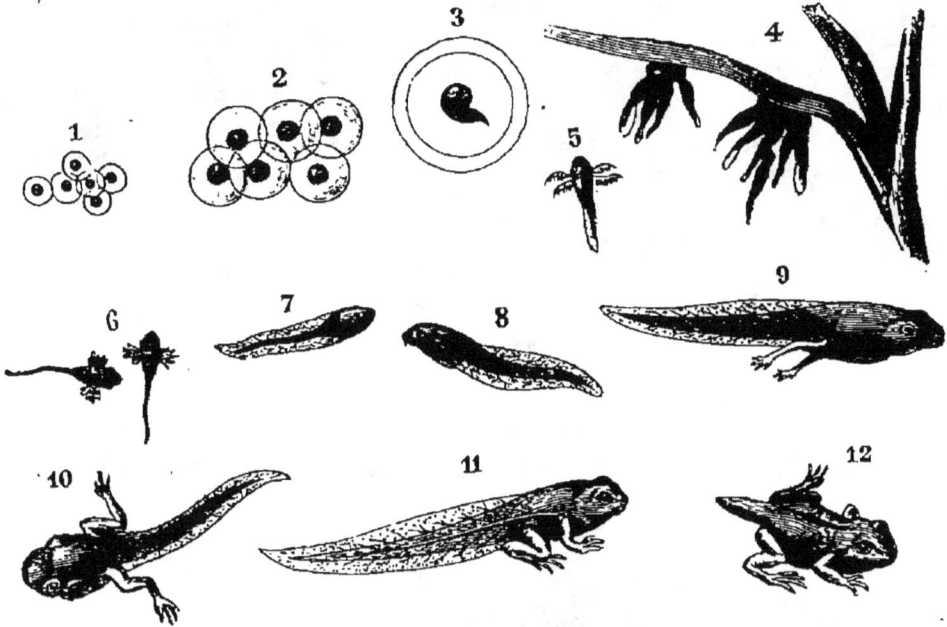

Fig. 36. — Métamorphoses de la Grenouille.

qu'à l'extrémité postérieure du corps, se voient trois replis de la peau appelés *nageoires* et supportés par des tiges dures auxquelles on a donné le nom de rayons. Outre ces trois *nageoires impaires*, dont la plus importante constitue la queue de la Carpe, il en existe d'autres au nombre de deux *paires*, situées sous le corps, les unes sous la région thoracique, les autres sous la région abdominale.

Enfin, de chaque côté de la tête et en arrière, nous observons une fente conduisant dans une cavité, *la cavité des ouïes*, sur laquelle se rabat une sorte de volet appelé *opercule*. Quand on regarde une Carpe dans l'eau, on la voit écarter de temps en temps ses opercules et la fente laisse échapper de l'eau.

Nous n'avons rien observé de semblable chez les autres animaux dont nous avons déjà parlé.

Cependant il ne faut pas croire que la Carpe soit construite

Fig. 37. — La Carpe.

sur un plan complètement nouveau ; un examen plus approfondi que celui que nous venons de faire suffira pour nous en

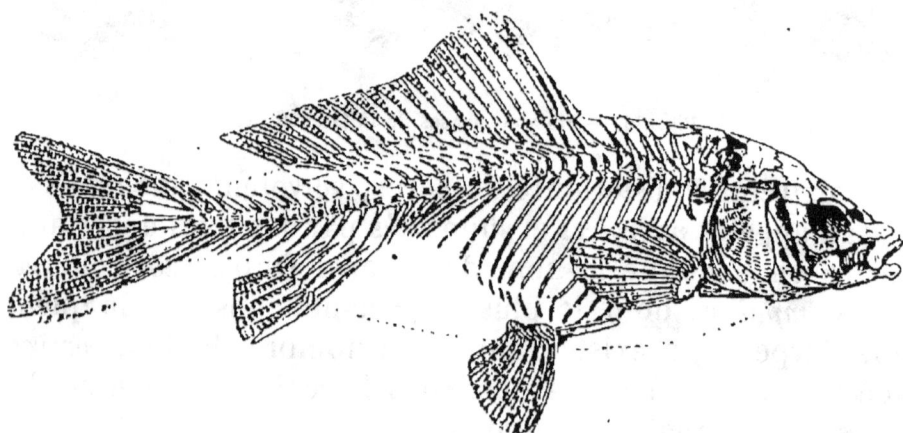

Fig. 38. — Squelette de la Carpe.

convaincre. Nous voyons tout d'abord qu'elle présente comme le Chien, le Coq et la Grenouille une moitié droite et une moitié gauche parfaitement analogues. La tête, si elle n'est

pas séparée du tronc par un cou, n'en porte pas moins toujours la bouche, les narines, les yeux, les oreilles ; en un mot
elle possède tous les organes que nous a présentés la tête
d'un Chien ou d'un Coq.

Le squelette comprend toujours une colonne vertébrale
avec des côtes et une tête ; mais il manque de sternum et il
est augmenté de di-
verses 'pièces comme
les' rayons des nageoi-
res impaires et les
arêtes ; quant aux mem-
bres, transformés pro-
fondément en vue de
la natation, ils sont
représentés par les
quatre nageoires paires
dont nous avons déjà
parlé.

Le sang est analo-
gue à celui des Batra-
ciens et des Reptiles ;
il est mis en mouve-
ment par un cœur (*c*)
composé seulement
d'une oreillette et d'un
ventricule (fig. 39).

Ce cœur n'est tra-
versé que par du sang
veineux ; il correspond
au cœur droit des
Mammifères et des Oi-
seaux. Le sang, en

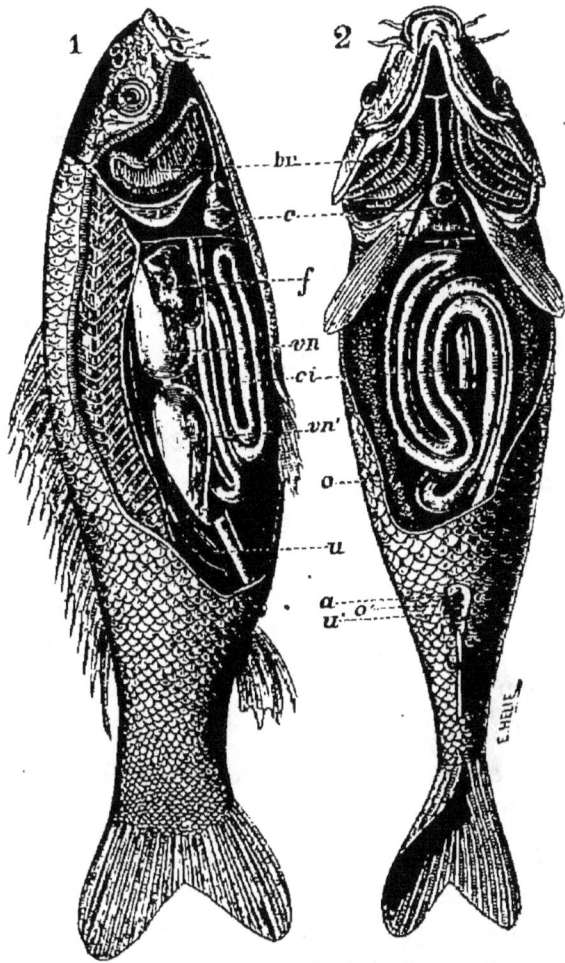

Fig. 39. — Anatomie de la Carpe.

effet, ne revient pas à cet organe après avoir traversé l'appareil
respiratoire. Celui-ci est complètement adapté à la vie aquatique et se compose de *branchies* (*br*) placées dans les cavités des
ouïes et baignées sans cesse par de l'eau contenant de l'air en
dissolution. Ces branchies ont la forme de peignes supportant

de nombreuses lamelles qui reçoivent les vaisseaux sanguins.

Le corps de la Carpe contient cependant un sac rempli d'air comme les poumons; c'est la *vessie natatoire* (vn) communiquant avec le tube digestif.

L'appareil de la digestion ne diffère pas notablement de celui d'un Reptile ou d'un Batracien. Enfin le système nerveux a toujours ses parties les plus volumineuses logées à la région dorsale du corps, dans le crâne et dans le canal vertébral. Les Poissons sont *ovipares* comme les Oiseaux, les Reptiles et les Batraciens.

Tous les animaux qui possèdent, comme la Carpe, un *corps allongé en fuseau, dépourvu de cou* et *couvert d'écailles*, des *nageoires impaires*, des *membres transformés en nageoires paires*, un *cœur à deux cavités* et *une respiration uniquement branchiale*, ont reçu le nom de *Poissons*.

Caractères généraux des Vertébrés. — Le *Chien*, le *Coq*, le *Lézard*, la *Grenouille* et la *Carpe*, dont nous avons passé en revue les principaux traits de ressemblance, possèdent tous, comme l'Homme, une colonne vertébrale occupant la région dorsale du corps et composée d'une série d'os appelés vertèbres. Ce caractère général les a fait désigner sous le nom de *Vertébrés*.

Les Vertébrés sont donc des animaux possédant :

1° *Un squelette intérieur* constitué au moins par une colonne vertébrale et un crâne;

2° Des *membres* dont le nombre ne dépasse jamais *quatre;*

3° Une *moelle épinière* et *un cerveau* logés dans la colonne vertébrale et dans le crâne à la *face dorsale* du corps;

4° *Un appareil digestif* situé *au-dessous de la colonne vertébrale* et formé d'un *tube ouvert aux deux extrémités;*

5° Un *appareil respiratoire* composé de *poumons* pour les Vertébrés terrestres et de *branchies* pour la plupart des Vertébrés aquatiques;

6° Un *appareil circulatoire* clos, dans lequel le *cœur* fait circuler du *sang coloré en rouge par des globules.*

Les classifications. — Grâce aux notions que nous avons acquises sur les animaux *Vertébrés*, nous connaissons déjà les caractères d'un certain nombre des grands animaux qui nous entourent; mais nos connaissances seraient fort incomplètes si nous nous arrêtions là. Il existe en effet à la surface de la terre beaucoup d'animaux dépourvus de squelette et par conséquent de vertèbres; nous pourrions les désigner tous par le nom d'*Invertébrés*. Pour arriver à les connaître, nous ne pouvons penser à les étudier tous successivement; mais nous les distribuerons en un certain nombre de groupes dans chacun desquels nous ferons rentrer les animaux qui présentent entre eux le plus de ressemblance : en un mot nous établirons une *classification*.

Embranchements et classes. — En distinguant dans le règne animal les *Vertébrés* et les *Invertébrés*, nous avons déjà fait une classification et chacun de ces deux groupes constitue un *embranchement*.

Chaque embranchement renferme lui-même des groupes moins nombreux qui ont reçu le nom de *classes*. C'est ainsi que parmi les Vertébrés, tous les animaux pourvus de poils et de mamelles appartiennent, comme le Chien, à la classe des *Mammifères*; tous ceux qui ont des ailes et des plumes constituent la classe des *Oiseaux*, etc. Nous avons de cette façon établi *cinq classes* parmi les Vertébrés.

Ordres. — Mais quand, par exemple, on connaît les Oiseaux en général, on est loin de connaître les caractères de tous. Quelle différence entre l'Autruche à la course rapide et la délicate Mésange qui vole de buisson en buisson! Il a donc fallu encore subdiviser chaque classe en catégories de moindre importance qui ont reçu le nom d'*ordres*. Les Autruches sont des Oiseaux de l'ordre des Coureurs et les Mésanges des Oiseaux de l'ordre des Passereaux.

Le genre et l'espèce. — Les Mésanges elles-mêmes ne sont pas toutes semblables; elles se ressemblent beaucoup et portent toutes le nom général de Mésanges : c'est le *genre* Mésange de l'ordre des Passereaux et de la classe des Oiseaux; mais on connaît en France la *Mésange charbonnière*, la *Mésange*

à tête bleue, la *Mésange longue-queue*, etc. Chacune de celles-ci
est une *espèce*, et comme la Mésange tête-bleue, par exemple,
aura des petits qui ressembleront à leurs parents comme à
toutes les autres Mésanges tête-bleue, on dit que *l'espèce est la
réunion des êtres vivants descendus l'un de l'autre ou de ceux qui
leur ressemblent autant qu'ils se ressemblent entre eux.*

En résumé, l'ensemble de plusieurs espèces constitue un
genre : le Chat, le Lion, le Tigre sont des espèces différentes du
genre Chat. Les genres qui se ressemblent le plus sont groupés pour former un ordre et la réunion de plusieurs ordres
donnera une classe. Il arrive même souvent que les genres
les plus voisins constituent une famille et que chaque ordre
contient ainsi plusieurs familles comprenant elles-mêmes un
certain nombre de genres.

Grandes divisions du règne animal. — Les animaux que
nous avons étudiés jusqu'ici sont des *Vertébrés*; mais il en
existe beaucoup d'autres qui sont entièrement dépourvus de
vertèbres et que nous pouvons désigner par le qualificatif
général *d'Invertébrés.* Cette deuxième catégorie ne forme pas
un embranchement unique; mais elle en comprend *sept* qui
réunis à l'embranchement des Vertébrés, embrassent tout le
règne animal. Les huit embranchements ou types sont les
suivants :

1° Vertébrés (*Homme, Chien*);
2° Articulés ou arthropodes (*Hanneton*);
3° Annelés ou vers (*Sangsue*);
4° Mollusques (*Escargot*);
5° Echinodermes (*Étoiles de mer*) ⎫
6° Cœlentérés (*Corail*)   ⎬ Rayonnés;
7° Spongiaires (*Éponges*);   ⎭
8° Protozoaires (*Infusoires*).

INVERTÉBRÉS

RÉSUMÉ

Le groupe des *Vertébrés* comprend cinq divisions correspondant aux types que nous avons étudiés. Le tableau suivant résume leurs caractères distinctifs :

VERTÉBRÉS

- à température constante.
  - Couverts de poils et vivipares (*Chien*). Mammifères
  - Couverts de plumes et ovipares (*Coq*). Oiseaux.
- à température variable.
  - N'ayant jamais que des poumons (*Lézard*). Reptiles.
  - Pourvus de branchies au moins à leur naissance.
    - Pourvus de pattes à l'état adulte ; pas d'écailles. (*Grenouille*) Batraciens.
    - Pourvus de nageoires. — Le corps couvert d'écailles (*Carpe*). Poissons.

La classification des animaux consiste à les grouper de façon à mettre ensemble ceux qui présentent le plus grand nombre de ressemblances; il existe 8 types ou embranchements.

CHAPITRE VIII

Les Animaux articulés ou Arthropodes.

Traits généraux de leur organisation. — Les animaux que nous avons étudiés jusqu'ici nous ont présenté une colonne vertébrale composée de segments successifs ou vertèbres, se répétant d'une extrémité du corps à l'autre avec la même forme générale; mais rien à l'extérieur ne venait déceler cette segmentation interne. Considérons au contraire un *Hanneton*, une *Araignée* et une *Écrevisse*, nous verrons aussitôt que le corps est formé d'un certain nombre de segments ou *anneaux* visibles à l'extérieur et que ces anneaux portent des *pattes articulées*, c'est-à-dire formées de plusieurs pièces mobiles ajoutées bout à bout comme les différentes parties d'un bras ou d'une jambe ; c'est ce dernier caractère qui a fait donner aux animaux que nous venons de citer le nom général d'*Articulés* ou *Arthropodes*.

Enfin le corps des Arthropodes est protégé par une enveloppe dure qui constitue une véritable cuirasse.

En résumé, *absence de squelette interne*, et par conséquent de colonne vertébrale ; division du corps en *annéaux* successifs, présence de *pattes articulées*, d'une *enveloppe dure* protégeant le corps, tels sont les principaux caractères qui distinguent les Animaux articulés ou Arthropodes.

Nous étudierons quatre types principaux d'Arthropodes correspondant à quatre classes distinctes :

1° Hanneton (*Insectes*) ;
2° Araignée (*Arachnides*) ;
3° Écrevisse (*Crustacés*) ;
4° Mille-pieds (*Myriapodes*).

LE HANNETON. — INSECTES.

Divisions du corps; son enveloppe dure. — Le *Hanneton* (fig. 40) que nous allons prendre pour type des Insectes, se distingue des autres Arthropodes par la division nette du

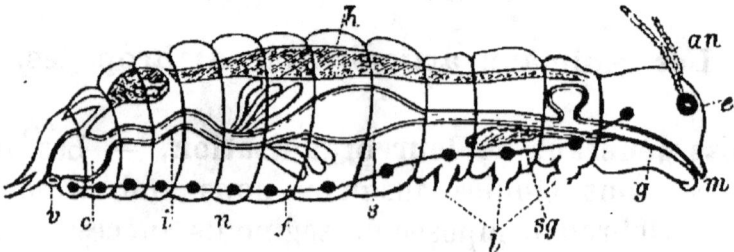

Fig. 40. — Figure théorique de l'anatomie d'un Insecte ; — *h*. vaisseau dorsal ; *g.i* tube digestif ; — *m*. bouche ; — *f*. chaîne nerveuse.

corps en trois régions : *tête, thorax, abdomen* ; par la présence des *ailes* et enfin par celle de *trois paires de pattes articulées* (d'où le nom d'*Hexapodes* souvent réservé aux Insectes). Le Hanneton ne possède pas de squelette interne ; mais sa peau durcie constitue une sorte de cuirasse qui le protège efficacement. Cette peau conserve une certaine flexibilité et présente en général une consistance analogue à celle de la corne bien qu'elle soit constituée par une substance très différente, la *chitine*.

La tête. — La *tête* du Hanneton est toujours bien distincte du thorax ; comme celle des Vertébrés, dont elle diffère d'ailleurs considérablement, cette tête porte la bouche et les yeux. Elle est surmontée de deux petites tiges ou *antennes* composées d'une série d'articles dont les derniers sont groupés comme les pièces d'un éventail ; les antennes des autres Insectes sont généralement plus simples que celles du Hanneton.

Les yeux. — Les yeux sont immobiles et presque toujours assez grands. Leur surface est divisée en un grand nombre de petites facettes hexagonales (fig. 41) qu'on distingue à un faible grossissement et qui sont les extrémités d'autant de petits yeux simples. Les *yeux composés* présentent parfois un très grand nombre de ces facettes; on en compte 12,500 chez la Libellule et 4,000 chez la Mouche.

Beaucoup d'Insectes possèdent en outre au milieu du front de petits yeux simples et isolés nommés *ocelles* qui semblent de petites perles enchâssées dans la peau, et qui sont

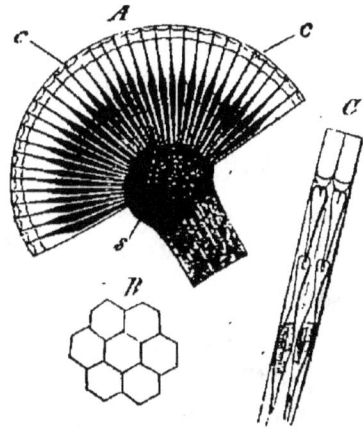

Fig. 41. — A, œil composé coupé par milieu; B, facettes de l'œil; — C, deux yeux séparés et fortement grossis.

au nombre de deux ou trois ; les Coléoptères (Hannetons) n'en possèdent jamais.

La bouche et les pièces buccales. — La bouche est placée à la partie antérieure de la tête. Chez le Hanneton, elle est limitée supérieurement par une pièce chitineuse, dépourvue d'appendice et ordinairement mobile, qui porte le nom de *labre* ou *lèvre supérieure* (fig. 42). Inférieurement, la bouche est délimitée par une pièce médiane ou *lèvre inférieure* (4) qui porte deux petits appendices latéraux ou *palpes*.

L'ouverture de la bouche n'est pas transversale comme chez les Vertébrés ; c'est une sorte de boutonnière dont les extrémités se terminent sur la lèvre supérieure et sur la lèvre inférieure ; de chaque côté se trouvent les organes affectés à la trituration ; ce sont deux paires d'appendices se mouvant latéralement au lieu de se mouvoir de haut en bas ; la première paire est constituée par les *mandibules* (2), pièces chitineuses et dentelées, qui sont dépourvues de palpes. — La seconde paire d'organes masticateurs est représentée par les *mâchoires* (3) ; chacune de ces mâchoires est formée de plusieurs parties et porte sur sa face externe un petit appendice nommé *palpe maxillaire.*

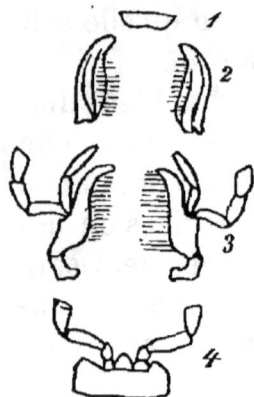

Fig. 42. — Pièces buccales d'un Insecte.

Nous verrons plus loin que les différentes parties de cet appareil buccal se modifient profondément chez certains Insectes pour s'adapter à leur genre d'alimentation.

Le thorax et l'abdomen. — Le thorax (fig. 43 B) occupe la partie moyenne du corps ; il se compose de trois anneaux nommés *prothorax* (1), *mésothorax* (2) et *métathorax* (3). Chacun de ces anneaux porte une paire de *pattes* sur sa face ventrale, en sorte que le nombre de ces pattes ne peut jamais dépasser trois paires. A la face dorsale du mésothorax et du métathorax sont insérées les deux paires *d'ailes.* Quant à l'abdomen (C), il se compose de huit ou neuf articles ne portant ni pattes ni ailes.

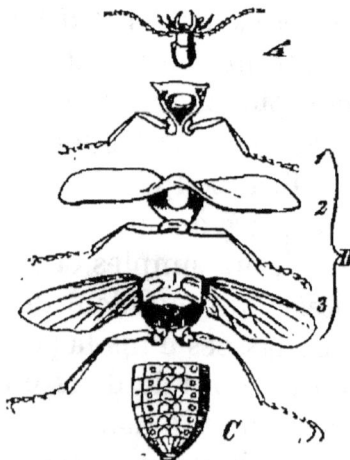

Fig. 43. — Divisions du corps d'un Insecte (Scarabée).

Les pattes. — Les *pattes* se composent d'un certain nombre de parties (fig. 44) auxquelles on a donné les noms de *hanche* (1), *cuisse* (3), *jambe* (4) et *tarse* (5) ; le tarse représente une sorte de pied et se compose lui-même

de cinq pièces plus petites. Mais ce nombre varie aves les Insectes que l'on considère ; la conformation générale des pattes
est elle-même toujours en rapport avec les mœurs
et le mode de locomotion.

Les ailes. — Les *ailes* (fig. 45) sont des appendices lamelleux composé de deux membranes
accolées l'une à l'autre et soutenues à l'intérieur
par des nervures plus solides. — Le Hanneton
en possède deux paires insérées sur le mésothorax et le métathorax. — Les ailes de la première
paire ne peuvent servir au vol ; elles sont dures,
épaisses, courtes, et forment une sorte d'étui qui
recouvre l'abdomen ; on leur a donné le nom
d'*élytres*. Celles de la deuxième paire, grandes et
transparentes, sont, au repos, repliées sous les élytres et
ne se déploient que pendant le
vol.

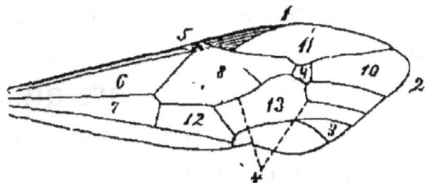

Fig. 44.
Jambe
d'Insecte.

Tube digestif. — L'appareil
digestif des Insectes (fig. 46),
outre les pièces buccales que
nous avons déjà eu l'occasion
d'étudier, comprend un *pharynx*,

Fig. 45. — Aile d'un Insecte (Ichneumon).

un *œsophage*, un premier estomac ou *jabot*, un deuxième estomac ou *gésier* à parois épaisses, un *troisième estomac* à parois
molles et délicates, et enfin un *intestin ;* la longueur de ce
dernier est liée, comme chez les animaux supérieurs, à la
nature des aliments ; très court chez les carnassiers, il est au
contraire fort long chez ceux qui se nourrissent de substances
végétales.

Le sang. — **Circulation.** — Le sang est un liquide aqueux
et incolore qui, au lieu d'être renfermé dans un système de
vaisseaux, se trouve répandu dans toutes les cavités du corps
et dans tous les interstices que présentent les organes ; il
existe cependant un appareil chargé de le mettre en mouvement ; c'est un tube longitudinal situé à la face dorsale du
corps et dans lequel le sang pénètre par des ouvertures latérales. Les contractions de ce *vaisseau dorsal* (fig. 47) poussent

le sang vers la tête et suffisent pour lui communiquer une certaine agitation.

Respiration. Trachées. — Le sang, ne circulant pas comme le nôtre dans un système de vaisseaux, ne pourrait aller que fort irrégulièrement se débarrasser de son acide carbonique et se charger d'oxygène dans un appareil respiratoire ordinaire. Heureusement, l'air lui-même est apporté au contact du sang dans toutes les parties du corps par une multitude de canaux qui s'ouvrent d'une part à l'extérieur et viennent, d'autre part, se ramifier abondamment dans la substance des organes (fig. 48). — Ces canaux, qui ont reçu le nom de *trachées* présentent chez quelques Insectes un certain nombre de renflements ou vésicules, qui remplissent les fonctions de réservoirs

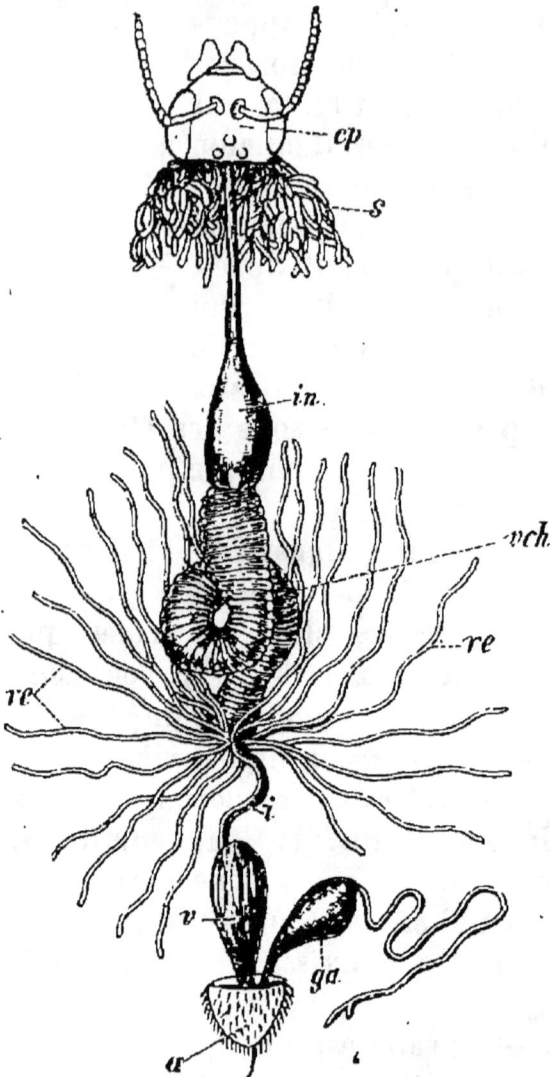

Fig. 46. — Tube digestif de l'Abeille.

à air. — Les ouvertures par lesquelles l'air pénètre dans les trachées sont situées sur les parties latérales des anneaux et portent le nom de *stigmates*. C'est par des mouvements de contraction ou de dilatation de l'abdomen que l'air est appelé dans les trachées, ou qu'il en est chassé.

Le système nerveux et les organes des sens. — Le système nerveux (fig. 49), qui occupe la face ventrale du corps, se compose de deux cordons longitudinaux réunis de place en place par des renflements nommés ganglions, qui fournissent les différents nerfs.

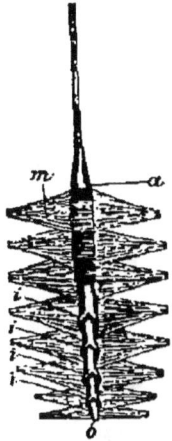

Dans la tête, les deux cordons nerveux passent de chaque côté de l'œsophage et viennent se réunir à des ganglions susœsophagiens, en sorte que le système nerveux forme autour de l'œsophage une sorte de collier désigné sous le nom de *collier œsophagien.*

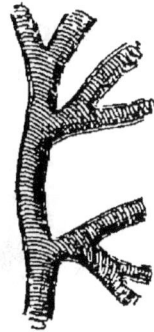

Enfin les organes des sens sont principalement représentés par les yeux dont nous avons parlé plus haut. Les antennes fonctionnent comme organes du toucher.

Fig. 47.
Vaisseau dorsal
d'un Insecte.

Fig. 48.
Trachées.

Métamorphoses du Hanneton. — Les Hannetons déposent leurs œufs (fig. 50), au nombre d'une quarantaine, dans les terres légères ou fréquemment labourées. Au bout de quatre ou cinq semaines, ces œufs donnent naissance à des êtres cylindriques dépourvus de pattes articulées et d'ailes, ne ressemblant nullement au Hanneton adulte (*b.c.d*) ce sont des *larves*; on connaît particulièrement les larves du Hanneton sous le nom de *vers blancs* et dans certaines localités sous le nom de *mans*. Ces vers blancs se nourrissent de racines qu'ils rencontrent dans la terre ; ils croissent avec lenteur et n'atteignent leur complet développement qu'à la troisième année de leur existence. Au bout de ce temps, au mois de mars ou d'avril, les larves cessent de prendre de la nourriture, et bientôt on voit apparaître les antennes, les ailes et les pattes; mais l'Insecte n'est

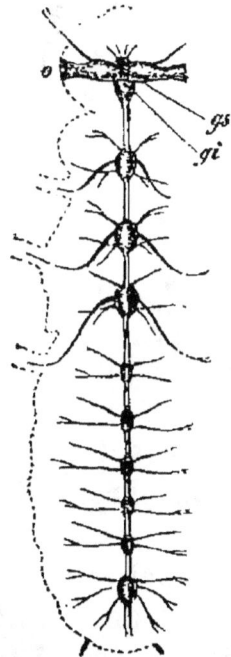

Fig. 49. — Système
nerveux de Termite.

5

pas encore libre; il est renfermé sous la peau de la larve dont il provient (e). Dans ce deuxième état, on lui donne le nom de *pupe* ou de *nymphe*. Enfin quelques semaines plus tard, le Hanneton se débarrasse de son enveloppe et devient libre; ce Hanneton adulte n'a qu'une vie éphémère; aussitôt qu'il a pondu ses œufs, son rôle est terminé et il disparaît.

Le Hanneton a donc été *larve*, puis *nymphe* avant d'être In-

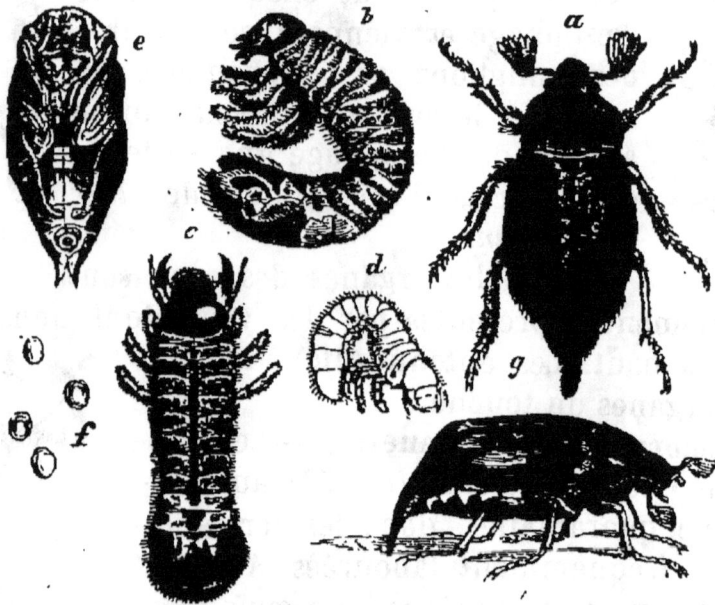

Fig. 50. — Métamorphoses du Hanneton.

secte adulte; ces phases par lesquelles il a passé sont des *métamorphoses*.

Caractères généraux des Insectes. — Tous les animaux invertébrés qui ont comme le Hanneton le *corps divisé en trois parties principales* et formé *d'anneaux successifs*, qui possèdent *trois paires de pattes articulées*, *deux paires d'ailes*, un *vaisseau dorsal*, des *trachées* et un *système nerveux ventral*; enfin qui subissent des *métamorphoses* avant d'atteindre la forme adulte sont des *Insectes*.

Nous aurons plus loin l'occasion d'étudier les principaux représentants de cette classe.

L'ARAIGNÉE. — ARACHNIDES

Organes extérieurs. — Les Arachnides, dont le type est l'*Araignée*, possèdent comme les Insectes des pattes articulées ; mais ils se distinguent de ces derniers animaux par un certain nombre de caractères.

Le thorax est soudé à la tête pour former une région

Fig. 51. — L'Argyronète et son nid.

unique appelée *céphalothorax* ; l'abdomen n'est pas segmenté (Araignée).

Le nombre des pattes est de *quatre paires* au lieu de trois ; les Arachnides n'ont *jamais d'ailes* ; leurs pièces buccales se réduisent à une seule paire de pièces dont l'article basilaire fonctionne comme une mâchoire ; les antennes sont remplacées par une paire de griffes chez l'Araignée, et par une paire de pinces chez le Scorpion ; les yeux, toujours simples, sont répartis à la face supérieure du céphalothorax.

Organes internes. — L'appareil digestif des Araignées présente un estomac pourvu de prolongements tubuleux qui pénètrent jusque dans les pattes ; la respiration est aérienne, mais au lieu de s'effectuer par des trachées, elle se fait par des poches improprement appelées *poumons*, placées de chaque côté de l'abdomen, et communiquant avec l'extérieur à l'aide de stigmates analogues à ceux des Insectes ; l'appareil circulatoire et le système nerveux présentent la même disposition que chez les autres Articulés.

L'abdomen présente près de son extrémité des *filières* ou orifices par lesquels sortent les fils soyeux que l'Araignée uti-

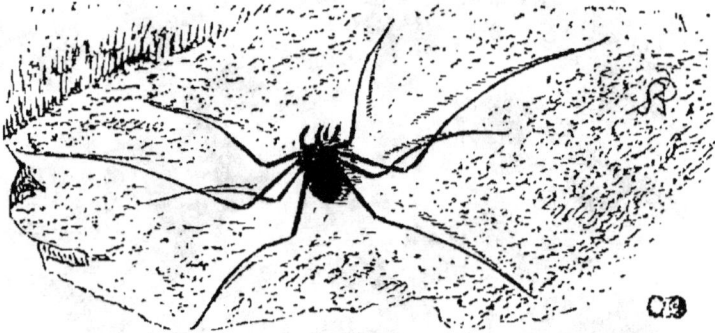

Fig. 52. — Le Faucheur.

lise pour la construction de sa *toile* délicate. Enfin, les Araignées sont *ovipares* comme les Insectes, mais ne subissent pas de métamorphoses.

Donc, la *soudure de la tête au thorax*, la présence de *quatre paires de pattes*, et d'*une seule paire d'appendices buccaux*, l'*absence d'ailes* et la transformation des antennes en *pinces ou en griffes*, tels sont les caractères les plus saillants des Arachnides.

Presque tous les Arachnides nous sont d'une grande utilité par la destruction qu'ils font de nombreux Insectes nuisibles. C'est bien à tort qu'un préjugé ridicule les fait considérer comme des êtres malfaisants et dangereux.

Principaux Arachnides. — Les véritables Araignées ou Aranéides comprennent l'*Argyronète* (fig. 51), la *Mygale* qui se creuse dans le sable, pour guetter sa proie, un puits muni d'un couvercle ; la *Tégénaire domestique*, grosse Araignée noire, se rencontrant fréquemment dans les encoignures de murailles ; l'*Épeire*, dont la toile, régulièrement circulaire, est tendue entre les branches.

Les *Phalangides* ou Faucheurs (fig. 52) se reconnaissent à leurs pattes démesurément longues ; ils ne se construisent pas de toiles et respirent par des trachées.

Les *Scorpions* sont notablement différents des Araignées avec leur abdomen long et segmenté, pourvu à sa pointe d'un appareil venimeux ; ces animaux redoutables sont communs dans les contrées chaudes des deux continents. Le Scorpion d'Europe (fig. 53), assez fréquent au sud de la France, ne dépasse pas quatre centimètres de longueur, mais certaines espèces d'Afrique atteignent jusqu'à vingt centimètres.

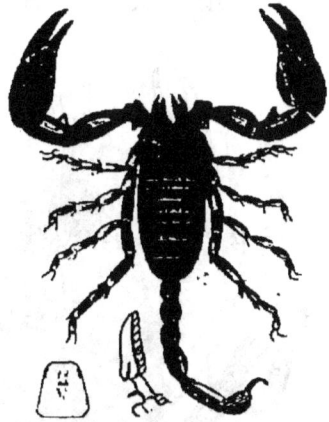

Fig. 53. — Scorpion d'Europe.

Enfin on range encore à côté des Araignées, les *Acariens* ou *Mites* comprenant une foule de petites espèces au nombre des-

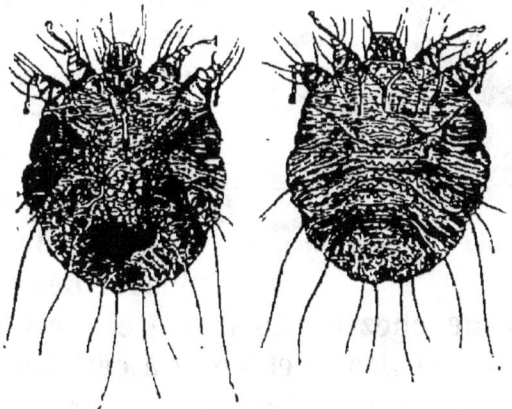

Fig. 54. — Sarcopte de la gale.

quelles nous devons placer le *Sarcopte de la gale* (fig. 54) qui s'insinue dans l'épaisseur de la peau, surtout entre les doigts, et provoque des démangeaisons insupportables. Les *Mites* du fromage sont aussi des Acariens.

L'ÉCREVISSE. — CRUSTACÉS

Caractères extérieurs. — L'*Écrevisse* (fig. 55), que nous prendrons pour type des Crustacés, n'est plus, comme les autres Arthropodes, un animal vivant à air libre; elle vit au contraire dans l'eau et présente une organisation adaptée à ce nouveau genre de vie; c'est ainsi qu'elle respire par des branchies comme les Poissons.

Le thorax est soudé à la tête pour former un *céphalothorax* comme chez les Arachnides; ce céphalothorax est recouvert par une sorte de carapace ouverte en dessous pour laisser passer les pattes; l'abdomen, qui fait suite au céphalothorax, est formé de six anneaux distincts, et terminé par un organe en éventail qui a pour rôle d'aider à la locomotion en frappant l'eau à la manière d'une nageoire; l'enveloppe dure du corps n'est plus formée d'une substance chitineuse comme chez les Insectes; elle est presque exclusivement de nature calcaire et tombe à certaines époques pour être remplacée par une autre de plus grandes dimensions. Cette mue, qui a pour but de permettre l'accroissement du corps, se produit jusque huit fois pendant la première année, cinq fois pendant la deuxième, deux fois pendant la troisième; puis elle devient annuelle.

Chacun des anneaux de l'abdomen porte une paire de petites pattes ne servant pas à la locomotion; le céphalothorax a

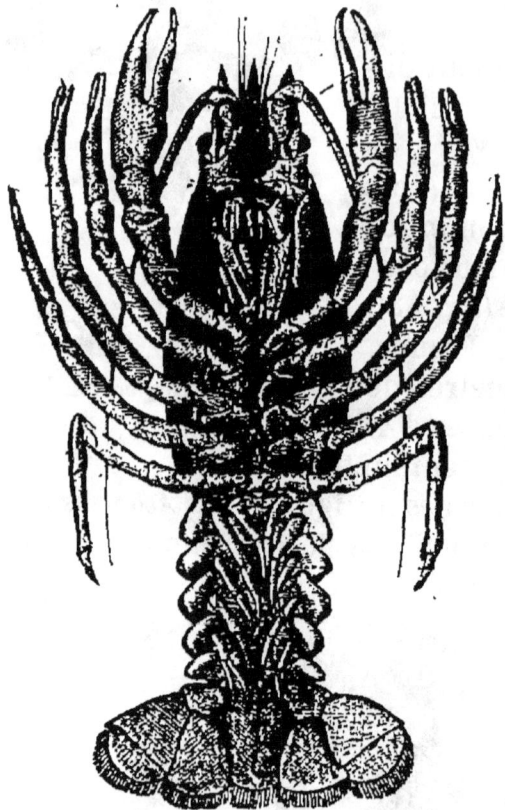

Fig. 55. — Écrevisse (face inférieure).

quatorze paires d'appendices correspondant évidemment à un même nombre d'anneaux, dont les uns très réduits, sont intimement soudés pour former la tête, et dont les autres constitueraient le thorax.

On trouve d'abord deux pédoncules portant à leur extrémité les yeux composés; puis deux paires d'antennes dont les dernières sont très grandes; ensuite viennent les pièces de la bouche (fig. 56) comprenant : une paire de mandibules dentées sur les bords; deux paires de mâchoires et trois paires de pattes mâchoires, limitant un orifice buccal dirigé d'avant en arrière, comme chez les Insectes. Enfin viennent cinq paires de pattes locomotrices dont les premières sont terminées par de fortes pinces et dont le nombre a valu à l'Écrevisse et aux Crustacés voisins le nom de *Décapodes*.

Organes internes. — L'appareil digestif comprend à partir de la bouche un œsophage qui conduit dans un estomac assez large et un intestin qui vient s'ouvrir dans l'appendice terminal de l'abdomen ou telson après avoir traversé un foie volumineux. L'estomac de l'Écrevisse comprend dans ses parois des pièces dures qui jouent le rôle d'organes masticateurs. — On y rencontre de plus, pendant l'été, immédiatement avant la mue, deux masses calcaires désignées bien improprement sous le nom d'*yeux d'écrevisse* et qui paraissent être une réserve précieuse grâce à laquelle la nouvelle

Fig. 56.
Pièces buccales du côté droit chez l'Écrevisse.

carapace pourra se former et se consolider rapidement.

Quand on enlève la carapace, on trouve à la région dorsale du corps non plus un gros vaisseau comme chez les Insectes, mais un véritable cœur entouré d'un péricarde et dans lequel le sang pénètre par six ouvertures.

Le sang est transporté dans toutes les parties du corps par des vaisseaux; puis il se rassemble dans une grande lacune située à la face ventrale et pénètre dans les *branchies* d'où il revient au cœur.

Les branchies qui ont la forme de plumes attachées par
leur base sur le premier article des pattes se trouvent logées
sous la carapace de chaque côté du corps dans de vastes poches
nettement séparées de la cavité qui contient le cœur et l'appareil digestif. L'eau pénètre dans ces poches par l'extrémité
postérieure et sort par le bout opposé après avoir baigné les
branchies.

Le système nerveux est construit sur le même type que
celui des Insectes.

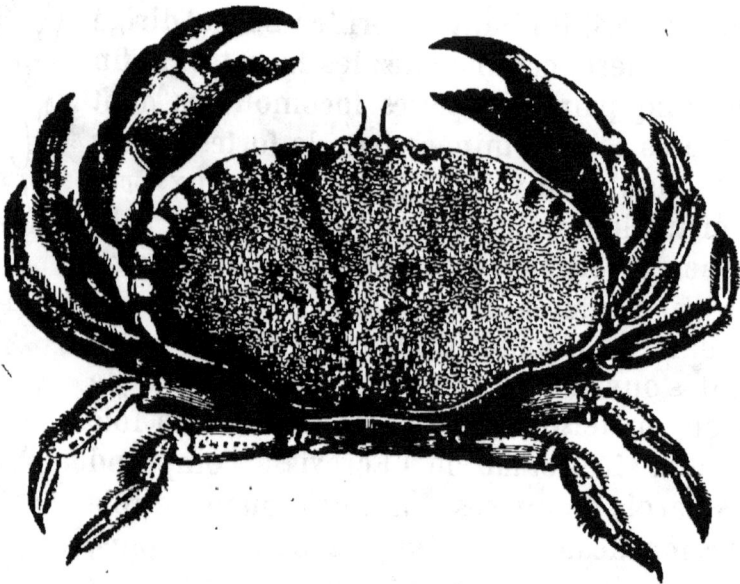

Fig. 57. — Le Crabe.

Enfin, la plupart des Crustacés subissent des métamorphoses à la sortie de l'œuf.

Principaux Crustacés. — Les *Décapodes* ou Crustacés à dix
pattes locomotrices forment deux divisions suivant qu'ils ont
une longue queue (Écrevisse) ou une queue courte et repliée
en dessous (Crabe).

Il faut citer d'abord, parmi les premiers, l'*Écrevisse*, qui se
rencontre fréquemment dans nos cours d'eau et constitue un
mets recherché ; la variété à pieds rouges est la plus estimée ;
elle atteint sa taille adulte vers l'âge de neuf ou dix ans. Le
Homard a la tête prolongée en avant par une espèce de rostre ;

il vit dans la mer non loin des côtes au milieu des rochers. La *Langouste* a un corps presque cylindrique avec deux grosses pointes qui s'avancent au-dessus des yeux. La *Crevette* a le corps comprimé latéralement ; on en distingue deux espèces : la Crevette rose et la Crevette grise ; la première est de beaucoup la plus recherchée.

Parmi les Crustacés à queue courte nous citerons seulement les *Crabes* (fig. 57) communs sur toutes nos côtes mais beaucoup moins estimés au point de vue alimentaire que les Crustacés précédents.

La classe des Crustacés comprend encore un très grand nombre d'animaux dont quelques-uns diffèrent beaucoup de ceux que nous venons de citer. Le *Cloporte*, par exemple, est un Crustacé.

LE MILLE-PIEDS. — MYRIAPODES

Les *Myriapodes* ou *Mille-pieds* que l'on rencontre si fréquemment sous les pierres des lieux humides doivent leur nom au nombre considérable de leurs pattes. Le corps présente en avant une tête distincte ; mais le reste du corps n'offre plus la division ordinaire en thorax et abdomen ; il est constitué par des anneaux tous semblables, au nombre de 15 au moins, et portant chacun une paire ou

Fig. 58. — Jule.

deux paires de pattes. Le nombre des pattes ne descend donc jamais au-dessous de 30 et peut s'élever à 150. Enfin les Mille-pieds ne possèdent jamais d'ailes. A côté de ces caractères tranchés qui les font distinguer facilement des autres Arthropodes, les Mille-pieds offrent quelque parenté avec les Insectes, notamment par l'organisation du système nerveux et par la disposition des appareils de la circulation et de la respiration.

Les principaux Myriapodes sont le *Géophile* à couleur jaune, qui perfore les racines des légumes ; la *Scolopendre*, qui a une couleur fauve et peut atteindre 9 à 10 centimètres de longueur ; sa morsure est très vive ; enfin, le *Jule* (fig. 58) *terrestre* a le corps cylindrique avec deux paires de pattes à chaque anneau ; il ravage souvent les champs de betteraves. Tous les Myriapodes sont donc des animaux nuisibles.

RÉSUMÉ

Les Articulés ou Arthropodes ont le corps divisé en *anneaux* et revêtu d'une *enveloppe chitineuse ou calcaire* ; ils possèdent des *pattes articulées*.

Le Hanneton (Insectes) a *6 pattes, deux paires d'ailes* ; il a le *thorax distinct de la tête* ; le sang est mis en mouvement par un *vaisseau dorsal* ; la respiration s'effectue par des *trachées* ; le *système nerveux* occupe la face *ventrale* du corps ; la *bouche* fendue *verticalement* est armée d'une paire de *mandibules* et d'une paire de *mâchoires* ; enfin le hanneton subit des *métamorphoses*.

L'*Araignée* (Arachnides) a un *céphalothorax*, possède quatre paires de pattes et manque d'ailes. Elle ne subit pas de métamorphoses : *Mygale, Tégénaire, Épéire, Faucheurs, Scorpions, Acariens*.

L'*Écrevisse* (Crustacés décapodes) a un céphalothorax, cinq paires de pattes locomotrices et manque d'ailes ; elle respire par les branchies et subit des métamorphoses : *Écrevisses, Homards, Langoustes, Crevettes, Crabes*.

Le *Mille-pieds* (Myriapodes) a le corps divisé en nombreux anneaux semblables, portant chacun une ou deux paires de pattes : *Scolopendres, Jules*.

Le tableau suivant résume la division des Articulés en classes.

ARTICULÉS OU ARTHROPODES			
	Dépourvus de céphalothorax (tête et thorax distincts).	3 paires de pattes, des ailes.	Insectes.
		Beaucoup de pattes, pas d'ailes.	Myriapodes.
	Pourvus d'un céphalothorax (tête et thorax soudés).	A respiration aérienne, 4 paires de pattes.	Arachnides.
		Respiration aquatique, (branchies).	Crustacés.

CHAPITRE IX

Les Vers ou Annelés

Caractères généraux; le Ver de terre. — De même que les animaux de la classe précédente, les *Vers* ne possèdent pas de squelette intérieur; tandis que les Articulés ont presque tous la surface du corps fortement durcie, cornée (Insectes) ou incrustée de calcaire (Écrevisse), les Vers ont toujours la *peau molle et humide.*

Leur corps est divisé en anneaux successifs; mais ce qui

Fig. 59. — Le Ver de terre ; *a*, quelques anneaux grossis pour montrer les *soies locomotrices.*

permet de les distinguer des Articulés, c'est qu'ils ne possèdent *jamais de pattes articulées.*

L'un des Vers des plus connus est le *Lombric* ou Ver de terre si fréquent dans les jardins et sous les pierres dans les endroits humides (fig. 59).

Le Lombric a un corps cylindrique, atténué en pointe aux extrémités. Sa peau ridée transversalement laisse voir des étranglements plus profonds que les autres séparant les nombreux anneaux du corps.

Au premier examen, le Ver de terre paraît totalement privé d'organes locomoteurs, mais, si on le prend entre les doigts, on sent qu'il s'accroche à la peau par de nombreuses petites pointes ; ce sont des sortes de pattes courtes et raides ; chacun de ces poils a sa base logée dans une petite dépression de la peau et l'animal peut à volonté les faire saillir au dehors ou les retirer presque complètement. Chaque anneau en porte huit en quatre groupes de telle sorte que l'animal en possède quatre rangées doubles. Ce sont là les seuls organes locomoteurs du Lombric ; on leur a donné le nom de *soies locomotrices;* ces soies ne ressemblent en rien aux pattes d'un Insecte ou d'une Écrevisse.

Le Lombric possède une bouche située au-dessous de la partie antérieure du corps (fig. 60) ; son tube digestif va s'ouvrir à la face dorsale de l'autre extrémité.

Il possède du sang rouge dépourvu de globules ; ce sang circule dans un système de vaisseaux assez compliqué.

Les organes de respiration font complètement défaut ; les Vers respirent généralement par la surface de la peau.

Enfin, le système nerveux se compose d'un filet blanchâtre renflé à chaque anneau ce qui lui donne l'aspect d'une corde à nœuds. — Il occupe la face ventrale du corps et forme un collier œsophagien comme celui des Arthropodes.

Fig. 60. Tête de Lombric; vue de face et de profil.

Les Lombrics se plaisent surtout dans la terre humide ; ils s'y creusent des galeries, avalent la terre et viennent la rejeter à la surface du sol pendant la nuit ; leurs excréments constituent ces tortillons de terre qu'il est si fréquent de rencontrer dans les allées de nos jardins ou sur le bord des fossés humides. Ils ramènent par conséquent à la surface la terre qu'ils ont prise à un ou plusieurs décimètres de profondeur ; ils renouvellent constamment la surface du sol : ce sont de véritables laboureurs, des auxiliaires précieux pour le jardinier ; leur mauvaise réputation n'est aucunement justifiée.

Ils ne peuvent vivre longtemps à l'air ; leur corps se dessécherait rapidement. La terre humide est leur élément de prédilection : ce sont presque des animaux aquatiques. Aussi la plupart des Vers voisins des Lombrics habitent-ils exclusivement les eaux. Chaque anneau de ces Vers aquatiques est presque toujours muni de deux moignons sur lesquels sont portées des soies locomotrices plus longues et plus nombreuses que celles du Lombric. Tous ces Vers ont le corps nettement divisé en anneaux et on leur a donné pour cette raison le nom d'*Annélides*. Les Annélides jouissent d'ailleurs d'une propriété commune : leur corps divisé en plusieurs tronçons ne meurt pas et chaque tronçon peut s'accroître pour donner un animal nouveau ; en général celui qui porte la tête peut seul reconstituer le Ver complet ; les autres ne tardent pas à mourir.

Chez quelques-uns cette segmentation se fait naturellement. Le corps s'allonge constamment par sa partie postérieure et lorsqu'il a grandi quelque temps il se fragmente en plusieurs tronçons qui vivront dorénavant séparés et formeront autant de Vers nouveaux.

Sangsues. — Les *Sangsues* (fig. 61) n'ont pas de soies loco-

Fig. 61. — La Sangsue.

motrices ; mais leur corps est terminé aux deux extrémités par des *ventouses* qui leur permettent de se fixer et de se mouvoir en leur fournissant un point d'appui.

La ventouse antérieure (fig. 62 2 et 63 2), un peu allongée, porte la bouche armée de trois petites mâchoires dentelées et disposées comme les côtés d'un triangle.

Le tube digestif présente une série de onze étranglements successifs, ce qui lui donne un aspect tout particulier (3. T. et 1). Les autres organes ne sont pas sensiblement différents de ceux du Lombric.

La Sangsue placée sur le corps d'un animal applique sa ventouse buccale sur la peau ; puis elle aspire ; la peau se relève et les mâchoires en se rapprochant viennent l'entailler. L'animal continuant d'aspirer se gorge du sang qui sort'peu à peu de la plaie; il peut ainsi en avaler une dizaine de grammes.

Vers parasites. — Les *Vers parasites* ont une organisation plus simple que celle des Annélides; ils vivent dans le corps d'autres animaux.

Le *Ténia* et la *Douve* sont très connus et nous occuperont tout d'abord.

Le *Ténia* ou Ver solitaire a la forme d'un long ruban qui mesure souvent plusieurs mètres (fig. 63); ce ruban est divisé par des étranglements en segments successifs ou anneaux qui deviennent de plus en plus petits à mesure qu'ils se rapprochent de la tête. Cette tête est munie de ventouses et de crochets à l'aide desquels le ténia se fixe aux parois du tube digestif, dans lequel il doit vivre (fig. 63).

Le Ténia ne possède pas d'appareils de la digestion. Vivant au milieu des sucs digestifs, il s'en nourrit par toute la surface de son corps.

Chaque anneau possède tout ce qu'il faut pour produire des œufs et les derniers segments, ceux qui occupent la partie postérieure du corps, en sont remplis complètement; ils tombent les uns après les autres et sont rejetés du tube digestif avec les excréments; pendant ce temps la tête fournit de nouveaux anneaux, car elle possède la propriété de reproduire le Ténia tant qu'elle n'a pas été détruite; ceci nous explique pourquoi les médecins ne manquent jamais de s'assurer que la tête est expulsée quand ils font rendre un Ténia ou Ver solitaire.

Les œufs sont entraînés avec les excréments et répandus

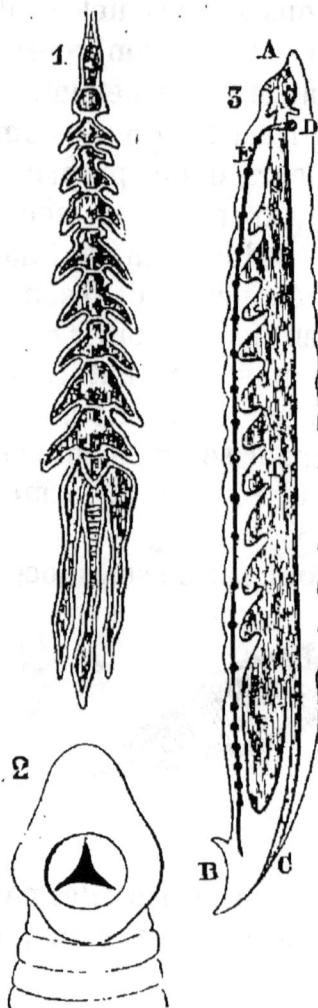
Fig. 62.
Anatomie de la Sangsue.

dans les eaux, la vase, etc. Un Porc peut avaler un de ces œufs. Parvenu dans son estomac il se développe en un petit embryon muni de six crochets (6) qui perce les parois du tube digestif et s'enfonce dans les muscles où il se fixe. Cet embryon devient une poche atteignant la grosseur d'un haricot et dans cette poche se développent une ou plusieurs têtes de Ténias; mais le développement ne va pas plus loin. L'Homme vient-il à manger de la chair de Porc insuffisamment cuite et conte-nant de ces embryons, ils arrivent dans l'intes-tin, chaque tête s'accro-che aux parois à l'aide de ses crochets et se dé-veloppe pour donner un Ténia.

La *Douve* habite le foie du Mouton. Elle est aplatie comme une feuille et possède deux ventouses pour se fixer, ce qui l'a fait souvent rapprocher des Sang-sues; mais elle en dif-fère considérablement. On rencontre dans cha-cune de ces Douves les mêmes organes que ren-ferme un anneau de Ténia; ce serait donc un être analogue à un Ténia formé d'un simple article. — Les œufs doivent comme ceux du Ténia traverser le corps d'un autre animal avant de pouvoir se développer complètement dans le foie du Mouton.

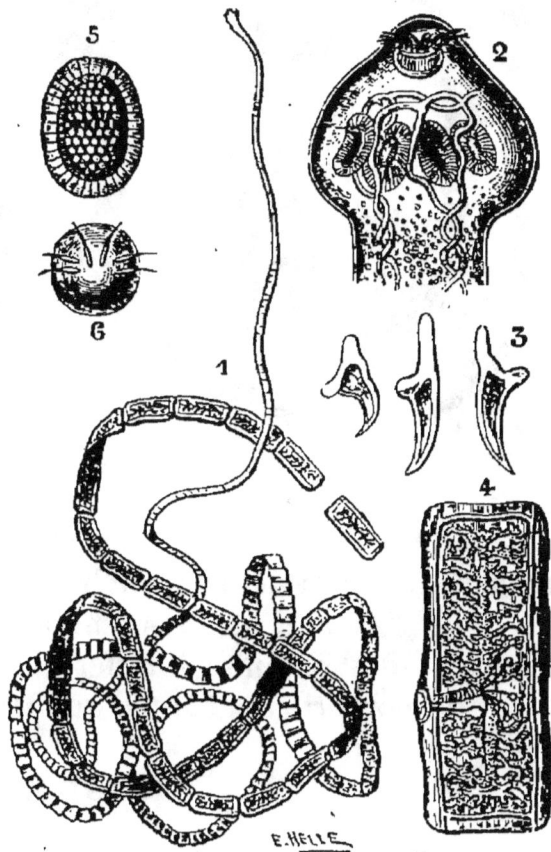

Fig. 63. — Le Ténia.

La *Trichine* et l'*Ascaris* sont des Vers parasites très sim-ples que leur genre de vie rapproche un peu des précédents, mais ce sont des Vers cylindriques et non plus des Vers plats.

La *Trichine* (fig. 64) est un petit Ver cylindrique dont les œufs avalés par le Rat se développent en embryons dans le corps de cet animal, mais ne deviendront jamais des Trichines adultes. — Le Rat est mangé par le Porc; les jeunes embryons passent dans les muscles, les Trichines se développent et se reproduisent de sorte que les muscles en sont bientôt infectés. L'Homme vient-il à manger de la viande de Porc n'ayant pas subi une cuisson suffisante, les Trichines envahissent les muscles, s'y développent

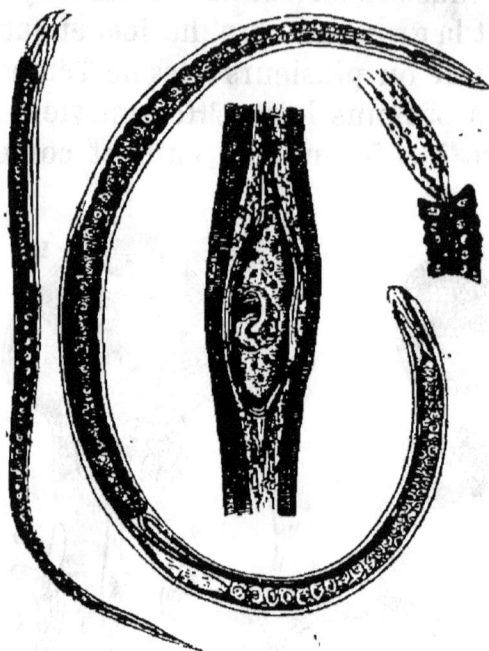

Fig. 64. — La Trichine.

comme dans la chair du Porc et donnent lieu à *la trichinose*, maladie fort grave et souvent mortelle.

Enfin l'*Ascaris,* qui ressemble à un Ver de terre, habite l'intestin des enfants; il diffère d'ailleurs très considérablement du Lombric dont il n'a que la forme extérieure.

RÉSUMÉ

Les *Vers* sont des animaux dont le corps dépourvu de squelette est divisé en anneaux successifs et *ne porte pas* de membres articulés.

Le *Lombric*, la *Sangsue*, la *Trichine,* le *Ténia* et la *Douve* sont les Vers les plus connus.

Le Ténia ou Ver solitaire doit habiter successivement le corps du Porc et l'intestin de l'Homme.

CHAPITRE X

Les Mollusques

Caractères qui les distinguent. — Les principaux types de Mollusques sont la *Moule*, l'*Escargot* et le *Poulpe*. Presque tous sont des animaux aquatiques ; quelques-uns cependant sont organisés pour la vie terrestre et parmi ceux-ci tout le monde connaît l'*Escargot*.

L'*Escargot* ne ressemble nullement aux animaux que nous avons déjà signalés. Il n'a pas de squelette interne et partant pas de colonne vertébrale ; ce n'est donc pas un Vertébré ; il est dépourvu de membres articulés, ce qui l'éloigne des Insectes et des Crustacés ; enfin son corps n'est pas divisé en anneaux successifs et nous ne pouvons le rapprocher des Vers ou Annelés. D'ailleurs, le corps des Mollusques n'est généralement pas formé de deux moitiés semblables, l'une droite, l'autre gauche : la partie de l'Escargot qui reste toujours enfermée dans la coquille est enroulée sur elle-même et présente la forme de cette coquille. Le corps est toujours mou ce qui a valu à tous ces animaux le nom de Mollusques (de *mollis*, mou). Ils sont répandus à profusion dans les eaux de la mer et c'est à eux que nous devons les objets gracieux et brillants qu'on nomme vulgairement des *coquillages*.

On peut rattacher la plupart des Mollusques à trois types bien connus : la *Moule*, l'*Escargot* et le *Poulpe*. Nous allons les étudier successivement.

La Moule. — **(Lamellibranches).** — La Moule a le corps protégé par une coquille formée de deux moitiés ou *valves* (fig. 65). Ces deux valves entre lesquelles se trouve logé l'animal peuvent s'appliquer l'une sur l'autre comme un couvercle sur une boîte peu profonde ; elles sont toujours unies suivant une ligne qu'on appelle la *charnière* et sur laquelle passe un *ligament* élastique. L'élasticité même de ce ligament aurait pour effet d'ouvrir la coquille ; mais des *mus-*

cles tendus à l'intérieur, d'une valve à l'autre, permettent à l'animal d'en rapprocher les deux moitiés.

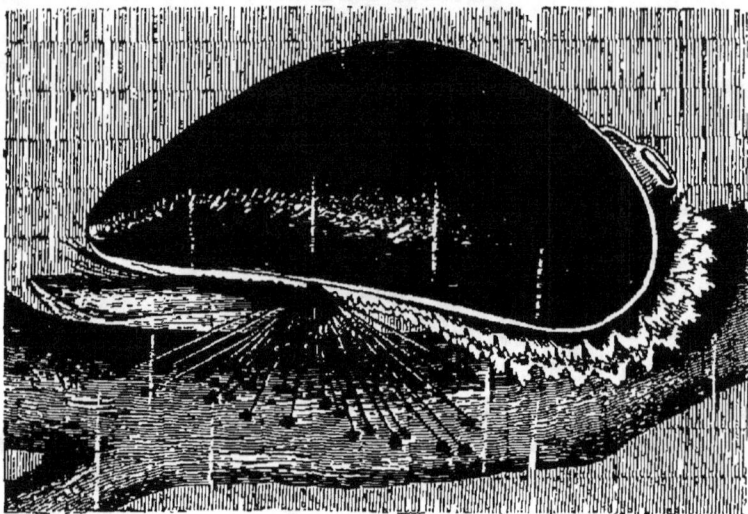

Fig. 65. — La Moule.

Le manteau. — Le corps de la Moule est recouvert par une double lame charnue appelée *manteau* qui tapisse inté-

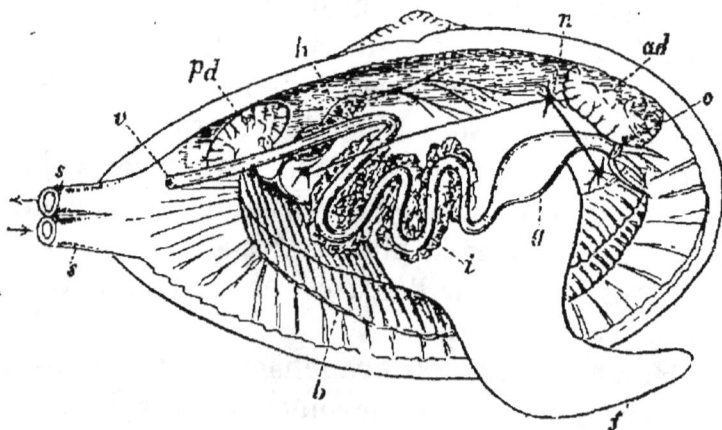

Fig. 66. — Diagramme d'un Mollusque Lamellibranche (Mye).
o, bouche; v, anus; n, système nerveux; s, s, siphon; p, pied; b, branchies.

rieurement la coquille et présente le même contour que cette dernière.

Chez la Moule, les deux bords du manteau sont libres mais chez d'autres Mollusques voisins ils sont soudés et il es nécessaire de les séparer pour découvrir les organes de l'animal.

Le pied. — Entre les deux valves du manteau se trouve une masse charnue (fig. 66) qui contient une partie des viscères et qui porte un prolongement en forme de languette (*f*); ce prolongement peut saillir en dehors de la coquille et on lui a donné le nom de pied.

Branchies. — De chaque côté de la masse charnue dont nous venons de parler, entre cette masse et chaque valve du manteau, s'étendent deux doubles lamelles allant d'une extrémité à l'autre du corps (fig. 66. *b*). Ces lamelles ne sont autre chose que les *branchies*, d'où le nom de *Lamellibranches* donné aux Mollusques pourvus d'une coquille à deux valves et de branchies analogues à celles de la Moule.

Appareil digestif et appareil circulatoire. — L'appareil digestif se compose d'un tube muni de deux orifices aux extrémités opposées de l'animal.

La *bouche* est généralement entourée par des replis charnus appelés *palpes labiaux;* quant au tube digestif, il décrit plusieurs circonvolutions avant d'aboutir à l'anus.

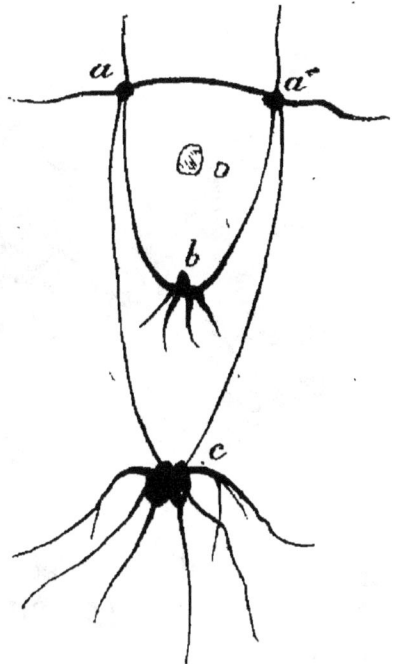

Fig. 67.
Système nerveux de la Moule.

C'est précisément autour de la dernière partie de cet intestin que se trouve le *cœur*, au voisinage de la charnière. — Il pousse le sang dans des vaisseaux qui le portent aux organes et s'ouvrent dans des lacunes du corps; puis ce sang est ensuite amené aux branchies d'où il revient au cœur par des vaisseaux spéciaux. Le cœur est donc traversé uniquement par du sang artériel comme le cœur gauche d'un Mammifère.

Le système nerveux et les organes des sens. — Le système nerveux comprend tout d'abord deux *ganglions* situés en avant de la bouche et réunis par une commissure (fig. 67 *a. a*). Ces deux ganglions sont le point de départ de deux paires de commissures longitudinales. La première paire se rend aux ganglions du pied (*b*) ; l'autre à deux ganglions (*c*) situés à la région postérieure du corps en arrière du pied et réunis eux-mêmes par une commissure transversale. Au voisinage des ganglions du pied se trouvent des vésicules remplies de liquide et tapissées par des cils qui reçoivent les mouvements du liquide lorsque celui-ci est ébranlé par des vibrations sonores ; ce sont des oreilles rudimentaires.

Mouvements de l'eau dans la coquille. — L'eau qui entre par une extrémité de la coquille chez la Moule se rend en partie à la bouche pour y porter les aliments et en partie sur les branchies pour concourir à l'acte important de la respiration. Les courants qu'elle forme dans ce cas sont peu réguliers ; mais chez les Lamellibranches dont les bords du manteau sont soudés, il existe à la partie postérieure du corps deux tubes qui permettent l'entrée et la sortie de l'eau ; on a donné à ces tubes le nom de *siphons*. Ils déterminent deux courants de sens contraire.

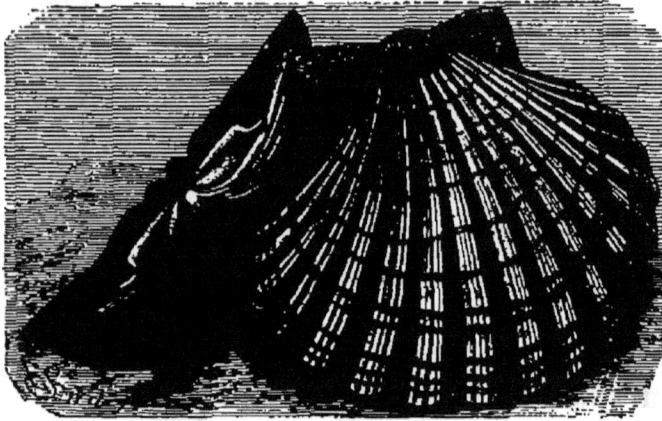

Fig. 68. — Le Peigne.

Principaux Lamellibranches. — Les Lamellibranches sont aussi appelés *Acéphales* car leur corps ne présente pas de tête. Ils sont très nombreux ; les uns vivent dans les eaux douces ; ce sont les *Unios*, les *Mulettes* et les *Anodontes* ; les autres se rencontrent dans la mer. Citons les *Huîtres*, les *Pintadines* ou *Huîtres à perles*, les *Avicules*, les *Moules*, les *Jambonneaux*, les *Peignes* (fig. 68), les *Myes*, les *Pholades*, les *Vénus*, les *Tarets*, les *Couteaux de mer*, etc.

Les *Pholades* (fig. 69 et 70) perforent les roches les plus dures et s'y enfoncent de façon à ne laisser dépasser que les *siphons*. Les *Tarets* détruisent rapidement les coques des vaisseaux et les digues des ports.

Certaines espèces de *Vénus* sont comestibles et on les connaît sous le nom de *Clovisses*, *Palourdes*, etc.

Les *Huîtres* et les *Moules* connues de tout le monde sont aujourd'hui l'objet d'une culture et d'un commerce très importants.

Culture des Huîtres ou ostréiculture. — L'Huître n'a pas, comme la Moule, une coquille formée de deux valves égales et régulières ; elles sont au contraire lamelleuses et fort inégales. Les œufs se développent à l'intérieur même de la coquille mater-

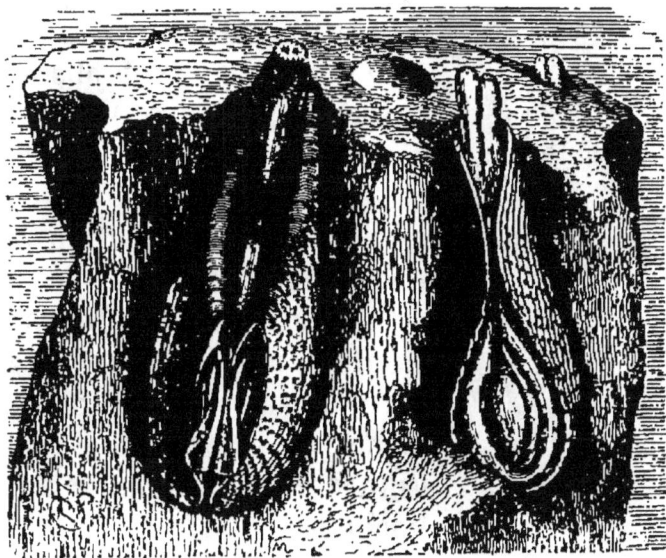

Fig. 69. — Pholades.

nelle, et les jeunes animaux qui en naissent s'échappent bientôt pour aller se fixer sur un corps solide au milieu de l'eau. Toutes ces petites Huîtres sont désignées sous le nom de *naissain*.

L'ostréiculture comprend deux opérations : les *collecteurs* recueillent le naissain ; les *éleveurs* élèvent et engraissent les jeunes Huîtres qui leur sont fournies par les collecteurs.

Les objets sur lesquels doit venir se fixer le naissain sont en général des tuiles en terre, des chapelets de coquilles vides, etc. ; on les place dans l'eau du 15 juin au 15 juillet à proximité d'un banc d'Huîtres ; on a soin de les enduire au préalable d'une couche de calcaire, ce qui attire le naissain et permet d'arracher plus facilement les jeunes Huîtres.

On détache les Huîtres en automne ou bien au printemps, et on les livre aux éleveurs.

L'élevage consiste à faire grandir les Huîtres et à les engraisser. Pour les faire grandir il est bon de les placer dans une eau parcourue par des courants et dont le fond a été durci par addition de sable à la vase. Au contraire, pour l'engraissage, il est bon de les placer dans l'eau douce; c'est ainsi que l'on obtient les *Huîtres d'Ostende* si fort estimées des gourmets.

Les principaux établissements français d'ostréiculture sont ceux de *Cancale*, *Granville*, *Concarneau*, *Carnac*, *Marennes*, *Arcachon*, etc.

Les producteurs français en livrent annuellement à la consommation pour une somme d'environ trente millions.

Culture des Moules ou mytiliculture. — La Moule a une importance assez considérable au point de vue alimentaire; aussi l'élève-t-on maintenant en assez grande quantité sur les côtes de France et en particulier dans les environs de La Rochelle.

Fig. 70.
Pholade vue
de côté.

On fixe en terre des pieux nombreux formant deux lignes se rapprochant comme une sorte de V ouvert à sa pointe; cette pointe est tournée vers la mer.

Plusieurs *bouchots* semblables sont disposés à des distances différentes du rivage; les plus éloignés sont composés uniquement de pieux; ceux qui sont voisins du rivage ont leurs pieux réunis par un fort clayonnage auquel viennent se fixer les Moules.

Sur les premiers s'attachent les plus jeunes Moules; on les transporte ensuite successivement sur les bouchots plus rapprochés du rivage, et, quand elles ont atteint leur grosseur, c'est-à-dire au bout d'une année, on les récolte pour les livrer au commerce.

La nacre et les perles. — La coquille des Mollusques est sécrétée par le manteau; elle est constituée en grande partie par du carbonate de chaux qui se dépose par couches transparentes à l'intérieur et sur les bords de la coquille. Ces couches internes, transparentes et présentant un éclat particulier constituent la *nacre*; la plus recherchée nous est fournie par la *Pintadine* et par quelques *Mulettes* des eaux douces.

La *Pintadine* ou *Huître perlière* (fig. 71) habite la mer des Indes et le golfe Persique; l'épaisseur extraordinaire de la couche de nacre qui tapisse l'intérieur de la coquille la prédispose à la production des *perles*. Celles-ci sont dues à un développement exagéré de la nacre en dehors du manteau sous la forme de petites boules pleines ou creuses. Dans ce dernier cas, les perles ont pris naissance par accumulation de nacre autour d'un petit corps mou, un œuf, par exemple, qui se sera plus tard desséché ou

Fig. 71. — Huître perlière.

détruit; tout corps étranger introduit entre la coquille et le manteau peut être ainsi le point de départ de la formation d'une perle. On ne trouve en général des perles que dans les Huîtres adultes, surtout dans celles qui sont mutilées ou malades.

Les perles sont le plus souvent rondes; mais elles peuvent être plus ou moins ovoïdes; les plus grandes ne dépassent guère la grosseur d'un pois; elles ont en général la couleur et l'éclat de la nacre; mais il y en a de teintées en rose, en jaune, en vert et même en noir; celles qui présentent un éclat azuré sont de beaucoup les plus estimées.

Tous les Mollusques Lamellibranches peuvent produire des perles; les *Mulettes perlières* de nos cours d'eau en produisent parfois d'assez belles; on trouve ces Mollusques dans les ruisseaux des pays montagneux, en Auvergne, dans les Vosges et les Pyrénées.

L'Escargot. — **(Gastéropodes.)** — L'*Escargot* bien connu de tout le monde a le corps recouvert par une coquille d'une seule valve enroulée en hélice (fig. 72). Il peut se retirer tout entier dans cette prison ; mais habituellement il la traîne sur son dos et rampe lentement en appliquant sur le sol la face inférieure de son corps. — Ce *pied* sur lequel il se meut

Fig. 72. — L'Escargot.

n'est plus, comme chez les Lamellibranches, une lame aplatie servant à écarter la vase mais une large sole attenant à la face ventrale tout entière ; c'est ce qui justifie le nom de *Gasté-ropodes* (de *gaster*, ventre ; *pous, podos*, pied) donné à tous les Mollusques voisins de l'Escargot.

A la partie antérieure du corps (fig. 73) se trouve une véritable *tête* portant la bouche et surmontée de deux paires d'appendices nommés tentacules ; il peut les rentrer à volonté et les yeux sont fixés à l'extrémité des deux plus grands.

Le corps possède un *manteau* qui le recouvre comme un capuchon et dont les bords peuvent se voir à l'ouverture de la coquille sous la forme d'un bourrelet grisâtre.

Le tube digestif a la forme d'un long tube dont la bouche

se trouve à l'extrémité antérieure de la tête et dont l'extrémité postérieure vient s'ouvrir non loin de la bouche sur le bord du manteau après avoir décrit une sorte d'U dans la partie du corps qui reste toujours renfermée dans la coquille et qu'on appelle le *tortillon*. Ce tortillon est presque complètement rempli par le *foie* qui est volumineux et entoure le tube digestif. L'arrière-bouche possède un organe masticateur

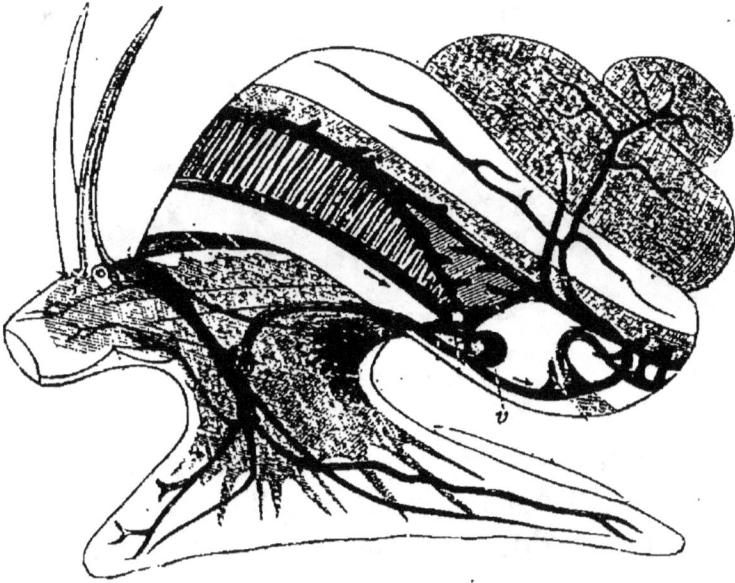

Fig. 73. — Figure théorique des organes d'un Mollusque Gastéropode (Paludine).

formé en haut par une *mâchoire* et en bas par une sorte de râpe pourvue de nombreuses dents et nommée *radula*.

Entre le manteau et les viscères se trouve une vaste cavité dans laquelle l'air peut pénétrer et qui fonctionne comme un *poumon*. Chez les Gastéropodes à vie aquatique cette cavité renferme les *branchies*. Le *cœur* (v) se trouve tout près de cet appareil respiratoire; il se compose d'une oreillette et d'un ventricule.

Quand l'Escargot est complètement retiré dans sa coquille et qu'il doit y passer un certain temps, il mure l'ouverture à l'aide d'une sorte de ciment qu'il sécrète et qui durcit à l'air. Mais beaucoup de Gastéropodes ont sur le pied une sorte de clapet ou *opercule* qui vient fermer rigoureusement l'ouverture de la coquille quand tout le corps y est renfermé.

Principaux Gastéropodes. — L'*Escargot*, la *Limace* et la *Testacelle* sont les trois principaux *Gastéropodes terrestres*; les deux derniers ont une coquille très petite et réduite à une sorte de bouclier fixé à la partie postérieure du corps chez la *Testacelle* mais complètement caché sous le manteau chez la *Limace* (fig. 74).

Les *Paludines* et les *Planorbes* se plaisent dans les eaux

Fig. 74. — La Limace.

douces; mais les *Gastéropodes marins* sont de beaucoup les plus nombreux. Il nous faut citer le *Buccin*, la *Nasse*, la *Pourpre*, le *Murex* (fig. 75), la *Patelle*, l'*Haliotide*, etc. Ce sont les demeures de ces Gastéropodes marins qui constituent les *coquillages* les plus connus.

L'*Escargot des vignes*, vendu comme comestible sous le nom d'Escargot de Bourgogne, se nourrit exclusivement de matières végétales et passe l'hiver complètement renfermé dans sa coquille. Le département de l'Aube possède un assez grand nombre d'*escargotières* ou enclos fermés par des épines ou de la sciure de bois et dans lesquels les Escargots trouvent une abondante nourriture. Malheureusement, les Escargots peuvent causer de grands dégâts dans les jardins en dévorant les légumes. — Il en est de même de la Limace qui est un vrai fléau pour les potagers. La sciure de bois répandue autour des plants à protéger éloigne les Limaces et les Escargots. Disons aussi que certains Insectes, tels que les Sylphes et les Lampyres ou Vers luisants, sont pour les Mollusques des ennemis acharnés qui se glissent dans la coquille pour en dévorer l'habitant.

Le Poulpe. — (Céphalopodes). — Le *Poulpe* (fig. 76) est complètement dépourvu de coquille. Sa tête est armée de huit prolongements ou *bras* qui lui servent à se mouvoir et dont la face interne porte de nombreuses *ventouses*; à l'aide de ces bras le *Poulpe* se fixe aux objets qui l'environnent et les attire à lui. Cette disposition du pied autour de la tête sous forme de bras armés de ventouses a valu à ces animaux le nom de *Céphalopodes* (de *kephalè*, tête; *pous, podos*, pied). De chaque côté de la tête se trouvent de gros yeux assez semblables à ceux des Poissons. La masse du corps est entourée d'un *manteau* en forme de sac qui vient s'ouvrir par une large

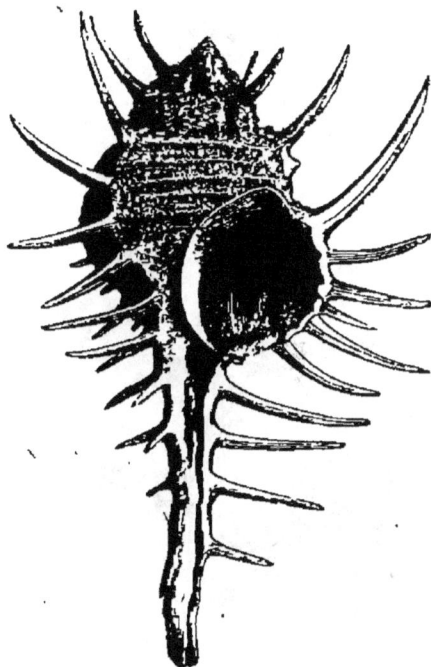

Fig. 75. — Murex.

fente transversale au-dessous de la tête. Cette espèce de poche renferme dans sa cavité deux branchies (c) et le cœur (Br). L'eau de mer y pénètre par l'ouverture transversale dont nous venons de parler; puis l'animal la force à s'échapper par une sorte de tube qui s'évase en entonnoir dans la poche et se termine en dehors par une petite ouverture (E). Quand le Poulpe chasse l'eau avec force par cet entonnoir, la projection de ce liquide suffit pour le faire progresser en arrière.

La bouche (B) s'ouvre au milieu de la couronne formée par les huit bras; elle possède *deux mâchoires cornées* assez analogues aux deux pièces qui composent le bec d'un Perroquet; la bouche conduit dans un œsophage suivi par une poche représentant l'estomac (Es); la partie terminale ou intestin (I) s'ouvre librement dans le sac dont nous avons déjà parlé et qui renferme les principaux viscères. Des *glandes salivaires* (Gs) et un *foie* volumineux (F) déversent leur sécrétion dans le tube digestif.

La grande taille et l'aspect désagréable du *Poulpe* ou *Pieuvre* lui ont valu une réputation détestable et l'ont fait accuser de toutes sortes de méfaits dont il est d'ailleurs innocent. Il n'est redoutable que pour les autres Mollusques et les Crustacés qu'il guette au passage pour en faire sa nourriture. On le trouve communément sur nos côtes et on le recherche comme aliment et plus souvent comme amorce pour d'autres pêches. Quand il veut échapper sûrement à un ennemi et le dérouter il répand autour de lui son *encre* ou liquide noir qu'il sécrète dans une poche spéciale et qui, troublant l'eau, facilite sa fuite.

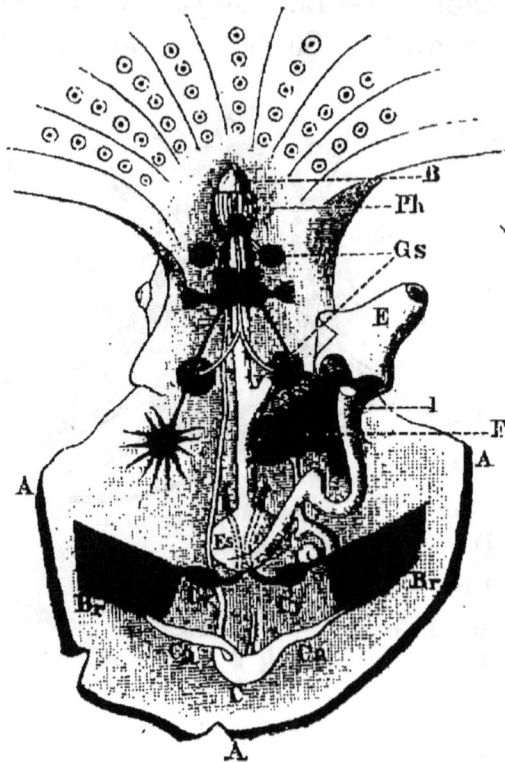

Fig. 76. — Poulpe ouvert pour montrer les deux branchies, le cœur et le tube digestif.

Autres Céphalopodes. — Les *Seiches* (fig. 77), les *Calmars*, possèdent dix bras au lieu de huit; deux de ces bras sont beaucoup plus longs que les autres et ne portent des ventouses qu'à leur extrémité; l'encre de la Seiche est la base de la couleur connue sous le nom de *sépia*. Le Poulpe ne possède pas de coquille; la Seiche et le Calmar en possèdent une qui est cachée dans les téguments du corps; celle de la Seiche est formée d'une pièce dure et un peu allongée comme un fer de lance (fig. 78); ce n'est autre chose que l'*os de seiche* qu'on suspend dans les cages et sur lequel les Oiseaux aiment à s'aiguiser le bec. Au bout de l'os de seiche se trouve une pointe dure, beaucoup plus grosse chez certaines espèces fossiles;

elle se rencontre abondamment dans certains terrains et porte le nom de *Belemnite* (fig. 79).

Les *Calmars* sont des Mollusques vivant dans la haute mer tandis que le Poulpe et la Seiche se tiennent habituellement sur les rivages ; ils atteignent une taille considérable et présentent la forme d'un long cornet à la pointe duquel se trouverait une nageoire en forme de losange.

Enfin les femelles des *Argonautes* abritent leur corps dans une véritable coquille externe qui a la forme d'une nacelle et vogue à la surface des eaux.

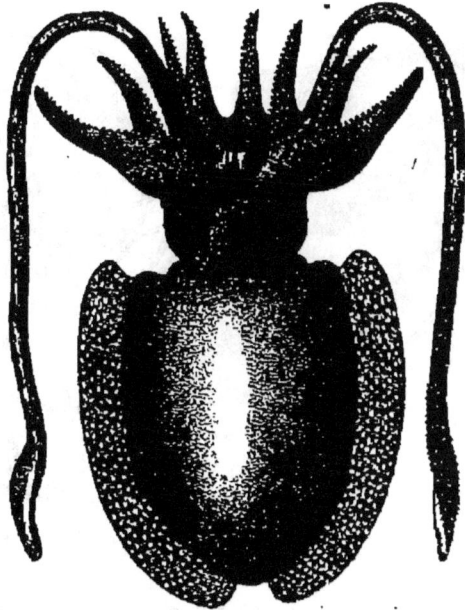

Fig. 77. — La Seiche.

Fig. 78.
Os de Seiche
(réduit).

Tous les Céphalopodes que nous venons d'étudier n'ont que deux branchies ; mais il en est d'autres qui en possèdent quatre ; ceux-ci se distinguent d'ailleurs par un très grand nombre de tentacules et par la présence d'une coquille externe enroulée sur elle-même et divisée en un grand nombre de chambres successives par des cloisons transversales.

Le *Nautile* (fig. 80), qui vit actuellement dans la mer des Indes, est l'un des principaux représentants de ce groupe. Les *Ammonites*, dont on retrouve les coquilles dans certains terrains, n'étaient autre chose que

Fig. 79. — Rostre de Bélemnite.

des Mollusques Céphalopodes, proches parents des Nautiles.

Les Brachiopodes. — Des animaux qui ont reçu le nom de

Brachiopodes se rapprochent beaucoup des Mollusques Lamellibranches par leur coquille à deux valves et par l'absence de tête. Mais les deux valves de la coquille, au lieu d'être situées l'une à droite, l'autre à gauche du corps, sont l'une au-dessus et l'autre au-dessous; de plus on rencontre de

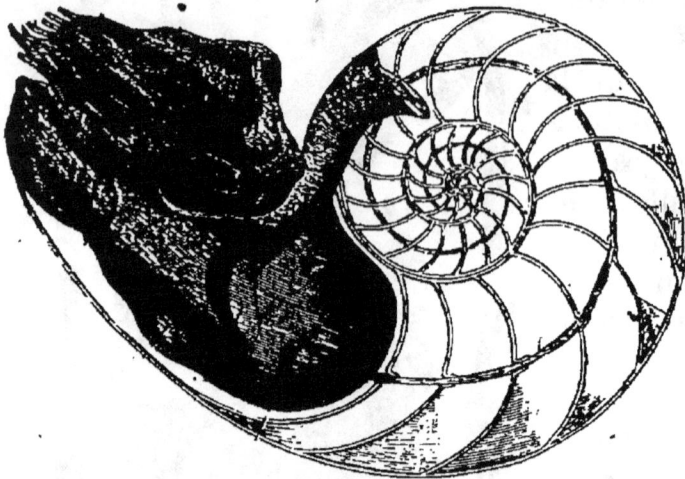

Fig. 80. — Nautile.

chaque côté de la bouche un long palpe ayant la forme d'un tentacule ou bras enroulé en spirale (d'où le nom de *Brachiopodes*). Enfin d'autres caractères les distinguent encore des Mollusques et nous ne les en rapprochons qu'en raison de leur forme extérieure. Ce sont tous des animaux marins des grandes profondeurs.

Les *Térébratules* (fig. 81) qui existent actuellement dans les mers profondes ont eu des représentants à toutes les époques géologiques; citons encore les *Rhynchonelles*, les *Productus*, les *Spirifères*, les *Lingules* dont les coquilles sont très répandues dans certains terrains.

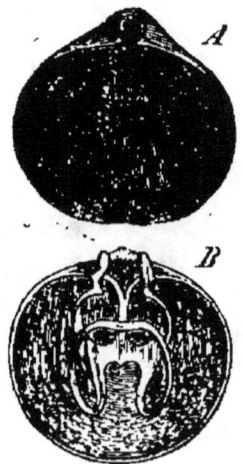

Fig. 81. — Térébratule.

RÉSUMÉ

Les *Mollusques* sont des animaux *mous, non divisés en anneaux* et présentant généralement une *coquille*. Les trois types principaux sont :

Corps dépourvu de tête.....................		*Moule*(Lamellibranches).
Corps pourvu d'une tête.....	Pas de bras autour de la bouche.	*Escargot* (Gastéropodes).
	Bras autour de la bouche.	*Poulpe* (Céphalopodes).

Les *Lamellibranches* ont une *coquille à deux valves* et le corps recouvert par un *manteau;* entre les deux plis du manteau se trouve le *pied;* de chaque côté du pied s'attachent deux *branchies lamelleuses.*

Le système nerveux comprend *trois paires de ganglions* réunis par des commissures.

Il y a des Lamellibranches dépourvus de *siphons (Moule);* d'autres possèdent *deux siphons (Couteau de mer).*

Les *perles* sont des productions de certains Lamellibranches.

La culture des Huîtres ou *ostréiculture* comprend deux phases : 1° la récolte du naissain; 2° l'élevage.

Les Moules sont élevées et recueillies à l'aide de *bouchots.*

Les *Gastéropodes* (Escargots) possèdent une coquille composée d'une seule valve enroulée en spirale et un pied aplati occupant toute la face ventrale du corps. Ils respirent soit par des poumons (Escargot) soit par des branchies (Porcelaine, Buccin, etc.).

Les *Céphalopodes* (Poulpe) ont la bouche entourée de bras ou tentacules armés de ventouses; le corps présente un repli du manteau limitant un *sac palléal* d'où émerge un tube nommé *entonnoir.* Ils respirent par des branchies.

CÉPHALOPODES			
	8 bras..........	pas de coquille.	Poulpe.
		coquille externe.	Argonaute.
	10 bras.........	coquille interne.	Seiche, Calmar.
	Plus de 10 bras...	coquillle externe, divisée en chambres, 4 branchies.	Nautiles, Ammonites.

Les *Brachiopodes* s'éloignent des Mollusques par plusieurs caractères : mais ils ont une coquille à deux valves comme les Lamellibranches; leur bouche présente deux palpes ou bras très longs et pouvant s'enrouler en spirale. — Les *Térébratules* et les *Rhynchonelles* en sont les principaux types.

CHAPITRE XI

Les Rayonnés : Échinodermes et Cœlentérés

Échinodermes : Étoile de mer. — Les Vertébrés (*Chien*), les articulés (*Hanneton*) et les annelés (*Ver de terre*), dont nous avons déjà passé en revue les principaux caractères, sont constitués par un certain nombre de parties réunies bout à bout. Il suffit pour s'en convaincre de se rappeler la colonne vertébrale du Chien et les anneaux qui composent un Hanneton ou un Ténia. Il résulte de cette disposition que le corps de ces animaux peut être partagé en deux parties présentant les mêmes organes, c'est-à-dire une moitié gauche et une moitié droite.

Les êtres que nous avons maintenant à étudier sont au contraire formés de parties disposées autour d'un centre comme les rayons d'une roue sont placés autour de l'essieu. Le corps d'une *Étoile de mer* (fig. 82) nous présente un bel exemple de cette disposition. Les Étoiles de mer sont très répandues sur toutes nos côtes et on les rencontre jusqu'à une profondeur de plus de 5,000 mètres. Elles possèdent habituellement cinq rayons ou bras, mais il n'est pas rare d'en trouver qui en ont un plus grand nombre. La bouche placée au milieu de la face inférieure conduit dans un tube digestif qui envoie des ramifications dans chaque bras et qui se termine au

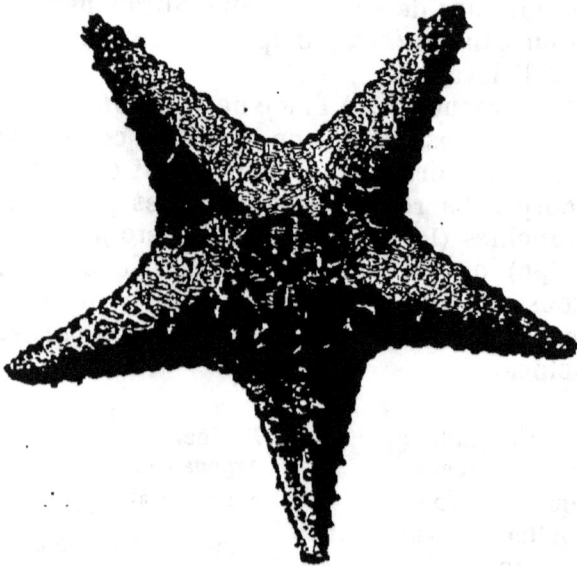

Fig. 82. — Une Étoile de mer.

milieu de la face supérieure. Le corps tout entier est protégé par un squelette calcaire formé de plaques polygonales
disposées en séries rectilignes. A la face inférieure de chaque
bras, elles laissent libre une sorte
de gouttière dans laquelle sont
disposées deux ou quatre rangées
de petits tubes membraneux qui
se terminent chacun par une ventouse ; c'est à l'aide de ces ventouses que l'Étoile de mer s'accro-
che aux corps environnants et
réussit à se déplacer.

Comme on le voit, une Étoile
de mer présente une face inférieure et une face supérieure ; mais

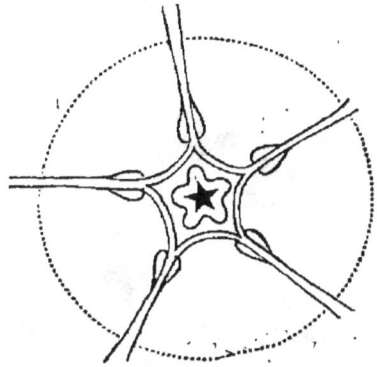

Fig. 83. — Système nerveux.

il n'est pas possible de lui reconnaître une extrémité antérieure et une extrémité postérieure, car elle se déplace indifféremment dans toutes
les directions ; il n'est
pas possible non plus,
par conséquent, de la
diviser en une moitié
droite et une moitié
gauche. Le nom d'*Ani-
maux rayonnés* qu'on a
donné à ces êtres est
donc justifié ; il l'est
encore par la disposi-
tion des organes inter-
nes ; nous avons vu, en
effet, que le tube di-

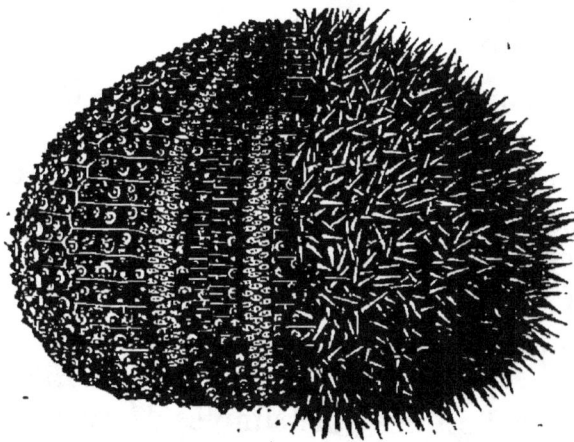

Fig. 84. — Oursin (les piquants sont arrachés
sur une moitié du corps).

gestif présente autant de ramifications latérales qu'il existe de
bras. Enfin le système nerveux (fig. 83) est lui-même formé
d'un cadre à cinq côtés entourant la bouche et des sommets
duquel se détachent des nerfs pour les bras.

Chez quelques Étoiles de mer, les bras sont très courts et
le corps prend la forme d'un disque aplati.

7

Les Oursins. — Les Oursins (fig. 84 et 85), qui vivent aussi dans la mer, manquent complètement de ces bras qui caractérisent l'Étoile de mer et leur corps est globuleux; mais on retrouve encore au milieu des aiguillons qui hérissent l'enveloppe calcaire ou *test* cinq séries rayonnantes de petites ouvertures laissant passer des tubes à ventouses analogues à ceux des Étoiles de mer.

Leur corps comprend donc cinq parties rayonnant autour d'un centre.

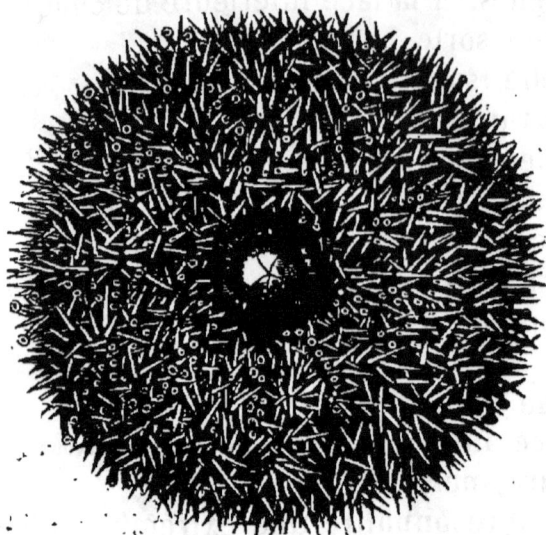

Fig. 85. — Oursin vu par la face inférieure pour montrer la bouche.

Les Cœlentérés (Rayonnés)

Les Hydres. — Si nous avions poussé plus loin nos investigations, nous aurions trouvé des animaux qui, par beaucoup de caractères, affirment leur parenté avec les Étoiles de mer, mais dont le corps est supporté par une tige fixée au fond de la mer. Les Rayonnés dont nous allons nous occuper maintenant présentent tous, au moins pendant une certaine période de leur vie, ce caractère qui les rapproche des plantes; aussi les appelle-t-on souvent des animaux-plantes. L'*Hydre d'eau douce* (fig. 86), qui est l'un des plus simples de ces animaux-plantes, va nous occuper tout d'abord.

Sur les feuilles des plantes aquatiques sont très souvent fixés de petits êtres longs de quelques millimètres et terminés par une couronne de filaments déliés qu'ils peuvent mouvoir dans tous les sens : ce sont des Hydres d'eau douce (fig. 86). Le corps se compose d'une sorte de sac dont l'extrémité fermée se trouve fixée aux plantes aquatiques et dont le bord est entouré de six, douze et même dix-huit bras; ceux-ci peuvent s'allonger beaucoup et atteindre une longueur de plusieurs

décimètres. Ce sont alors des filaments très déliés à l'aide
desquels l'Hydre explore l'eau qui l'entoure et saisit les animaux de petite taille dont elle fait sa nourriture. Ces bras
transformés en véritables lignes vivantes présentent un grand
nombre de petites vésicules ou *capsules urticantes* (a) contenant un liquide venimeux
et un petit filament élastique enroulé
en spirale. Le moindre contact fait dé-
rouler ce ressort qui s'enfonce dans le
corps de l'animal et entraîne avec lui le
liquide venimeux. L'être microscopique
atteint par cette arme empoisonnée se
trouve incapable de fuir ; il est para-
lysé et l'Hydre l'entourant de ses longs
bras, ne tarde pas à l'engloutir dans sa
bouche pour le digérer.

Vitalité extraordinaire de l'Hydre.
— On a fait depuis longtemps sur l'Hydre
des expériences qui mettent en évidence
sa grande vitalité. On peut, par exemple, la retourner comme un doigt de
gant, de telle façon que la paroi externe
devienne la paroi interne ; l'Hydre en
prend bientôt son parti, ne tarde pas à
étendre ses bras et se met à avaler les
proies qu'elle rencontre. La peau devenue estomac va digérer ces aliments
comme si rien ne s'était passé.

Fig. 86. — Hydre.

Bien mieux, coupons une Hydre en
deux moitiés, dans le sens de sa longueur, et les deux moitiés
ne mettront pas plus de vingt-quatre heures pour se refermer
de manière à constituer deux Hydres au lieu d'une seule. Coupons une Hydre par le travers ; en deux jours la moitié antérieure aura développé un pied et la moitié postérieure aura
poussé de nouveaux bras ; on peut ainsi couper l'Hydre en
un grand nombre de segments et chacun d'eux reconstituera
rapidement un animal parfait.

Comment l'Hydre se reproduit. — Chaque partie de l'Hydre n'a d'ailleurs pas besoin d'être isolée pour s'individualiser et reproduire un être nouveau. Il est impossible de conserver une Hydre plusieurs jours sans voir se produire en quelque point du corps un ou deux petits bourgeons qui grandissent, poussent des bras à leur extrémité libre et deviennent de nouvelles Hydres greffées sur la première, de telle façon que les cavités digestives nouvelles communiquent largement avec celle de la mère. C'est là le commencement d'une société ou *colonie;* mais chez nos Hydres d'eau douce, ces associations ne deviennent jamais bien nombreuses ; au bout de quelque temps, les nouvelles Hydres s'étranglent à leur base, se détachent de l'ancienne et vont vivre isolément.

Polypes et Hydroméduses. — La mer renferme un grand nombre d'êtres analogues aux Hydres, chez lesquels les colonies sont persistantes et qui revêtent l'aspect de petits arbustes, dont chaque feuille serait un animal. On leur a donné le nom d'*Hydroméduses.* Chaque individu appartenant à la colonie est alors un *Polype.*

Les Méduses. — Certaines colonies de ces Polypes marins présentent des individus de plusieurs formes. C'est ainsi que des bourgeons se renflent plus que d'autres, se transforment en des sortes de cloches transparentes, se détachent de la colonie et s'en vont nager librement dans la mer : ce sont les *Méduses.* Les œufs qu'elles produisent ne donnent pas directement des Méduses nouvelles, mais des Polypes qui bourgeonnent et sur lesquels naîtront seulement les Méduses.

Quelques-unes cependant naissent directement des larves provenant des œufs; ce sont ces grandes Méduses gélatineuses qui flottent à la surface de la mer et que les pêcheurs connaissent sous le nom caractéristique d'*orties de mer;* leur contact détermine en effet une sensation de brûlure causée par les nombreuses capsules urticantes dont elles sont armées.

Anémones de mer et Madrépores. — Imaginons une Hydre dont les bras seraient courts et creux, et à l'intérieur de laquelle des cloisons correspondraient aux intervalles entre

les bras, nous aurons l'image d'une *Anémone de mer* (fig. 87).
Ces animaux ont en général la forme
d'un court cylindre fixé par son extrémité fermée sur les rochers sous-
marins. Ils sont le plus souvent revêtus
de brillantes couleurs et semblent
des fleurs semées au fond de la mer.
Leurs bras creux, désignés sous le
nom de tentacules, se rétractent et
disparaissent dans le corps au moin-

Fig. 87. — Anémone de mer

dre contact; ils sont en général très nombreux et leur nombre
est le plus souvent un multi-
ple de six.

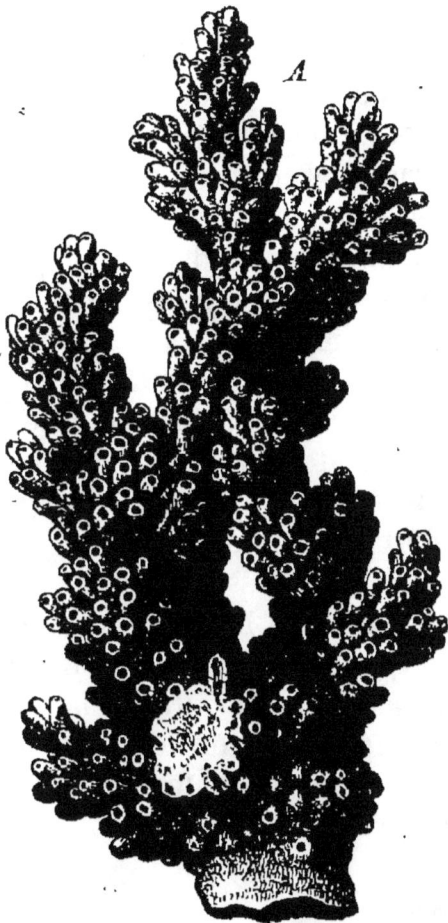

Fig. 88. — Madrépore

Les *Madrépores* (fig. 88) sont
des sortes d'Anémones de mer
dont le pied est calcaire; ce
pied présente un grand nombre de lames rayonnantes correspondant aux intervalles
entre les cloisons du Polype.
Parfois les individus se fu-
sionnent de telle façon qu'il
est impossible de dire où
commence l'un et où finit
l'autre, c'est le cas des *Méan-
drines*.

Les Madrépores abondent
surtout dans les mers chaudes et leurs colonies, amon-
celant leurs pieds calcaires
sur le fond de l'Océan, finissent par édifier ce qu'on appelle à tort les *récifs de corail*.

**Le Corail; pêche du Co-
rail.** — Le *Corail* se distingue des Madrépores par ses
tentacules frangés dont le nombre n'est jamais que de

huit. Le Corail rouge, le plus important de tous, habite la Méditerranée à une profondeur de 2 à 300 mètres. Chaque individu a la forme d'une fleur (fig. 89), et un grand nombre de ces êtres sont disséminés à la surface d'une sorte de petit arbre branchu haut de 30 à 35 centimètres. Ils sont tous réunis les uns aux autres par une couche charnue de tissu animal qui recouvre l'arbre et lui constitue une sorte d'écorce. La partie centrale de l'arbre porte le nom de *polypier*; elle est dure, pierreuse et se compose de carbonate de chaux coloré par de l'oxyde de fer. La belle couleur et l'homogénéité de la substance du polypier en ont fait un produit fort utilisé en bijouterie. Le plus estimé est le rose, que les pêcheurs italiens appellent peau d'ange et qui se rencontre sur les côtes de Dalmatie.

Les colonies de Corail, se fixant surtout à la face inférieure des aspérités de rochers, sont très difficiles à

Fig. 89. — Branche de Corail.

atteindre. On se sert en général d'un instrument composé de deux barres de bois placées en croix, au-dessous desquelles est fixée une grosse pierre; à l'extrémité des barres sont attachées des cordes terminées par un paquet de filets à mailles larges, propres à accrocher les branches du Corail. On laisse traîner cet instrument au fond de la mer et on le retire de temps en temps. Les côtes d'Algérie fournissent tous les ans plus de 30,000 kilos de Corail aux pêcheurs italiens.

RÉSUMÉ

Les *Rayonnés* sont des animaux dont les différentes parties sont groupées comme les pétales d'une fleur autour d'un centre.

Les *Échinodermes* (*Oursins* et *Étoiles de mer*) ont le corps protégé par une enveloppe dure ou *test* et possèdent un tube digestif distinct, ouvert à ses deux extrémités.

Les *Cœlentérés* ont le corps nu et recouvrent quelquefois une sorte de support solide (polypier); ils manquent de tube digestif; c'est la cavité du corps qui en tient lieu.

Les *Hydres*, les *Polypes*, les *Méduses*, les *Anémones de mer*, les *Madrépores* et le *Corail* sont les Cœlentérés les plus connus.

CHAPITRE XII

Les Éponges et les Protozoaires

Les Éponges : Structure, squelette. — Les *Éponges* sont elles-mêmes des animaux bien inférieurs aux Polypes. Leurs formes varient à l'infini et une sorte de squelette soutient l'ensemble du corps. Tantôt ce squelette est constitué par des aiguilles calcaires ou siliceuses (fig. 90), et alors l'Éponge présente une certaine rigidité; tantôt ce sont de fins filaments cornés et flexibles qui s'enchevêtrent dans tous les sens et donnent à l'Éponge une grande souplesse. Il existe donc, suivant la nature du squelette, des *Éponges calcaires, siliceuses* et *fibreuses*.

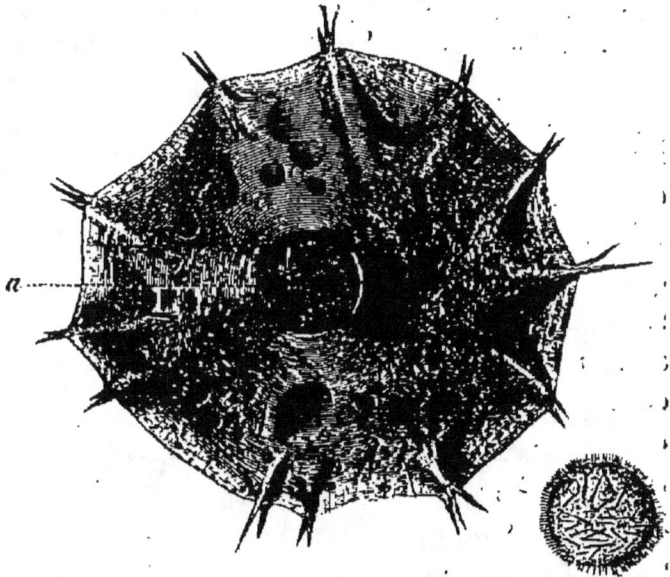

Fig. 90. — Spongille très grossie. — *a*, oscule.

Une Éponge simple. — Certaines Éponges calcaires ont la forme d'une *urne* (fig. 91), dont la cavité s'ouvre au dehors par un orifice élargi nommé *oscule* (o). Les minces parois du corps, soutenues par de fins spicules calcaires, sont percées de nombreux petits trous nommés *pores inhalants*. Les filaments du squelette sont reliés par une sorte de gelée qui est la substance vivante de l'Éponge.

Fig. 91.
Éponge en urne.

Comment l'Éponge se nourrit. — Une observation attentive montre que l'eau pénètre à l'intérieur de l'Éponge par les pores inhalants (fig. 92, B.B) et qu'elle s'échappe par l'oscule A après avoir traversé des canaux sinueux sur le trajet desquels se trouvent de petites cavités à parois couvertes de cils vibratiles (C. C); les mouvements des cils déterminent la progression de l'eau qui contient les aliments nécessaires à l'Éponge.

Bourgeonnement, œufs. — Très souvent l'urne primitive bourgeonne, comme nous l'avons vu à propos des Hydres, et donne de nouvelles Éponges qui sont toutes reliées les unes aux autres et constituent une colonie. — Enfin il naît parfois des œufs qui s'échappent par l'oscule et

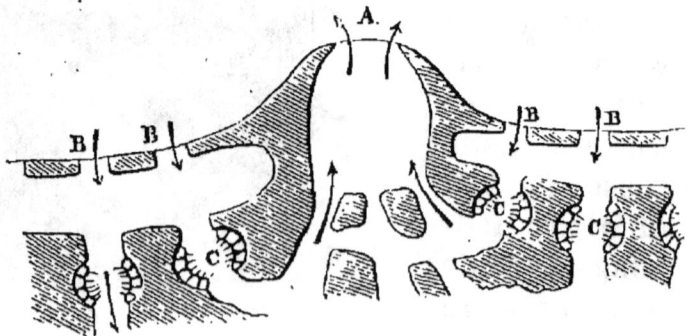

Fig. 92. — Circulation de l'eau dans une Éponge.

vont produire de nouveaux individus.

Éponges usuelles, leur pêche. — Les Éponges calcaires et siliceuses ne nous sont d'aucun usage; mais les Éponges fibreuses ou cornées dont la forme est d'ailleurs beaucoup plus irrégulière et beaucoup moins élégante, nous fournissent les éponges usuelles (fig. 93) dont le squelette, débarrassé des parties vivantes qui se putréfient rapidement, est pour nous d'un usage journalier.

Les éponges de grande taille sont, en général, assez grossières et nous viennent de la mer Rouge, des bancs de Bahama, du golfe du Mexique, etc. Les mers tempérées nous fournissent les fines éponges de toilette. C'est particulièrement dans la Méditerranée, surtout sur les côtes de Syrie et de Caramanie qu'on se livre à leur pêche. Sur les points où la mer est peu profonde, des plongeurs, armés de couteaux, vont au fond de l'eau couper le pied par lequel l'éponge adhère aux rochers. Mais au-dessous de 30 à 40 mètres, c'est-à-dire à des profondeurs auxquelles l'homme ne peut descendre sans danger, même à l'aide du scaphandre, il faut se servir d'une *drague* qui traîne au fond de l'eau. Les éponges ainsi recueillies sont presque toujours déchirées et perdent ainsi une partie de leur valeur.

Fig. 93. — Éponge usuelle en place.

Les Protozoaires. — Les *Protozoaires* sont les animaux les plus simples, ceux qui présentent l'organisation la plus rudimentaire ; c'est pour cette raison qu'on leur a donné le nom de Protozoaires ou *animaux primitifs*. Chacun d'eux paraît formé d'un seul de ces petits éléments qu'on appelle cellules et qui constituent le corps de tous les animaux et de toutes les plantes, mais qui sont réunis en tel nombre chez les êtres plus élevés, que notre ongle seul en comprend des millions.

Les Protozoaires sont presque tous des animaux aquatiques vivant soit dans les eaux douces, soit, en plus grand nombre, dans les eaux de la mer. — Les plus simples ne présentent pas à l'observation les caractères qui permettent ordinairement de distinguer les organismes animaux des organismes végétaux; on pourrait presque les placer indifféremment dans l'un ou l'autre règne.

Si les Protozoaires sont remarquables par leur simplicité et leur petitesse, ils ne le sont pas moins par leur nombre et par la variété des formes qu'ils nous présentent. Nous nous contenterons de parler des plus caractéristiques.

Les Infusoires. — Si l'on conserve pendant quelques jours de l'eau dans laquelle on a placé une feuille, une tige ou mieux encore quelques brins de foin, on y découvre, à l'aide du microscope, une multitude d'animalcules circulant dans tous les sens au milieu du liquide ; ces êtres, nés dans une infusion, ont reçu le nom d'*Infusoires*.

Fig. 94.
Paramécie.

Les premiers auxquels nous nous arrêterons se meuvent grâce à un nombre considérable de cils vibratiles qui revêtent leurs corps : ce sont les *Infusoires ciliés*. Les *Paramécies* (fig. 94), fort communes dans les infusions, nous en offrent un bel exemple. Chez elles, rien qui ressemble à des organes internes ; les substances nutritives contenues dans l'eau sont amenées dans l'ouverture représentant la bouche, grâce au tourbillon qu'occasionne le mouvement des cils; digérées rapidement dans la substance du corps, elles sont enfin rejetées par une ouverture dont l'existence est éphémère.

Les *Vorticelles* (fig. 95) sont encore des Infusoires ciliés;

elles abondent dans toutes les eaux et ressemblent à de petites fleurs en forme de clochettes ; le bord de la coupe porte une couronne de cils qu'anime un mouvement continu amenant sans cesse au contact de l'animal l'eau fraîche et les aliments qu'elle contient. Le corps est relié à quelque objet par un filament fort ténu que la Vorticelle peut replier en une sorte de ressort à boudin quand elle veut échapper à un ennemi.

D'autres Infusoires possèdent peu de cils vibratiles; mais leur corps porte un ou plusieurs filaments déliés ou flagellums qui frappent l'eau et font progresser le petit être : ce sont les *Infusoires flagellés*. Il nous faut citer dans cette catégorie les *Monades*, les *Euglènes*, mais surtout les *Noctiluques* qui surnagent parfois en nombre immense à la surface des flots et donnent à l'eau de la mer une couleur rouge spéciale quand ils sont agités par les vagues ou par la chute de quelque objet.

Les Rhizopodes. Foraminifères. — Nulle part, dans le règne animal, on ne trouve des formes aussi variées que chez les *Rhizopodes* (racines-pieds). Ils doivent leur nom aux prolongements qui sortent incessamment du corps comme des racines pour y rentrer aussitôt de telle façon que l'animal change continuellement de forme. Quelques-uns ont le corps nu ; mais les autres présentent une charpente cornée, siliceuse ou calcaire.

Fig. 95.
Vorticelle.

Ceux dont le squelette est constitué par du carbonate de chaux portent le nom de *Foraminifères* (fig. 96).

Les Foraminifères actuels sont presque tous extrêmement petits, mais dans les mers des périodes géologiques anciennes vivaient des espèces plus grandes dont on trouve aujourd'hui les squelettes dans les terrains déposés pendant ces périodes.

Les coquilles de *Nummulites* se rencontrent fréquemment dans les terrains tertiaires; elles sont enroulées et présentent à l'intérieur un grand nombre de cloisons qui les divisent en chambres successives.

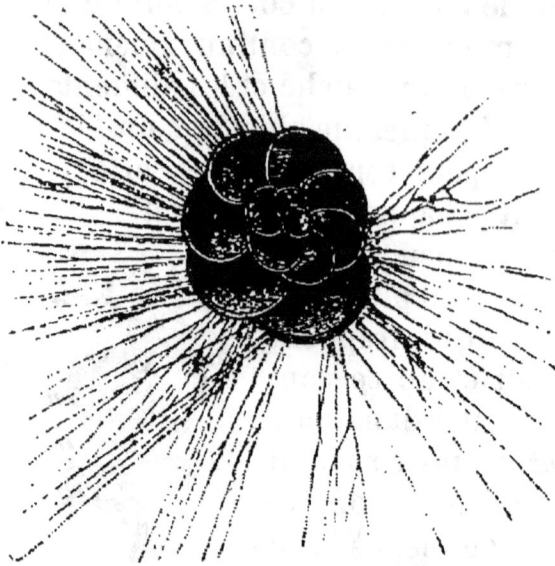

Fig. 96. — Rotalia (fortement grossie).

Lorsque les Foraminifères viennent à mourir, leur corps se décompose, mais les coquilles tombent au fond de la mer et constituent, en s'agglomérant, des couches épaisses de calcaire compacte ; les calcaires grossiers du bassin de Paris contiennent d'énormes quantités de ces Foraminifères, et certaines couches en renferment plusieurs milliards par mètre cube. Enfin, les *Amibes* (fig. 97) et les *Monères* sont des Protozoaires encore plus simples. Leur corps n'a pas de forme définie, car il pousse de tous les côtés des prolongements dans lesquels s'écoule la substance qui le constitue. C'est ainsi que progressent ces êtres au fond des eaux.

Les Microbes. — L'étude que nous ferons du Ver à soie nous apprendra que la maladie connue sous le nom de *pébrine*, est due au développement dans le corps du ver de globules d'une extrême petitesse que l'emploi de forts grossissements a seul permis de découvrir. Un grand nombre de maladies conta-

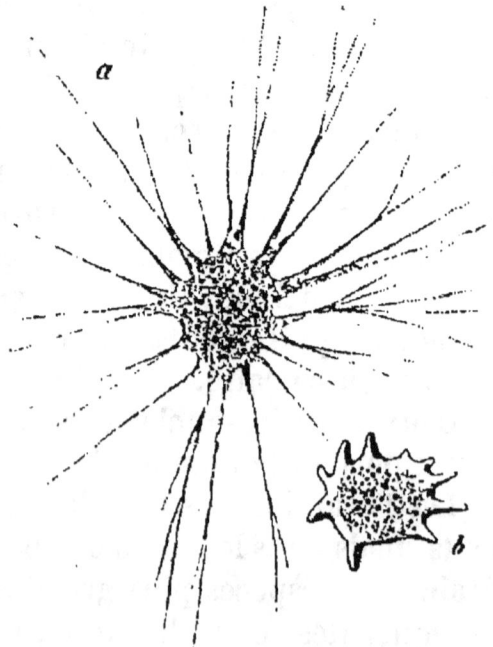

Fig. 97. — Amibe (fortement grossie).

gieuses, le charbon, le choléra des poules, le rouget du porc, la putréfaction des matières organiques, les altérations du vin et du vinaigre, sont dus au développement d'organismes semblables que l'on désigne vulgairement sous le nom de *microbes* (fig. 98) et qui appartiennent, pour la plupart, au règne végétal plutôt qu'au règne animal. Les admirables travaux de M. Pasteur, poursuivis sans relâche depuis une trentaine d'années, ont mis en lumière le rôle de ces êtres microscopiques, et ont permis à ce savant d'expliquer les phénomènes de fermentation et de putréfaction et d'appliquer à

Fig. 98.
Bactéries.

un certain nombre de maladies contagieuses un traitement préservatif analogue à celui de la vaccine pour la variole.

RÉSUMÉ

Les *Spongiaires* sont des êtres de forme assez irrégulière dont le corps est parcouru par un système compliqué de canaux pour la circulation de l'eau; le corps est soutenu par des *spicules* cornés, calcaires ou siliceux; les éponges usuelles sont pêchées principalement sur les côtes de Syrie, dans la mer Rouge, le golfe du Mexique, etc.

Les Protozoaires sont des êtres microscopiques d'une simplicité extrême; ex. : *Infusoires, Foraminifères, Amibes.*

Le tableau suivant résume la classification générale des animaux :

Animaux à vertèbres............................				Vertébrés (*Chien*).
ANIMAUX SANS VERTÈBRES (Invertébrés)	Une coquille..			Mollusques (*Escargot.*)
	PAS DE COQUILLE	Corps divisé en anneaux successifs.	Des pattes articulées.........	Arthropodes (*Hanneton.*)
			Pas de pattes articulées.......	Vers (*Sangsue*).
		Parties du corps groupées autour d'un centre. (Rayonnés.)	Un tube digestif distinct.......	Échinodermes (*Étoile de mer*).
			Pas de tube digestif distinct....	Cœlentérés (*Corail*).
		Corps dépourvu de de symétrie.	Êtres volumineux avec des canaux internes pour conduire l'eau.	Spongiaires (*Éponges*).
			Êtres microscopiques; pas de canaux internes.............	Protozoaires (*Infusoires*).

SECONDE PARTIE

CHAPITRE XIII

Vertébrés. — Classe des Mammifères.

Mammifères pourvus de mains.

Caractères généraux des Mammifères; le lait; les poils.
— La classe des Mammifères comprend des animaux qui paraissent au premier abord très différents : une *Baleine* et une *Souris*, un *Éléphant* et un *Chien* ne se ressemblent guère. Ils possèdent cependant deux caractères qui permettent de les rapprocher dans une même classe : tous nourrissent leurs petits avec du *lait*; tous ont le corps couvert de *poils*, au moins dans leur jeune âge.

Le *lait*, produit par des organes spéciaux, les *mamelles* (d'où le nom de Mammifères), est un liquide blanc et sucré très propre à nourrir les jeunes animaux, car les Mammifères sont *vivipares*, c'est-à-dire qu'ils mettent au monde des petits tout vivants, très faibles, et qui ne pourraient eux-mêmes trouver la nourriture dont ils ont besoin.

Les *poils* qui couvrent le corps des Mammifères ont tous une racine implantée obliquement dans la peau et une tige émergeant au dehors. Ils croissent sans cesse par leur base, mais en même temps ils s'usent par leur extrémité; quand la croissance l'emporte sur l'usure, ils grandissent plus ou moins, c'est ce qui arrive pour les cheveux et pour la barbe de l'homme; les autres ne sont que des poils très courts, dont l'usure égale la croissance, ce qui les empêche de grandir; ces poils existent partout, excepté à la paume des mains et à la plante des pieds; ils constituent le duvet si facile à observer sur les joues.

Les poils présentent les plus grandes variations de forme

d'un point à l'autre du même animal ; c'est ainsi que les crins de la queue chez le Cheval sont des poils au même titre que les poils courts et serrés qui couvrent les autres parties du corps. Mais les variations sont encore plus considérables quand on passe d'une espèce à une autre : la *laine* frisée du Mouton n'est constituée que par des poils ; les *piquants* du Hérisson, les *dards* du Porc-épic ne sont que des poils modifiés.

Les Mammifères ont presque tous deux espèces de poils : le poil long ou *jarre* et le *duvet*, qui se cache sous le premier. En général les poils sont d'autant plus longs et plus serrés, que l'animal habite des contrées plus froides ; aussi recevons-nous les fourrures les plus estimées du Canada, de la Sibérie, etc.

Principales différences entre les Mammifères. — Aux genres de vie si variés des Mammifères correspondent des différences d'organisation et de forme extérieure qui permettent de les distinguer les uns des autres. C'est ainsi que les Mammifères aquatiques, la Baleine, le Cachalot, le Phoque ont pris une certaine ressemblance extérieure avec des Poissons ; leurs membres élargis sont devenus des sortes de palettes, des nageoires à l'aide desquelles ils progressent dans les eaux ; mais, ne nous y trompons pas, tous leurs autres caractères les éloignent des Poissons et les rapprochent des Mammifères ; ils ont de ces derniers le sang chaud, le cœur à quatre cavités et les poumons.

Les Mammifères terrestres présentent entre eux des différences assez notables, surtout en ce qui concerne les membres et la dentition.

La forme des membres est adaptée au genre de vie de l'animal ; les membres antérieurs de la Taupe, par exemple, sont aplatis et déjetés de chaque côté du corps pour écarter la terre dans les galeries souterraines qu'elle se creuse. Les différences les plus remarquables résident dans le nombre des doigts ; leur nombre ne dépasse jamais cinq pour chaque membre : l'Homme et le Singe sont dans ce cas ; le Sanglier n'en possède que quatre dont deux seulement bien développés ; le Rhinocéros en a trois, la Vache deux et le Cheval un seul.

On rencontre chez les Mammifères tous les genres d'alimentation ; les uns sont herbivores, les autres carnivores, insectivores, etc. Les Mammifères herbivores ont des dents disposées pour broyer comme des meules ou bien pour ronger les végétaux dont ils se nourrissent ; les Mammifères carnivores ont des dents tranchantes pour couper et déchirer leurs proies, tandis que les insectivores les ont pointues pour percer et briser les carapaces des Insectes.

Les caractères tirés de la dentition et du nombre des doigts nous serviront pour grouper en ordres distincts les Mammifères que nous avons à étudier, car ceux qui possèdent la même dentition ou le même nombre de doigts ont souvent par tous leurs autres caractères, par leur forme extérieure et par leur genre de vie un grand air de ressemblance. C'est ainsi que le Cerf, le Chevreuil, le Renne, le Bœuf, la Chèvre, le Mouton possèdent tous deux doigts à chaque membre et une dentition d'herbivores ; le Cheval, l'Ane, le Zèbre, dont la ressemblance extérieure a frappé tout le monde, possèdent la même dentition et n'ont tous qu'un seul doigt à chaque pied.

Ajoutons que d'autres particularités, comme les *ailes* des Chauve-souris, la *trompe* de l'Éléphant, nous aideront à caractériser les divers ordres de Mammifères.

Les principaux ordres de Mammifères sont : les Bimanes (*Homme*) ; les Singes ; les Chéiroptères (*Chauves-souris*) ; les Insectivores (*Hérisson*) ; les Rongeurs (*Lapin*) ; les Carnivores (*Lion*) ; les Amphibies (*Phoque*) ; les Ruminants (*Bœuf*) ; les Porcins (*Porc*) ; les Jumentés (*Cheval*) ; les Proboscidiens (*Éléphant*) ; les Cétacés (*Baleine*) ; les Édentés (*Tatou*) ; les Marsupiaux (*Kanguroo*) ; et enfin les Monotrèmes (*Échidné*).

Ordre des Bimanes.

Les races humaines. — Caractères qui servent à les distinguer. — L'ordre des *Bimanes* ne comprend que l'*Homme*. Le nom de Bimanes rappelle le nombre des mains ; l'Homme n'en possède que deux, tandis que les Singes ou *Quadrumanes* en ont quatre.

Le Nègre au teint noir, aux cheveux crépus et le Chinois

à la peau jaune, aux yeux fendus obliquement diffèrent assez de nous pour qu'il soit facile de les distinguer ; mais bien évidemment les Nègres et les Chinois sont des hommes au même titre que nous ; ils appartiennent seulement à des *races* différentes.

Les *races humaines* ne sont pas caractérisées seulement par les cheveux, la taille, la couleur de la peau ; il existe des ca-

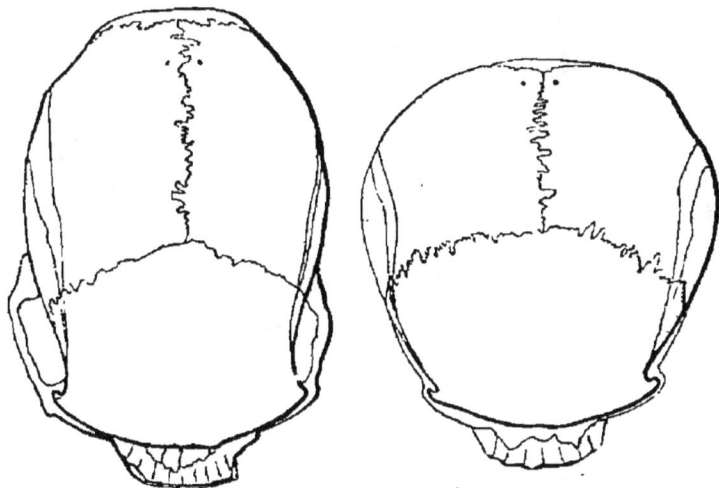

Fig. 99.

Crâne dolichocéphale.   Crâne brachicéphale.

ractères plus importants reposant sur la forme de la tête et sur l'étude de la face.

Le *crâne*, qui loge le cerveau, siège de l'intelligence, est en effet très utile à connaître. Les Néo-Calédoniens (fig. 99), par exemple, ont un crâne étroit et allongé (*dolichocéphale*) ; les Lapons, au contraire, l'ont large et court (*brachicéphale*) ; entre ces deux extrêmes, on trouve tous les intermédiaires.

La capacité du crâne est aussi très variable ; elle est la plus faible chez les races peu civilisées. Les Australiens, par exemple, ont une capacité crânienne de 1224 centimètres cubes, tandis que le crâne des Parisiens jauge environ 1440 centimètres cubes.

Les races humaines sont encore très différentes au point de vue de l'*angle facial* ; c'est un angle déterminé par deux lignes se croisant au bord de la mâchoire supérieure, entre

8

lès deux incisives, pour aboutir l'une au front, entre les deux sourcils, et l'autre à l'ouverture du conduit auditif externe. Cet angle est d'autant plus grand que la capacité du crâne est plus considérable. Il est de 85° chez le Bas-Breton et de 62° seulement chez certains Nègres.

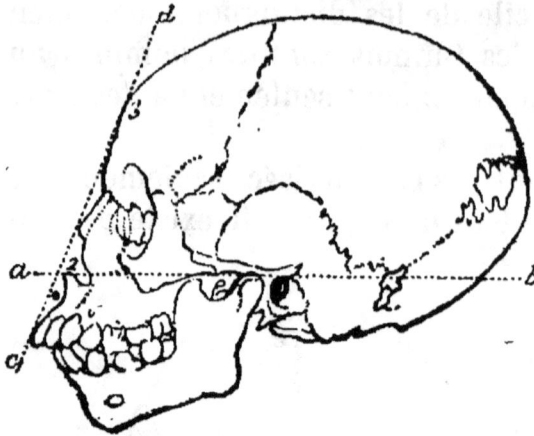

Fig. 100. — Angle facial d'un Nègre.

L'angle facial dépend donc de la proéminence des mâchoires ; celles-ci s'avancent en effet beaucoup plus chez les Australiens et les Nègres (fig. 100) que chez les Européens (fig. 101).

Les principales races humaines sont les suivantes :

1° Race blanche. — *La race blanche* ou *euro-péenne* habite non seulement l'Europe, mais encore le nord de l'Afrique et l'ouest de l'Asie jusqu'au Gange; on suppose qu'elle a pris naissance au sud du Caucase, ce qui lui a fait souvent donner

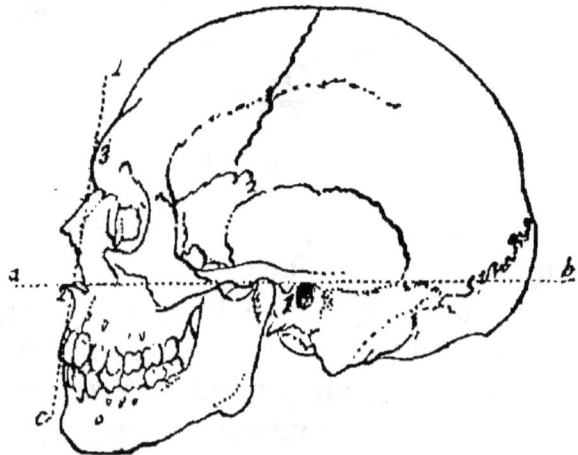

Fig. 101. — Angle facial d'un Européen.

le nom de race caucasique. Les représentants de cette race ont la peau blanche (fig. 102), la barbe généralement assez fournie, les cheveux soyeux, tantôt lisses, tantôt bouclés, le front large, le crâne bien développé, les yeux fendus horizontalement, le nez étroit, les pommettes peu saillantes, la tête ovale et les lèvres peu proéminentes; l'angle facial atteint en moyenne 80°.

La race blanche comprend surtout les Européens, les Arabes et les Égyptiens.

Fig. 102. — Européen

2º **Race jaune.** — *La race jaune, asiatique ou mongolique* est répandue dans toute l'Asie centrale et dans les régions gla-

Fig. 103. — Chinois.

Fig. 104. — Nègre.

ciaires des deux mondes. Les Chinois (fig. 103) et les Japonais qui appartiennent à cette race ont la peau jaune, les cheveux noirs, longs et raides, la barbe noire et peu fournie, la face aplatie et très large au niveau des pommettes qui sont franchement saillantes; le nez est assez large mais peu allongé; les lèvres sont proéminentes; enfin les paupières sont fendues obliquement de dehors en dedans.

L'Esquimau, le Samoyède, le Mongol, le Chinois et le Japonais sont les principaux types de la race jaune.

3° **Race nègre.** — *La race nègre* ou *éthiopique* se rencontre en Afrique et en Océanie. La peau du Nègre (fig. 104), est noire ou brune, luisante, et exhale une odeur forte; les cheveux sont noirs, crépus et laineux, la barbe noire et frisée ne pousse qu'assez tardivement; elle est toujours peu fournie. La face est étroite et le crâne allongé d'avant en arrière; les yeux sont presque à fleur de tête. Les Nègres ont un nez large et écrasé, des lèvres lippues très proéminentes, le talon saillant et les bras plus longs que ceux des blancs. L'angle facial descend souvent à 65°.

Ordre des Singes ou Quadrumanes.

Caractères des Singes. — Les *Singes* sont les animaux qui se rapprochent le plus de l'Homme. Quelques-uns ont comme lui la faculté de se tenir debout, ils ont la face nue, le nez proéminent, les yeux dirigés en avant, les oreilles ourlées, et quand certains d'entre eux se promènent, gravement appuyés sur un énorme gourdin, ils semblent des caricatures humaines; mais une étude un peu approfondie fait découvrir l'abîme qui les sépare de nous. S'ils se tiennent debout, c'est en faisant beaucoup d'efforts, car leur pied ne repose pas aussi complètement que le nôtre sur le sol. Ce pied est en effet une sorte de *main* (fig. 105), dont le pouce est opposable aux autres doigts et qui est surtout adaptée à la préhension. L'Homme

Fig. 105. — Pied d'Orang-outang.

est bimane, le Singe est quadrumane, mais ce n'est pas là pour ce dernier un caractère de supériorité, car la vraie supériorité réside plutôt dans la possession d'un grand nombre d'instruments différents que dans la répétition des mêmes organes.

La main du Singe ne peut d'ailleurs exécuter les mouvements si variés de la main de l'Homme ; le pouce (fig. 106) est trop écarté des autres doigts et ceux-ci ne peuvent se mouvoir isolément, car ils sont dépendants les uns des autres.

La plupart des Singes ont une dentition analogue à celle de l'Homme ; mais les canines sont toujours pointues et allongées. Ceux de l'ancien continent ont trente-deux dents ; les Singes d'Amérique possèdent quatre molaires de plus.

Le cerveau ressemble beaucoup à celui de l'Homme ; il présente de nombreux plissements à la surface, mais il est moins développé relativement au poids du corps.

Rien de plus varié que la taille des Singes : le *Gorille* est plus grand que l'Homme ; l'*Ouistiti* n'est pas plus gros qu'un Écureuil ; ils ont en général le corps entièrement recouvert de poils, à l'exception de la face ; leurs bras sont très longs et s'appuient à terre pendant la marche.

Fig. 106. — Main d'Orang-outang.

Les Singes supérieurs sont bien certainement les mieux doués des animaux sous le rapport de l'intelligence ; ils font preuve de réflexion, ils ont une mémoire excellente et savent en maintes occasions mettre à profit les leçons de l'expérience ; ils sont comme le Chien capables d'affection et de reconnaissance ; ils peuvent apprendre une foule de tours plaisants, manger à table en se servant d'un couteau, d'une fourchette, etc. ; mais presque toujours leurs nombreux défauts l'emportent sur ces bonnes qualités ; ils sont alors méchants, faux, perfides et voleurs.

Les Singes sont les plus vifs des animaux ; ils se nourrissent des substances les plus diverses : fruits, racines, graines, noix, bourgeons, etc., et pour chercher leur nourriture, ils sont toujours en mouvement; les champs cultivés et les jardins ne reçoivent que trop souvent leur visite et les déprédations qu'ils y commettent font le désespoir des cultivateurs. « Nous semons et les Singes récoltent », disent avec raison les habitants du Soudan.

Rarement les Singes vivent solitaires; ils vont généralement par bandes sous la conduite d'un chef qui a conquis ce grade à force de luttes et de combats, dans lesquels la longueur des dents et la puissance des bras ont seules décidé de la victoire.

Fig. 107. — Gorille.

Le *Magot*, qui habite les rochers de Gibraltar, est l'unique Singe européen; tous les autres vivent en Asie, en Afrique et en Amérique. On en distingue trois catégories :

1° *Les Singes de l'ancien continent* ont un véritable nez; ils ont des callosités aux fesses et possèdent des *abajoues*, c'est-à-dire des sortes de poches situées des deux côtés de la bouche dans l'épaisseur des joues.

Le *Chimpanzé*, le *Gorille* et l'*Orang-outang* sont les trois principaux singes de l'ancien continent. Le *Chimpanzé* habite les forêts de la Guinée; il est d'une intelligence remarquable et s'apprivoise facilement. Le *Gorille*, qui atteint six pieds de haut (fig. 107), est extrêmement fort; il est essentiellement nomade et se rencontre au Gabon. L'*Orang-outang* vit dans les forêts de l'île de Bornéo; il se construit un nid sans toit à la cime des arbres les plus élevés.

Après viennent les *Gibbons* de l'Indo-Chine, les *Estelles* de l'Inde et de Java, les *Guenons* et les *Babouins* (fig. 108) de l'Afrique, les *Magots* de l'Algérie et du Maroc, enfin les *Mandrilles* et les *Drilles* de la côte occidentale d'Afrique.

2° *Les Singes du nouveau continent* ont les narines très écartées; ils sont dépourvus d'abajoues et possèdent une longue queue à l'aide de laquelle ils se suspendent aux arbres, ce qui fait dire que cette queue est prenante. Enfin ils ont trente-six dents au lieu de trente-deux.

Les *Singes hurleurs*, les *Ateles*, les *Sajous*, les *Sapajous* et les *Sakis* en sont les principaux types.

3° *Les Singes à griffes* sont de très petite taille; leur

Fig. 108. — Babouin.

corps est couvert de longs poils; ils ont la queue très longue et les ongles terminés par des griffes; les *Ouistitis* sont de jolis petits animaux que possèdent toutes les ménageries. Ils habitent l'Amérique du Sud.

Les Lémuriens. — Enfin nous devons signaler à la suite des Singes des animaux nocturnes habitant les îles orientales de l'Afrique et les grandes îles du sud de l'Asie; on leur a donné le nom de *Lémuriens;* ils se rapprochent des Singes par leur aspect extérieur, leur genre de vie et par l'existence d'un

pouce opposable au membre postérieur. Les *Makis* et les *Aye-aye* habitent Madagascar ; quant aux *Galéopithèques* ou Singes volants, on les rencontre aux Philippines et dans les îles de la Sonde.

RÉSUMÉ

Les *Mammifères* sont caractérisés par leurs *mamelles* et leurs *poils.*

Les principales différences entre les Mammifères résident dans la *dentition* et la *forme des membres.*

L'ordre des Bimanes ne comprend que l'homme (*deux mains, station verticale, développement du cerveau*).

Il existe trois principales races humaines :

1° La race blanche ;

2° La race jaune ;

3° La race nègre.

L'ordre des Singes ou Quadrumanes comprend les animaux à quatre mains.

Il existe trois catégories de Singes :

1° *Singes de l'ancien continent* (trente-deux dents, un véritable nez, callosités aux fesses ; abajoues).Ex. : *Gorille, Chimpanzé, Orangoutang, Estelles, Guenons, Magots ;*

2° *Singes du nouveau continent* (trente-six dents, narines écartées, pas d'abajoues, queue longue et prenante). Ex. : *Singes hurleurs, Atèles, Sajous, Sapajous, Sakis*);

3° *Singes à griffes* (taille très petite, longs poils, ongles acérés). Ex. : *Ouistitis.*

Les *Lémuriens* sont des animaux nocturnes assez voisins des Singes. Ex. : *Aye-aye, Makis, Galéopithèques* ou Singes volants.

CHAPITRE XIV

Mammifères onguiculés.

Ordre des Chéiroptères.

Les Chauves-souris. — Tous les soirs, quand le soleil est couché, sortent de tous les trous et de toutes les cavernes des bandes lugubres d'animaux qui viennent prendre leurs ébats dans les airs et qui, volant comme des Oiseaux, décrivent autour de nos habitations des cercles bruyants et monotones. On les désigne sous le nom de *Chauves-souris*. Vus de loin, ces animaux ressemblent à des Oiseaux ; mais, quand on a l'occasion de les observer de près, on reconnaît facilement que seul leur mode de locomotion peut les en rapprocher. Ils ont le corps couvert de poils, les mâchoires armées de dents et non

Fig. 109 — Squelette de Vampire.

pas transformées en bec ; enfin ils possèdent des mamelles pour allaiter leurs petits. Leur squelette est tout à fait semblable à celui des Mammifères (fig. 109), mais les os de la main (paume et phalanges) sont démesurément allongés et supportent un repli latéral de la peau ; ce repli va rejoindre les jambes et la queue et forme de chaque côté de la Chauve-souris une sorte d'aile soutenue par les os de la main comme l'étoffe d'un parapluie est supportée par les baleines ; mais ici le repli de la peau est double et recouvre les os des deux côtés. L'aile de la Chauve-souris est simplement une main très developpée recouverte par un repli de la peau ; elle est donc bien différente de l'aile emplumée de l'Oiseau.

La membrane alaire laisse libres le pouce de la main (*dig'*) ; et le pied (*dig"*) ; le pouce est terminé par un fort crochet dont se sert la Chauve-souris pour grimper ; les doigts de la patte postérieure sont aplatis et terminés par des griffes recourbées à l'aide desquelles l'animal se suspend la tête en bas dans sa position de repos.

Le corps des Chauves-souris est couvert de poils, mais les ailes en sont dépourvues, ce qui justifie le nom qu'on leur a donné. Ces animaux sont organisés pour le vol ; quand ils veulent marcher sur le sol, leurs longues ailes les embarrassent et ils n'avancent qu'avec difficulté.

Chez certaines espèces, le nez et les oreilles sont fort allongés ; l'*Oreillard*, par exemple, qui habite la France, a des oreilles d'une dimension considérable ; le sens de l'odorat et celui de l'ouïe sont bien développés, mais le sens du toucher l'emporte encore sur les autres par son extrême finesse ; il semble résider dans les membranes des ailes et permet à l'animal auquel on a recouvert les yeux de se guider parfaitement dans une chambre tendue de fils ou de branches.

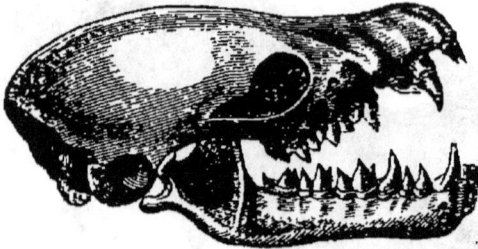

Fig. 110. — Crâne de Chauve-souris.

Les Chauves-souris possèdent le râtelier des Insectivorés (fig. 110) ; leurs petites incisives suivies de canines longues et acérées, leurs molaires à bords tranchants appartiennent bien à des animaux carnassiers et, en effet, elles se nourrissent pour la plupart d'Insectes. Celles de nos pays sont les précieux auxiliaires de l'agriculture, et le soir, lorsqu'elles se hasardent hors des cavernes ou des trous qu'elles habitent, c'est pour faire une guerre d'extermination aux ennemis de nos récoltes, aux Hannetons, aux Teignes, aux Pyrales, etc. Elles les détruisent en grand nombre et, pour se faire une idée de l'énorme quantité d'Insectes dont elles font leur nourriture, il suffit d'aller visiter les immenses cavernes où des milliers de Chauves-souris ont établi leur quartier général; le sol y est recouvert d'une couche parfois fort épaisse d'excréments, et ces excréments ne sont composés que de débris d'Insectes ; ces dépôts sont bien connus sous le nom de *guano de Chauves-souris* et dans certains pays on les exploite comme engrais.

Rien de moins fondé, d'ailleurs, que la triste réputation qu'on leur a faite ; nous n'avons rien à leur reprocher et nous leur devons au contraire beaucoup pour les services signalés qu'elles nous rendent.

Fig. 111. — Vampire.

Les Chauves-souris sont répandues partout, mais c'est dans les contrés chaudes qu'elles sont surtout très nombreuses ; dans certaines régions de l'Espagne et de l'Italie, on les voit surgir tous les soirs de tous les coins obscurs, de toutes les fentes, de tous les rochers et sillonner les airs par milliers.

Celles de nos pays sont de petite taille, mais les *Roussettes* et les *Vampires* (fig. 111) qui habitent l'Amérique, sont beaucoup plus grandes.

Les Chauves-souris des pays chauds, trouvant toute l'année des Insectes et des fruits, ont une vie toujours active ; chez nous, à l'approche de l'hiver, les Insectes disparaissent et les Chauves-souris ont dû adopter un genre de vie spécial approprié à cette circonstance ; elles se réunissent en grand nombre dans certaines grottes, se suspendent par les pieds à toutes les saillies qu'elles rencontrent et s'endorment paisiblement pour ne s'éveiller qu'avec les beaux jours du printemps.

Ordre des Insectivores.

Les Insectivores (*Taupe, Hérisson, Musaraigne*). — Les *Insectivores* sont généralement des animaux de petite taille ; presque tous sont peu intelligents, moroses, craintifs, solitaires ; ils vivent dans des endroits cachés et ne sortent que la nuit avec mille précautions ; la *Taupe* en est le type le plus commun et le plus connu ; le *Hérisson* et la *Musaraigne* ne sont pas non plus bien rares.

Les mâchoires du Hérisson (fig. 112) par exemple, sont armées de trois sortes de dents : les incisives sont assez grandes ; les canines s'en distinguent difficilement et les molaires, au lieu d'être plates, ont la couronne terminée par des tubercules coniques et pointus. Cette dentition est adaptée au genre d'alimentation ; on peut dire, en effet, de la plupart des Mammifères : « *Montre-moi tes dents et je te dirai ce que tu manges* ». Les molaires pointues des Taupes, des Hérissons et des Musaraignes sont éminemment propres à percer, à trouer et à déchirer la carapace des Insectes dont il font leur nourriture.

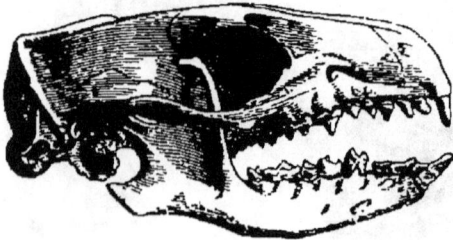

Fig. 112. — Crâne de Hérisson.

Leur tête est généralement terminée par un museau allongé, témoin celui de la Taupe. Les yeux sont toujours fort petits ; chez la Taupe de nos pays, ils sont même enfouis complètement sous les poils qui recouvrent la peau et, chez une espèce, ils sont recouverts par une fine membrane ; de quelle utilité lui serait d'ailleurs une vue perçante dans les galeries souterraines qu'elle se creuse et dans lesquelles ne pénètre jamais la lumière ? Mais, par contre, ces animaux ont l'odorat très subtil, pour flairer leurs proies, et une ouïe très fine, qui les met en garde contre l'approche de leurs ennemis.

Presque tous se rencontrent dans les régions tempérées du globe ; quelques-uns cependant habitent les contrées chaudes. A l'approche de l'hiver, dans les climats froids comme le nôtre, les Insectes dont ces animaux font leur nourriture disparaissent après une vie éphémère et les Insectivores, se trouvant sans nourriture, seraient exposés à mourir de faim ; mais, comme les Chauves-souris, ils s'engourdissent dans quelque trou bien garni de feuilles pour s'éveiller seulement au printemps ; on dit qu'ils hibernent. Ceux qui se cachent dans la terre ou qui habitent les contrées plus chaudes n'ont rien à craindre des froids de l'hiver et ne manquent jamais de nourriture ; aussi conservent-ils toujours leur activité.

Les Insectivores, en raison même de leur genre d'alimentation, nous débarrassent de bon nombre d'Insectes nuisibles et sont à ce titre de précieux auxiliaires pour l'agriculture. Malheu-

Fig. 113 — Taupe.

reusement leur réputation est mauvaise et les habitants des campagnes persistent à leur faire une guerre aussi acharnée que peu méritée.

La *Taupe* (fig. 113) a le corps presque cylindrique et la tête effilée en un museau pointu qui se termine par les narines ; cette espèce de groin est à la fois un appareil perforant et un organe de tact de beaucoup de finesse. La peau est couverte d'un poil serré, soyeux, fin, qui constitue une chaude fourrure. Leurs pattes sont fort courtes et les antérieures, placées latéralement de chaque côté de la tête, ont leurs extrémités aplaties en forme de palettes, pour écarter la terre dans les galeries qu'elles se creusent. Ces galeries (fig. 114 et 115) sont très compliquées ; les unes, celles de chasse, courent sous le gazon et sont pour ainsi dire jalonnées de place en place par les *tau-*

pinières ou amas de terre constitués par les déblais que l'animal a dû enlever pour se frayer un chemin ; les autres lui servent de lieu de repos ou d'asile pour ses petits ; elles sont

Fig. 114. — Galeries de la Taupe vues de dessus.

Fig. 115. — Galeries de la Taupe vues de côté.

mieux cachées et la Taupe habite en général la chambre centrale ou donjon, sous une taupinière plus élevée que les autres; ce donjon communique avec de nombreuses galeries dans les-

Fig. 116. — Hérisson.

quelles se réfugie l'animal à l'approche d'un ennemi. Ces voies souterraines que se creuse la Taupe ont bien quelques inconvénients pour le cultivateur ou pour le jardinier, mais ces inconvénients sont compensés largement par la destruction de nombreuses larves de Hannetons et d'une multitude d'Insectes nuisibles.

Le *Hérisson* (fig. 116) est plus grand que la Taupe ; il doit
son nom aux nombreux piquants dont sa peau est hérissée et
qui sont pour lui une arme défensive. Le jour, il reste caché
dans quelque trou ; mais la nuit il se hasarde au dehors ; vient-
il à entendre le plus léger bruit, vite il se roule sur lui-même,
la tête entre les jambes de derrière, et devient une boule toute
hérissée de piquants dans laquelle les Chiens ne peuvent
mordre sans se déchirer horriblement la gueule. Le Hérisson
nous débarrasse d'une quantité considérable de Vipères ; il
peut se livrer impunément à cette chasse, car les morsures de
la Vipère ne l'incommodent nullement. Pline rapporte que les
Romains se servaient de sa peau armée de piquants pour car-
der la laine.

Les *Musaraignes* (de *mus*, souris, *araneus*, des sables) sont
de très petits animaux de couleur grisâtre et dont le museau
est allongé en trompe, ce qui les distingue des Souris. La *Musaraigne étrusque* n'a pas plus de quatre centimètres de longueur ; c'est le plus petit des Mammifères.

Ordre des Rongeurs.

Les Rongeurs (*Lapin, Lièvre, Rat, Castor*). — Les *Rongeurs*
sont des Mammifères de petite taille, bien faciles à reconnaître
par leurs dents. Ils ne pos-
sèdent en effet que deux
incisives (fig. 117) à la mâchoire supérieure et deux
à la mâchoire inférieure ;
en frottant les unes contre
les autres, elles se taillent
en biseau et s'usent réciproquement ; mais elles
ont la propriété de pousser

Fig. 117. — Crâne d'Écureuil.

indéfiniment par la base aussi rapidement qu'elles se détruisent par le sommet ; grâce à cette particularité, elles ont à
peu près toujours la même longueur. Leurs mâchoires possèdent des molaires, mais sont dépourvues de canines, de

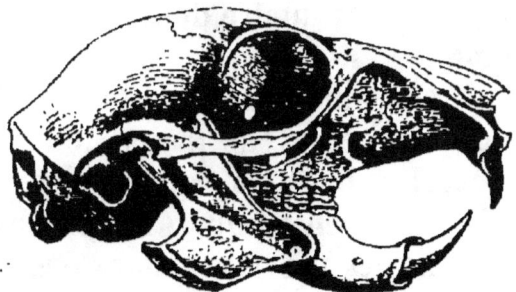

telle sorte que les incisives sont séparées des molaires par un large espace nommé *barre*.

Les membres sont variables suivant les espèces ; ils sont disposés pour courir chez le *Lièvre*, pour sauter chez la *Gerboise* et pour grimper chez l'*Écureuil*. Les pattes antérieures ont gé-

Fig. 118. — Écureuil.

néralement quatre doigts, tandis que les postérieures en ont cinq.

Leur nourriture presque exclusivement végétale, se compose de racines, de fruits, de feuilles, de tubercules ou même d'écorces d'arbres ; quelques-uns comme les Rats, sont omnivores. Il en est qui, à l'approche de la mauvaise saison, accumulent des provisions dans des chambres souterraines.

Répandus sur toute la surface de la terre, mais tout particulièrement dans l'Amérique du Nord, les Rongeurs sont fréquemment un vrai fléau pour les champs et les jardins qu'ils dévastent à plaisir ; heureusement ils ne manquent pas d'ennemis qui leur font une chasse de tous les instants et qui les empêchent de devenir trop nombreux.

Les principaux représentants de cet ordre sont l'*Écureuil*, la *Marmotte*, le *Loir*, le *Rat*, le *Campagnol*, le *Porc-épic*, le *Cobaye*, le *Lièvre*, le *Lapin*, la *Gerboise* et le *Castor*.

L'*Écureuil* (fig. 118), dont le nom vient du grec et signifie : « *celui qui s'ombrage avec sa queue* », est un petit animal vif, éveillé et des plus gracieux, avec son beau pelage roux et sa longue queue élégamment retroussée sur le dos. Il aime le silence des forêts et des taillis ; continuellement en mouvement, il court, saute d'arbre en arbre, descend, remonte en

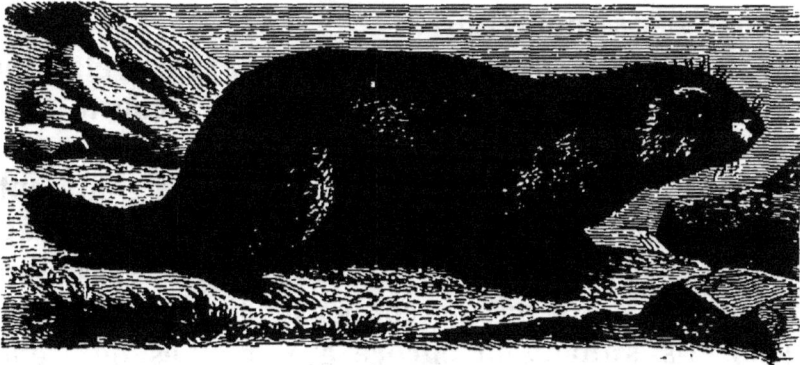

Fig. 119. — Marmotte.

grimpant et fait parfois des bonds prodigieux : il est le véritable Singe de nos forêts. Veut-il manger, il s'assied sur son derrière et se sert de ses pattes de devant comme de mains pour porter à sa bouche les noisettes, les graines, les jeunes pousses des arbres dont il fait sa nourriture habituelle, et quand les noisettes abondent, il en amasse des provisions qu'il cache pour l'hiver dans le creux des troncs d'arbres ou dans des trous habilement dissimulés sous les buissons et sous les pierres.

La *Marmotte* (fig. 119) a le corps bien plus lourd, les membres moins longs et la queue beaucoup plus courte ; ses lèvres séparées laissent voir les incisives. Elle n'habite guère que les hautes cimes des Alpes et des Pyrénées ; elle s'y creuse en terre des trous, petits pour l'été, profonds et étendus au contraire pour la saison froide, et quand l'hiver ne lui permet plus de sortir, elle se blottit dans sa retraite et s'endort pour six, sept et même huit mois. La Marmotte peut s'apprivoiser ét apprendre quelques tours ; elle est d'une grande ressource pour les habitants des hautes montagnes, qui mangent sa chair et se servent de sa graisse fondue en guise de beurre ; elle est, comme on l'a dit avec raison, « *le Lapin des montagnes froides et élevées* ».

Le *Loir*, dont les Romains estimaient beaucoup la chair, rappelle l'Écureuil par la forme de son corps, par sa vivacité et sa gentillesse. Il se tient caché pendant le jour dans le creux des arbres ou dans les crevasses des rochers, et ne sort que la nuit pour chercher sa nourriture.

Les *Campagnols*, qui habitent l'Europe, l'Asie et l'Amérique septentrionale, ont une queue velue et très courte ; le pelage est gris jaunâtre en dessus et blanc sale en dessous ; la tête est grosse et le museau peu allongé. Ils pullulent dans certains pays et causent un préjudice considérable à l'agriculture, soit par les galeries souterraines qu'ils se creusent, soit par l'habitude qu'ils ont de couper les tiges de blé pour ronger l'épi. Ils s'attaquent encore aux racines de trèfle, aux pommes de terre, aux carottes, etc. Aussi l'homme leur fait-il une guerre acharnée. Dans le seul canton de Saverne, on détruisit, en 1822, plus d'un million cinq cent mille Campagnols.

Les *Rats* ne sont que trop connus ; partout où l'Homme habite, on est sûr de les rencontrer ; ils ne lui sont si attachés que parce qu'ils se nourrissent à ses dépens ; ce sont les voleurs domestiques les plus odieux ; tout leur est bon. On en connaît ordinairement deux formes : les Rats proprement dits et les Souris.

Leur couleur est assez uniforme et généralement d'un brun noirâtre ; leur queue est écailleuse ; mais la Souris est plus petite, mieux proportionnée et plus gracieuse que le Rat. L'homme leur fait une guerre de tous les jours ; dans toutes les maisons un ou plusieurs chats sont préposés à la destruction de ces animaux. Heureusement les Rats ont l'habitude de se dévorer les uns les autres ; le *Rat surmulot* ou *Rat gris* ou encore *Rat d'égout* fait la guerre au *Rat noir*, et le *Rat nègre* attaque lui même le *Surmulot*. Le *Mulot* habite généralement les champs. Quant aux *Souris* elles abondent dans les maisons et dans les campagnes ; il leur faut bien peu pour leur nourriture ; mais elles sont si nombreuses ! Elles rongent tout, les livres, les étoffes, les sacs, etc., etc.

Le *Porc-épic* se reconnaît à l'armure de longs piquants acérés qui constitue son unique moyen de défense.

Le *Cobaye* n'est rien autre chose que le cochon d'Inde.

Fig. 120. — Lièvre.

La *Gerboise* est remarquable par le développement inusité des pattes postérieures.

Le *Lièvre* (fig. 120) et le *Lapin* sont connus de tout le monde ; le premier est un gibier estimé ; le second est nourri partout pour sa chair. Leurs membres sont disposés pour la course ; le museau est orné d'une paire de moustaches et les oreilles sont très longues. Ils possèdent en arrière des deux incisives de la mâchoire supérieure deux incisives plus petites. Ce sont des êtres timides, craintifs, chassés aussi bien par les animaux que par l'homme.

Enfin les *Castors* (fig. 121) ont le corps lourd et vigoureux, le dos bombé, une queue puissante, ovale, aplatie et écailleuse ; les jambes sont courtes et terminées par cinq doigts ; ceux des

pattes de derrière sont réunis par une membrane comme
celle de l'Oie pour constituer une sorte de rame; aussi les Castors, qui sont des animaux aquatiques nagent-ils très bien en
se servant de ces pattes postérieures comme de rames et de
leur queue en guise de gouvernail. Ils habitent les régions
bien pourvues de lacs et de cours d'eau surtout dans l'Amérique du Nord. Autrefois assez nombreux en France, ils y sont
devenus extrêmement rares.

Dans l'Amérique septentrionale on en rencontre des troupes

Fig. 121. — Castor.

nombreuses sur le bord des lacs et des cours d'eau. Ils se
construisent des sortes de cabanes sur l'eau ; elles sont établies
sur pilotis et comprennent parfois plusieurs étages ; ces cabanes ont des murailles épaisses et parfaitement imperméables ;
quand le niveau de l'eau est sujet à des dérangements ils construisent une digue et tranforment ainsi une partie du cours
d'un ruisseau en une sorte d'étang. Rien de plus curieux que
les mœurs de ces animaux, rien de plus ingénieux que la
construction de leurs demeures ; il ne nous est malheureusement pas possible de nous étendre sur ce sujet.

La fourrure du Castor est très estimée; les poils séparés
de la peau sont utilisés pour la fabrication du feutre.

RÉSUMÉ

Les *Mammifères onguiculés* ont les doigts armés d'ongles ou de griffes ne les recouvrant pas entièrement.

L'ordre des Cheiroptères ou Chauves-souris se reconnaît à la présence d'ailes formées par un prolongement latéral de la peau recouvrant les bras et les doigts très allongés et se continuant jusqu'à la partie postérieure du corps. — Les Chauves-souris ont le râtelier des Insectivores. — Les *Chauves-souris* de nos pays, les *Roussettes* et les *Vampires* sont les principaux représentants de cet ordre.

L'ordre des Insectivores comprend des animaux de petite taille, timides, nocturnes ou souterrains, tels que la *Taupe*, le *Hérisson*, la *Musaraigne*.

L'ordre des Rongeurs est constitué par des animaux dépourvus de canines et possédant à chaque mâchoire deux incisives taillées en biseau. — Cet ordre comprend l'*Écureuil*, la *Marmotte*, le *Loir*, le *Rat*, le *Campagnol*, le *Porc-épic*, le *Cobaye*, le *Lièvre*, le *Lapin*, la *Gerboise* et le *Castor*.

———

CHAPITRE XV

Mammifères onguiculés (fin)

Ordre des Carnivores

Les Carnivores (Chat, Lion, Chien, Ours, etc.). — Cet ordre comprend les animaux terrestres les plus redoutables. Se nourrissant habituellement de la chair des autres animaux, ils possèdent une dentition spéciale adaptée à ce genre d'alimentation (fig. 122).

Fig. 122. — Crâne de Chat.

Leurs incisives au nombre de six à chaque mâchoire servent à couper les chairs; leurs canines sont des poignards acérés qui déchirent et les molaires ont une couronne franchement tranchante. L'une des molaires est ordinairement beaucoup plus grande que les autres et porte le nom de *dent carnassière*. Ceux de ces animaux qui se nourrissent exclusivement de chair ont les dents les plus tranchantes et les mâchoires les plus courtes (ce qui en augmente la force). De plus la mâchoire inférieure est articulée de façon à ne pouvoir aller ni à droite ni à gauche ; les dents tranchantes dont elle est armée viennent glisser contre celles de la mâchoire supérieure absolument comme le font les deux branches d'une paire de ciseaux. Enfin les muscles qui la font mouvoir sont très puissants, ce qui donne à la face une grande largeur.

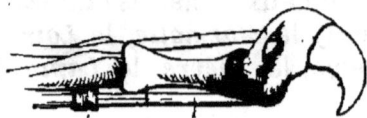

Fig. 123. — Griffe de Chat.

La faible longueur du tube digestif est encore une conséquence du genre d'alimentation ; celui du Lion n'a guère que trois fois la longueur du corps (vingt-huit fois chez le Mouton qui est herbivore).

Le pelage des Carnivores est souvent d'une grande beauté et nous fournit des fourrures précieuses.

Leurs membres sont terminés par quatre ou cinq doigts armés de griffes acérées. Les uns, comme le Chien, le Chat, le Lion, marchent en n'appuyant sur le sol que l'extrémité des doigts : ce sont les *digitigrades* ; les autres, comme l'Ours, appuient sur le sol toute la surface inférieure du pied ; on les appelle *plantigrades*.

L'ordre des Carnivores comprend six familles principales ; les animaux des cinq premières familles sont digitigrades (le Blaireau excepté) ; la dernière ne contient que des Carnivores plantigrades.

1° *Les Félins* (de *felis*, chat) ou Carnivores de la famille des *Chats*, sont les animaux les plus forts et les plus redoutables ; tous ont des griffes recourbées, fortes et pointues qui leur servent à saisir leurs proies (fig. 123) ; mais pour ne pas en user inutilement la pointe, ils ont la faculté de recourber cette griffe entre les doigts : ils font patte de velours ; c'est alors une arme gardée au fourreau. Leur langue est hérissée de papilles pointues et cornées qui lui donnent l'apparence d'une râpe.

Le Chat qui est le type de la famille se rencontre partout; bien que vivant à côté de l'Homme, il conserve une entière indépendance et ne présente jamais la fidélité et l'attachement du Chien.

Le Lion (fig. 124) devient très rare; il n'habite plus aujour-

Fig. 124. — Lion.

d'hui que l'Afrique et les contrées occidentales de l'Asie jusqu'à l'Inde. Le Lion ne se nourrit que de proie vivante, mais n'attaque cependant l'Homme que s'il est affamé. Dans les pays qu'il habite, les troupeaux et les animaux domestiques ont tout à craindre de lui, et les colons algériens estiment à 20,000 francs par an le dommage que leur cause un seul Lion, aussi lui fait-on continuellement la chasse. Sa démarche lente et fière, sa grande force, ses allures majestueuses lui ont valu le titre de Roi des animaux.

Le Tigre (fig. 125) a le corps plus allongé; son pelage est toujours zébré de bandes transversales; il est plus svelte et plus souple que le Lion; il est aussi beaucoup plus féroce et dévore tous les ans de nombreux Hindous dans les jungles où il aime à s'embusquer. On ne le rencontre qu'en Asie.

De grands Félins dont le pelage est semé de taches rondes possèdent la faculté de pouvoir grimper sur les arbres; ils s'y blottissent et, dissimulés par le feuillage, attendent le passage d'une proie. Tels sont le *Jaguar*, la *Panthère*, le *Léopard*, l'*Once* et le *Chat des Pampas*.

2° *La famille des Hyènes*, qui constitue le passage entre les Félins et les Chiens, comprend des Carnivores digiti-

Fig. 125. — Tigre.

grades à ongles propres à fouir la terre et non rétractiles. Leur allure bizarre et leur démarche incertaine tiennent à la faible longueur des pattes postérieures. Les *Hyènes* habitent généralement les cavernes et ne sortent que la nuit pour chercher leur nourriture qui consiste en viandes putréfiées. Elles vont, pour s'en procurer, jusqu'à déterrer les morts dans les cimetières.

3° *La famille des Chiens* (fig. 126), comprenant les Chiens, les Loups, les Renards et les Chacals, s'éloigne déjà un peu plus que la précédente de celle des Félins. Le nombre des doigts est le même que chez ces derniers : cinq aux pattes antérieures et quatre aux postérieures ; mais les ongles ne sont jamais rétractiles. La langue est douce, au contraire de celle des Chats. Ils vivent en société, ne peuvent grimper et atteignent leur proie à la course ; cette chasse leur est facilitée par des sens d'une exquise finesse, surtout celui de l'odorat. Ce sont les plus intelligents des Carnivores.

Fig. 126. — Chien.

Outre les Chiens domestiques, il existe encore des Chiens sauvages. Ces derniers hurlent, mais ils n'aboient jamais ; le *Colsun*, qui habite les montagnes du Dekhan, le *Buansu*, que l'on rencontre aux environs de l'Himalaya, le *Chien rutilant* de Java et le *Dingo* d'Australie, sont les principaux Chiens sauvages.

Les Chiens domestiques appartiennent à des races aussi nombreuses que variées, dont les représentants ne diffèrent pas seulement par la taille ou le pelage, mais encore par des caractères plus importants.

Aucun autre genre de Carnivores ne présente une aussi grande diversité dans le pelage ; les trois couleurs dominantes sont le blanc, le noir et le roux. Si la coloration est variée, les taches ne sont presque jamais distribuées avec ordre, mais au contraire disséminées au hasard, de telle façon que le côté gauche du corps ne présente pas la même répartition des couleurs que le côté droit; nous retrouverons ce caractère chez le Bœuf, qui est un Ruminant domestique ; les animaux sauvages ont toujours, lorsque leur pelage est tacheté, les deux côtés du corps tout à fait semblables. L'irrégularité que nous venons de constater est donc particulière aux animaux domestiques.

La taille des Chiens est aussi des plus variables; les plus petits n'atteignent pas la grosseur de la tête du plus gros.

Les Chiens sont très sujets à un grand nombre de maladies; on peut être assuré qu'ils sont en bonne santé quand ils ont le museau froid et humide. De toutes les affections qui les frappent, la *rage*, improprement nommée *hydrophobie*, est la plus terrible ; elle se déclare surtout chez les Chiens adultes soit pendant les plus grandes chaleurs de l'été, soit pendant les plus grands froids de l'hiver.

Le Chien domestique se rencontre partout avec l'Homme dont il est le fidèle compagnon depuis les temps les plus reculés. Les nombreux traits de ressemblance qu'il possède avec le Loup ont conduit beaucoup de naturalistes à admettre que le Chien domestique résulte de la domestication et du croisement de diverses espèces de Loups.

Le nombre des races de Chiens est tellement considérable que nous ne pouvons citer ici que les plus importantes.

Le *Lévrier* a une taille élancée, le ventre rentré, les jambes hautes et fines. La tête possède un museau effilé; la queue, longue et très grêle, est faiblement courbée.

Le *Mâtin* est plus grand et plus trapu ; son odorat est médiocre; mais sa docilité en fait un excellent gardien pour les habitations.

Le *Chien danois* ou Chien tigré est une sorte de Lévrier plus robuste et aux formes plus massives ; son museau rose et sa robe blanche ou grise, mouchetée de taches noires, le font reconnaître facilement : c'est le compagnon fidèle des chevaux anglais.

Le *Dogue ou Molosse* a le corps trapu, la poitrine large, la tête ronde, le front bombé et le museau très court. Sa grande force, son courage, qui n'a d'égale que sa résolution, en font un auxiliaire précieux pour la chasse des bêtes féroces et un gardien incorruptible pour nos habitations.

Le *Bouledogue* se distingue facilement du précédent à ses oreilles courtes et dressées et au creux qui sépare les deux yeux.

Le *Chien du Saint-Bernard* est un grand Chien aux formes robustes comme le Danois, dont il diffère d'ailleurs par son pelage jaune ocreux et très fourni. Tout le monde connaît la sagacité avec laquelle il va, un panier rempli de provisions suspendu au cou, secourir les voyageurs égarés dans les neiges.

Les *Chiens de chasse* ont toujours les oreilles longues et pendantes. Leur odorat très subtil en fait des chasseurs d'instinct qui suivent la piste admirablement et peuvent la relever quand elle a déjà plusieurs heures. Les plus importants sont le *Basset* aux jambes courtes et torses, le *Chien couchant* ou *Chien d'arrêt*, à la taille robuste, au museau long et épais avec un nez souvent fendu, le *Braque* au museau carré et aux yeux petits ; son poil ras est ordinairement moucheté de taches brunes. Le *Chien courant* doit avoir les oreilles minces, larges et tombantes, le jarret droit, les pieds petits, les ongles gros et courts ; il doit avoir en général le train de derrière plus haut que celui de devant. L'*Épagneul*, remarquable par la longueur de ses oreilles, a toujours le poil assez long. Les plus petits Épagneuls sont simplement des Chiens d'agrément. Le *Chien de Terre-Neuve* est le géant du groupe. C'est un grand et bel animal au poil long, serré et presque soyeux qui porte sa queue droite comme les Loups. C'est l'un des Chiens les plus fidèles et les plus intelligents.

Le *Caniche* est un Chien de taille moyenne, au corps gros

et court, à la tête ronde, aux poils longs, abondants et frisés. Il est complètement blanc ou bien encore tout noir avec une tache blanche au front.

Le *Chien de berger* a une taille moyenne et un poil grossier disposé par mèches sur tout le corps, excepté à la tête et sur les pattes. Il possède une aptitude toute spéciale pour la garde des troupeaux.

Le *Loup* (fig. 127) a ordinairement la taille d'un grand

Fig. 127. — Loup.

chien. Il a la queue droite, les oreilles dressées et un pelage fauve. Le Loup est très fort et très agile, mais heureusement il est quelque peu lâche et ne devient redoutable que s'il est affamé ; il attaque alors non seulement les Moutons et les Chèvres, mais l'Homme lui-même. On le rencontre surtout abondamment dans le nord de l'Europe.

Le *Chacal* est le Loup de l'Afrique. Sa voracité est telle qu'il va la nuit, comme l'Hyène, déterrer les cadavres dans les cimetières.

Le *Renard* (fig. 128) se reconnaît bien facilement à son museau effilé, à sa queue très touffue et à l'odeur désagréable qu'il exhale. Il habite un terrier qu'il se creuse à la lisière des bois ; les ruses qu'il emploie pour se faufiler dans les basses-cours lui ont valu une grande réputation de finesse. Le *Renard bleu ou Isatis*, dont la fourrure est très estimée, habite la Sibérie et le nord de l'Europe ; malgré le nom qu'il porte il est blanc ou bleu de glace en hiver et couleur de terre pendant l'été.

4° *La famille des Civettes* comprend des Carnivores de petite taille, à corps allongé, à jambes courtes et à museau pointu ;

Fig. 128. — Renard.

ils ont cinq doigts à chaque patte et leurs ongles sont presque toujours rétractiles ; une glande qu'ils ont à la partie postérieure du corps secrète un liquide à odeur forte et souvent désagréable. Les *Civettes* habitent l'Afrique et l'Inde. Le parfum qu'elles fournissent leur a donné une grande célébrité. On connaît en outre dans cette famille les *Genettes* et les *Mangoustes*.

5° *La famille des Belettes* comprenant la *Martre*, la *Loutre*, la *Belette*, le *Vison*, l'*Hermine* et le *Blaireau* nous fournit les fourrures les plus estimées. La *Loutre* habite le bord des rivières et se nourrit de Poissons ; ses pieds palmés lui permettent de nager facilement. La *Martre* (fig. 129) vit en Europe et en Amérique, la *Zibeline* en Sibérie et la *Fouine* dans toute l'Europe et en Asie ; cette dernière ne fait que des visites trop fr—

quentes à nos animaux de basse-cour. La *Belette*, qui fait la chasse aux Taupes et le *Putois*, qui dévaste nos poulaillers, sont fréquents en France. L'*Hermine*, dont la fourrure est en hiver d'un blanc éclatant avec le bout de la queue noir, habite, comme la Zibeline, les régions les plus septentrionales du globe. Enfin le *Blaireau*, qui est plantigrade, présente à peu près la taille d'un Renard. Tout son corps est couvert de poils longs et raides ; ils sont jaunâtres à la racine, noirs au milieu

Fig 129. — Martre.

et d'un gris blanchâtre au bout ; on en fait des brosses et des pinceaux.

6° La *famille des Ours* comprend des Carnivores nettement plantigrades, ce qui leur permet de se tenir debout sur leurs pattes de derrière. Ils ont à chaque pied cinq doigts armés d'ongles puissants. Les Ours grimpent facilement et peuvent fouiller le sol. Ils ont le corps lourd, la queue très courte et le poil touffu. On peut les apprivoiser et leur apprendre un certain nombre de tours. Ils n'habitent guère que les contrées froides ou les hautes montagnes des régions tempérées.

L'*Ours brun* (fig. 130) possède encore quelques représentants dans les Alpes et dans les Pyrénées ; il tend à disparaître ; sa longueur est de 1m,60 environ ; son régime est surtout végétal, mais il a une prédilection marquée pour les Fourmis et le miel. Quand les fruits viennent à manquer à l'époque des grands froids, il s'attaque aux Moutons, mais respecte l'Homme tant que celui-ci ne l'a pas provoqué.

L'*Ours blanc* qui habite les régions glaciales atteint fréquemment une longueur de 2ᵐ,50. Sa force est proportionnée à sa taille ; il poursuit dans l'eau les Morses et les Phoques et, quand l'occasion s'en présente, ne craint pas d'attaquer les pêcheurs.

Fig. 130. — Ours brun.

L'*Ours noir* et l'*Ours gris* sont particuliers à l'Amérique ; le premier est doux ; il se contente habituellement d'une nourriture végétale ; mais le second est d'une grande férocité. Les jambons d'Ours que nous expédie l'Amérique sont des jambons d'Ours noir.

Les Amphibies (Phoques, Morses, Otaries). — Nous avons déjà vu que certains Carnassiers (Loutres) habitent presque constamment les eaux et présentent des doigts palmés qui leur permettent de nager. Les *Amphibies* ne sont pas autre chose que des Carnassiers complètement adaptés à cette vie aquatique. Les *Phoques* (fig. 131) ont le crâne et la dentition des Carnassiers ; mais leur corps est allongé comme celui des Poissons et leurs pattes courtes, rejetées les antérieures de chaque côté et les postérieures en arrière, sont aplaties et deviennent de véritables nageoires. On ne les rencontre que dans les mers froides des deux hémisphères. Ils sont l'objet d'une chasse effrénée, car leur graisse, leur peau, leur chair et leurs dents sont très recherchées. Les *Otaries*, reconnaissables à

Fig. 131. — Phoque.

leurs pavillons bien développés, et les *Morses*, pourvus de canines supérieures très longues, sont encore des Amphibies habitant les mêmes parages que le Phoque.

RÉSUMÉ

L'ordre des Carnivores est caractérisé par un râtelier puissant dont les molaires sont tranchantes et les canines longues et pointues. Cet ordre comprend plusieurs familles :

(*a*) Carnivores digitigrades.

1° *Félins* (langue rugueuse, ongles-rétractiles) : *Chat, Lion, Tigre, Jaguar, Panthère, Léopard, Once, Chat des pampas.*

2° *Hyènes* : *Hyènes.*

3° *Chiens* : *Chiens sauvages, Chiens domestiques, Loup, Chacal, Renard.*

4° *Civettes* : *Civettes, Genettes, Mangoustes.*

5° *Belettes* : *Belette, Martre, Loutre, Vison, Hermine, Blaireau* (plantigrade).

(*b*) Carnivores plantigrades.

6° Famille des *Ours : Ours brun, Ours blanc, Ours noir* et *Ours gris.*

L'ordre des Amphibies comprend des animaux carnivores aquatiques à pattes transformées en rames.

AMPHIBIES	Canines de longueur moyenne.	Oreille sans pavillon apparent....	Phoque.
		Oreille avec pavillon apparent....	Otarie.
	Canines supérieures très longues...........................		Morse.

Le tableau suivant résume les caractères distinctifs des Mammifères onguiculés.

ONGUICULÉS (ongles)	Pourvus de mains	2 mains............................				Bimanes.
		4 mains............................				Singes.
	Dépourvus de mains.		Membrane aliforme.......			Chauves-souris
		Membres disposés pour la locomotion aérienne ou terrestre.	pas d'ailes	2 sortes de dents.		Rongeurs.
				3 sortes de dents.	molaires pointues.	Insectivores.
					molaires tranchantes.	Carnivores.
	Membres disposés pour la locomotion aquatique					Amphibies.

CHAPITRE XVI

Mammifères ongulés

Ordre des Ruminants

Les Ruminants (Bœuf, Mouton, Chèvre, Cerf, Girafe, Chameau). — L'ordre des *Ruminants* comprend un grand nombre d'animaux de taille assez grande; quelques-uns ont été domestiqués par l'Homme et lui rendent des services signalés.

Le pied. — Considérons un *Bœuf*, par exemple, et le premier examen nous montrera dans le pied un caractère important (fig. 132); ce pied repose sur le sol par deux doigts; en arrière il en existe encore deux autres, mais qui sont très réduits et ne viennent pas jusqu'à terre. Les deux doigts véritables sont terminés chacun par un *sabot*, c'est-à-dire par un ongle qui les enveloppe complètement; le pied des Ruminants a donc toujours deux doigts et par conséquent *deux sabots*. Les deux os métacarpiens qui supportent ces doigts sont soudés l'un à l'autre et forment un os long nommé *canon*.

Cornes, bois. — Le Bœuf, que nous avons choisi pour type des Ruminants, porte au sommet de la tête deux éminences dures, allongées, pointues : ce sont les *cornes*. Elles s'accroissent pendant toute la vie et sont formées d'une substance analogue à celle qui constitue nos ongles. Il arrive parfois qu'un accident les fait tomber et on voit alors qu'elles sont creuses.

Tous les Ruminants ne possèdent pas des cornes analogues à celles du Bœuf et même la plupart des Moutons n'en possèdent pas. Les Cerfs, les Rennes portent des armes de cette nature, mais au lieu de les avoir courtes et cornées, ils les ont longues, ramifiées et dures comme de l'os. On leur a donné, à cause de leur forme ramifiée, le nom de *bois*. Ces bois ne sont pas soudés bien solidement aux os du crâne, et à certaines époques de la vie ils tombent tout naturellement pour être bientôt remplacés par d'autres plus grands et possédant plus de branches.

Fig. 132.
Pied de Bœuf.

Régime ; rumination. — Tous les Ruminants sont herbivores. Avec leurs lèvres épaisses et charnues, ils saisissent les plantes ou les feuilles d'arbres dont ils font leur nourriture ; leur mâchoire inférieure se meut constamment de droite à gauche et de gauche à droite pour broyer ces herbes. Ils n'ont pas d'incisives à la mâchoire supérieure ; leurs molaires ont leur couronne usée peu à peu par la mastication ; elles présentent alors des replis qui font saillie en forme de croissants et qui permettent encore de broyer plus facilement les aliments.

Quand le Bœuf a fini son repas, il se couche ; mais il ne se tient pas longtemps immobile. Il agite bientôt sa mâchoire inférieure et paraît manger de nouveau, bien qu'il ne prenne rien devant lui. Il mange en effet et les aliments qui sont soumis à cette lente mastication sont ceux-mêmes qu'il avait déjà

introduits dans son estomac et qu'il oblige à revenir peu à
peu dans la bouche. Cette deuxième mastication est appelée
rumination. Un mouvement soudain des flancs semblable à
celui que pourrait produire un hoquet se montre de temps en
temps, et à chacun de ces mouvements on pourrait voir courir sous la peau, le long du cou, une sorte de boule qui remonte jusque dans la bouche ; c'est une masse d'herbe qui
revient de l'estomac pour être triturée par les dents. Pelote
par pelote, le fourrage accumulé dans l'estomac revient passer
dans la bouche ; il y est broyé à point, mélangé à de la
salive, transformé en une sorte de liquide et avalé définitivement.

Estomac des Ruminants. — Une semblable manière de
manger exige évidemment
deux estomacs ou au moins
un estomac formé de deux
cavités pour éviter le mélange des aliments complètement triturés avec ceux
dont la mastication n'est
encore qu'ébauchée. Et, en
effet, l'estomac des Ruminants (fig. 133) se compose
de quatre poches ; les deux
premières constituent un
estomac provisoire dans
lequel s'agglomèrent les ali-

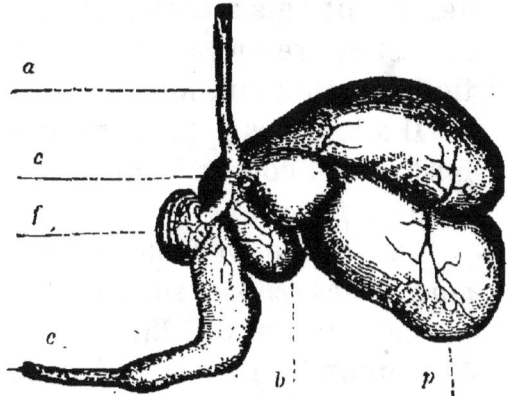

Fig. 133. — Estomac de Ruminant.
a, Œsophage ; — c, Cardia ; — b, Bonnet ;
p, Panse ; — f, Feuillet ; — e, Caillette.

ments insuffisamment triturés : ce sont la *panse* et le *bonnet* ;
les deux dernières poches, le *feuillet* et la *caillette*, ne reçoivent
que les aliments réduits en une pâte molle après la deuxième
mastication : elles représentent l'estomac véritable. Chez le
Bœuf, comme chez tous les Ruminants adultes, la panse est
la plus grande poche de l'estomac ; mais chez le veau, par
exemple, qui ne se nourrit que de lait, c'est la caillette qui a
la capacité la plus grande. De cette dernière poche les aliments
passent dans l'intestin.

En raison même de la nature de leur alimentation qui est

essentiellement végétale, les Ruminants doivent avoir un intestin très long conservant longtemps les substances digérées. En effet, c'est chez eux qu'il est le plus long. Chez le Mouton il atteint jusque vingt-huit fois la longueur du corps, tandis que chez les carnassiers, comme le Lion, il ne dépasse guère trois fois cette longueur totale.

Principaux Ruminants. — Tous les Ruminants sont des animaux craintifs et paisibles; ils vivent généralement en troupeaux, ils sont sociables; mais cependant leur intelligence est très bornée. C'est parmi les Ruminants que se trouvent les animaux les plus utiles à l'homme : le Bœuf, le Mouton, la Chèvre doivent être placés au premier rang pour les services qu'ils rendent.

Ruminants à cornes creuses. — Le Bœuf. — Au nombre des Ruminants à cornes creuses, il faut d'abord placer le *Bœuf* qui est le premier serviteur de l'Homme et dont la domestication remonte aux temps les plus reculés.

Il a le corps gros et trapu, ses membres sont courts et robustes, son cou est orné au-dessous d'un grand repli de peau nommé *fanon*.

La femelle du Bœuf porte le nom de *vache*; le petit est un *veau*, et les *génisses* sont de très jeunes vaches.

Les allures du Bœuf sont en général lentes et lourdes. Mais quand on l'excite, il bondit parfois avec violence et peut courir rapidement. Sa voix porte le nom de *mugissement*; elle a un accent terrible dans la colère; elle devient rauque par l'effet de la peur.

Bien que peu intelligents, les animaux de la *race bovine* (du bœuf) sont susceptibles d'une certaine éducation.

Ils se contentent pour leur nourriture d'une herbe plus grossière que celle qui convient aux chevaux; ils arrachent l'herbe plutôt qu'ils la coupent. Une vache adulte mange dans un jour dix à douze kilos de fourrage; elle l'avale d'ailleurs avec beaucoup plus d'appétit quand on a soin d'y ajouter un peu de sel.

Pendant sa vie, le Bœuf est un instrument de travail et une source de produits (laitage, engrais, etc.). Après sa mort, il fournit à l'alimentation une chair abondante et à l'industrie du cuir une peau solide et estimée.

Le Bœuf est exclusivement employé au tirage; il n'est pas disposé pour porter un bât ou un fardeau. Depuis l'antiquité la plus reculée, il est la principale machine agricole. En France même, sur trente hectares de terre, il y en a environ dix-huit labourés par les bœufs et douze seulement par les chevaux.

C'est généralement au moyen du joug et plus rarement du collier qu'on attèle le Bœuf. Le joug est une barre qui réunit deux bœufs et qui est fixée en avant de la tête à la base des cornes. Il a l'avantage de les contenir et de les obliger à la docilité; le collier leur donne plus de force et une allure plus rapide.

Le Bœuf considéré comme machine de culture a sur le Cheval les avantages suivants :

1° Il coûte moins cher d'achat, de nourriture, de harnais et de soins;

2° Il augmente de valeur en vieillissant (c'est l'inverse pour le Cheval);

3° En cas d'accident, il y a une perte moins grande, le Bœuf étant utilisé pour la consommation ;

4° Il est plus robuste et moins sujet aux maladies que le Cheval.

Lait. — Le lait est le principal produit des vaches. La quantité qu'elles en donnent varie avec les races et avec les pays : en France elles en produisent en moyenne douze à quinze litres par jour.

Quand on laisse le lait à lui-même, on voit au bout d'un certain temps se former à la surface une couche d'un blanc jaunâtre : c'est la *crème*; elle est composée d'un grand nombre de gouttelettes de graisse qui nageaient dans le liquide et qui par le repos viennent se rassembler à la surface. En battant la crème dans un instrument nommé baratte, on oblige toutes ces gouttelettes de la crème à se souder pour donner le *beurre* dont on connaît les usages.

Le lait ainsi écrémé tourne, c'est-à-dire se prend en masse

quand on y ajoute un peu d'un liquide acide ou d'une substance retirée de la caillette de veau et qui porte le nom de
présure. Avec ce *lait caillé*, on peut faire du fromage.

Enfin de ce caillé, quand on le presse pour en faire le
fromage, s'écoule un liquide sucré qui est le *petit lait*.

Le lait est l'aliment par excellence ; il est l'unique nourriture des petits enfants ; c'est à lui que recourent encore les
vieillards ou les convalescents pour rétablir leurs forces
épuisées.

Le Bœuf, qui rend de si grands services à l'homme pendant sa vie, ne lui est pas moins utile après sa mort. Sa chair
constitue pour nos tables une précieuse nourriture et sa peau
est utilisée par les tanneurs pour la préparation du cuir.
Notre pays n'en fournit pas assez pour son usage et nous
recevons des peaux de bœufs du Brésil et de la Russie.

Races de Bœufs. — Sous l'influence de la domestication,
le Bœuf s'est modifié en un certain nombre de races dont les
plus répandues chez nous sont les suivantes :

1° La *race de Salers*, originaire du Cantal, fournit d'excellents bœufs de labour et les vaches bien nourries peuvent
donner jusqu'à vingt litres de lait par jour ;

2° La *race bretonne* est ardente au travail, bien que de petite taille ; les vaches fournissent un lait excellent et très riche
en beurre ;

3° La *race normande* comprend des animaux de grande
taille très propres à la boucherie. On en cite, véritables bœufs
gras, qui ont atteint le poids de 1,900 kilos.

Les Moutons et les Chèvres. — *Les Moutons* paraissent
soumis à la domination de l'Homme depuis les temps les plus
reculés ; on ne sait d'ailleurs rien de précis sur leur origine.
Ils ont les cornes anguleuses (fig. 134) et généralement con-
tournées en spirale ; herbivores comme le Bœuf, ils se nourrissent des plantes les plus diverses, d'herbes sèches, de jeunes
arbrisseaux et même de l'écorce des arbres.

Le Mouton domestique est faible, timide, lent et dépourvu
d'intelligence ; il ne peut être agréable qu'à l'éleveur auquel il
promet une chair succulente et une riche toison. Il est crain-

tif et le Bélier le plus fort fuit devant le plus petit Chien ; il semble heureux quand une autre créature se charge de veiller sur lui. Il ne sait pas comme la Chèvre fuir devant le danger ou comme le Bœuf faire face à ses ennemis.

Le Mouton fournit à l'Homme sa laine, sa chair et sa peau. En choisissant pour produire des petits ceux de leurs Moutons qui présentent.les meilleurs caractères comme bêtes de boucherie, les agriculteurs anglais ont obtenu des races singulièrement modifiées donnant jusque 100 kilos de viande, tandis que notre Mouton ordinaire n'en donne guère que 25. La *laine* est constituée par les poils très longs du Mouton. C'est avec cette laine que l'homme se fabrique les vêtements les plus chauds. Aussi la laine est-elle plus utile que la soie et le coton.

Fig. 134. — Tête de Mouton.

La laine brute prise sur le dos du Mouton ne peut être utilisée ; elle est en effet enduite d'une sorte de graisse ou *suint* qui retient les poussières. Un lavage énergique opéré avant ou après la tonte enlève ces impuretés ; des eaux de lavage, on retire d'ailleurs une notable quantité de carbonate de potasse très utilisé dans l'industrie.

Les poils qui constituent la laine sont généralement crépus et la toison se détache tout d'une pièce sous les ciseaux de l'opérateur. La toison du Mouton se récolte chaque année. Les troupeaux français fournissent annuellement environ 90 millions de kilos de laine brute qui, après le dégraissage, se réduisent à environ 35 millions de kilos. Mais cette énorme quantité ne peut suffire à la consommation de nos usines et nous en importons encore tous les ans une quantité à peu près égale.

Le *Mouton mérinos* est celui dont la laine a le plus de prix ; les cornes sont longues, volumineuses et forment une spire de deux tours au moins ; la toison, qui est très grande, recouvre le front, les joues et les membres. Cette race, importée d'Espagne, est principalement élevée pour la laine, car la chair a un goût de suint très désagréable.

Les *Mouflons*, qui vivent dans les montagnes de l'Amérique du Nord et dont une espèce habite la Corse, sont probablement la souche d'où descendent nos Moutons domestiques.

La *Chèvre* a de longues cornes (fig. 135) s'écartant à partir de la base; son menton est garni d'une touffe de longs poils constituant un appendice analogue à de la barbe.

Les Chèvres aiment les montagnes; elles sont gaies et capricieuses. Le petit de la chèvre, le cabri, hérite de bonne heure de ces dispositions. A peine a-t-il quelques semaines qu'il fait des gambades à se casser le cou et qu'il grimpe au haut des murs et des rochers.

La Chèvre escalade les rochers les plus abrupts ; elle ne connaît pas le vertige et se couche tranquillement au bord des abîmes

Fig. 135. — Tête de Chèvre.

les plus profonds. Elle a un certain attachement pour l'homme; elle est affectueuse et sensible aux caresses. On en voit qui sont dressées parfaitement, qui comprennent la parole et qui obéissent aux commandements.

Les chèvres coûtent peu à élever ; elles se contentent d'un maigre fourrage ; elles aiment surtout à brouter en liberté ; elles passent alors d'une plante à une autre et affectionnent les feuilles des arbres ; les plantes qui sont nuisibles à d'autres animaux ne leur font aucun mal; elles avalent impunément la ciguë, le tabac, etc.

La Chèvre est la vache du pauvre; en échange de la maigre pitance dont elle se contente, elle fournit un lait excellent. Un seul de ces animaux peut donner jusque 850 litres de lait dans une année. Une vache, dont l'entretien coûte beaucoup plus cher, en donne environ 3,000 litres.

Les Chèvres d'Angora et de Cachemire ont des poils longs, fins et soyeux avec lesquels on fabrique des étoffes renommées.

La peau sert à fabriquer le cuir de Cordoue, le maroquin et le parchemin.

Ruminants à cornes pleines. — Les appendices que porte la tête de ces animaux ont reçu le nom de *bois;* ces

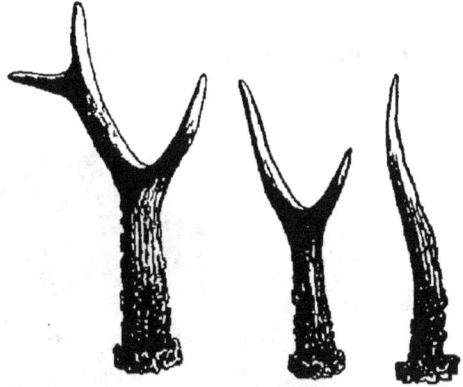

Fig. 136. — Développement des bois.

bois tombent chaque année; ils ne sont pas creux et sont un prolongement de l'os du front.

Fig. 137. — Renne.

Chaque bois de Cerf, par exemple, se compose d'une tige principale ou *perche*, sur laquelle s'embranchent des tiges plus courtes qui sont les *cors* ou *andouillers* (fig. 136). Le bois tombe tous les ans, mais il repousse bientôt avec un andouiller de plus; le nombre de ces appendices ne dépasse jamais douze, de telle sorte qu'il n'indique l'âge de l'animal que dans certaines limites.

Presque tous vivent dans les forêts et les montagnes; ils y paissent l'herbe, la mousse, les feuilles et même l'écorce des

Fig. 138. — Dromadaire.

arbres. Ils ont été à toutes les époques, pour l'homme, un gibier recherché. Le *Cerf*, le *Daim*, le *Chevreuil* en sont les principaux types. Dans les pays du Nord vit le *Renne* (fig. 137), que les Lapons utilisent comme bête de trait.

La *Girafe* possède aussi des cornes pleines, mais ces cornes sont courtes, revêtues de peau et ne tombent jamais. La Girafe, si remarquable par sa petite tête, son cou démesurément long et ses jambes de devant plus élevées que celles du train de derrière, ne se rencontre qu'en Afrique. Son long cou lui permet d'atteindre les feuilles d'arbres dont elle fait sa nourriture.

Ruminants sans cornes. — Cette catégorie de Ruminants comprend tout d'abord les *Chevrotains*, dont une espèce, le *Chevrotain porte-musc*, habitant la Mongolie et les montagnes de l'Himalaya, fournit le musc, parfum d'un grand prix, secrété par une poche située sous le ventre.

Les *Chameaux* sont des animaux de grande taille, laids et difformes. Ils sont remarquables surtout par leur grande sobriété et la faculté qu'ils ont de pouvoir rester assez longtemps sans boire.

Le *Chameau d'Asie* porte deux bosses sur le dos; celui d'Afrique (fig. 138), connu sous le nom de *Dromadaire*, n'en possède qu'une seule.

Les Porcins (Porc, Sanglier, Hippopotame). — L'ordre des *Porcins* comprend des animaux omnivores dont le pied est fendu comme celui du Bœuf, mais qui sont dépourvus de la faculté dé ruminer.

Le *Porc* ou *Cochon* possède la dentition d'un omnivore; il a les trois sortes de dents; les canines deviennent chez le Sanglier des défenses longues et recourbées; elles atteignent encore un développement plus grand chez le *Babiroussa* et se recourbent vers le haut en traversant la peau des joues.

Le Porc marche sur deux doigts terminés chacun par un étui corné (fig. 139); mais il en possède deux autres situés en arrière et trop courts pour appuyer sur le sol; il a donc à chaque membre quatre doigts, dont les deux du milieu sont seuls bien développés.

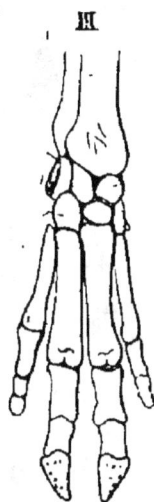

Fig. 139.
Pied de Porc.

Vivant, le Porc est utilisé pour la recherche des truffes; tué, il fournit une chair estimée qui entre sous mille formes dans notre alimentation. Sa graisse ou axonge est très souvent employée en pharmacie.

Le *Sanglier* (fig. 140) n'est autre chose qu'un Porc à l'état sauvage ; ses canines ou défenses sont fortement développées ; on le rencontre encore assez fréquemment en France.

Les *Pécaris*, qui habitent les régions chaudes de l'Amérique, diffèrent des Porcs par leur dentition et par le nombre des doigts, qui se réduit à trois pour les membres postérieurs.

Enfin, avec les *Hippopotames* ou *Chevaux des fleuves*, nous

Fig. 140. — Sanglier.

arrivons à des animaux pourvus de quatre doigts également longs et reposant tous sur le sol. Ce sont des êtres monstrueux, massifs et lourds ; lorsque leur tête émerge de l'eau, elle ressemble assez à une énorme tête de Cheval ; c'est ce qui leur a valu le nom d'Hippopotames (ἵππος, cheval ; πόταμος, fleuve). Ils n'habitent plus guère aujourd'hui que les grands fleuves du centre de l'Afrique. La chasse qu'on leur fait pour leur peau, leur chair et l'ivoire de leurs dents, n'est pas exempte de dangers.

RÉSUMÉ

Les *Ruminants* ont *deux doigts* à chaque pied ; ils possèdent généralement des *cornes* ou des *bois* et *ruminent*.

Les *Ruminants à cornes creuses* sont :

Le *Bœuf*, animal de trait ; la *Vache* donne du lait ;

Le *Mouton* fournit la *laine;*

La *Chèvre* fournit son lait;

Les *Ruminants à cornes* pleines ou *bois, Cerf, Daim, Chevreuil, Renne,* etc., constituent pour l'homme un gibier recherché. — La *Girafe* a les bois très courts et recouverts de peau.

Les *Ruminants sans cornes* sont les *Chameaux,* les *Dromadaires* et les *Chevrotains.*

Les *Porcins* ont quatre doigts à chaque pied, mais ne marchent que sur les deux du milieu. Ex. : les *Porcs,* les *Sangliers* et les *Hippopotames.*

CHAPITRE XVII

Les Mammifères ongulés (fin)

Ordre des Jumentés

Les Jumentés (Cheval, Ane, Zèbre). Caractères généraux. — Les animaux appartenant à cet ordre possèdent à chaque pied un seul doigt (fig. 141) et par conséquent un seul sabot (d'où le nom impropre de *Solipèdes*); tous ont des membres forts, une tête maigre, de grands yeux vifs et allongés. Ils possèdent les trois sortes de dents (fig. 142); entre les canines et les molaires sont des espaces vides ou *barres* dans lesquels on passe le *mors;* les incisives s'usent peu à peu et la forme de l'extrémité coupée change à mesure que l'animal vieillit ce qui permet de connaître l'âge d'un Cheval d'après la figure que présentent les extrémités de ces incisives.

Le *Cheval* (fig. 143), l'*Ane* et le *Zèbre* sont les trois représentants de cet ordre.

Le Cheval. — Les Chevaux présentent les caractères généraux que nous venons d'énumérer;

Fig. 141.
Pied de Cheval.

ils ont en général un pelage uniforme, c'est-à-dire d'une seule couleur, ce qui les distingue des Anes et des Zèbres; ils ont

une saillie cornée ou *châtaigne* à la face interne de chaque membre, une crinière flottante, une queue garnie de crins généralement allongés et abondants.

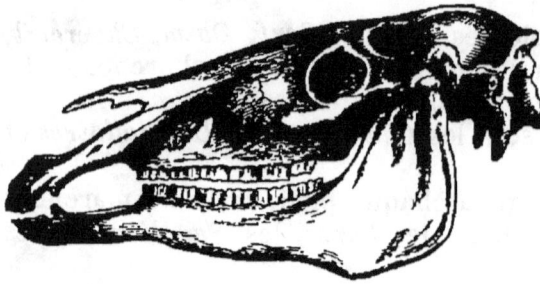

Fig. 142. — Crâne de Cheval.

En Europe, le Cheval a été utilisé bien avant les temps héroïques de la Grèce ; les magnifiques bas-reliefs du Parthénon montrent qu'au temps de Périclès les Athéniens possédaient des Chevaux fort élégants.

2. Robes du Cheval. — La *robe* ou pelage des Chevaux do-

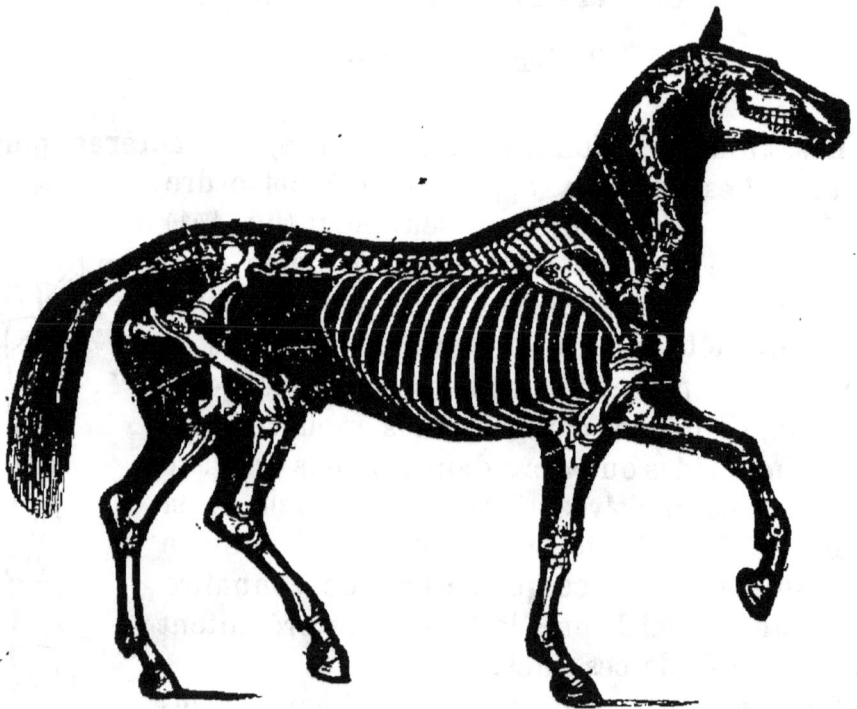

Fig. 143. — Cheval.

mestiques varie à l'infini. Le pelage uniforme peut être :

1° *blanc* ; 2° *noir* ; 3° *bai* ; les Chevaux à pelage bai ont un poil rougeâtre avec la crinière, la queue et les extrémités noires; il existe sept nuances distinctes de cette couleur; 4° *alezan*; ce dernier pelage ne diffère du bai que par la couleur de la crinière, de la queue et des extrémités qui est communément la même que celle de la robe. Enfin il existe des Chevaux à pelage composé : ce sont les chevaux *gris* d'abord, puis les *rouans*; ces derniers ont une couleur mal définie qui est un mélange de blanc sale, de noir mal teint et d'alezan.

Les Chevaux changent de poils, c'est-à-dire qu'ils subissent une mue. C'est au printemps que tombe le long poil d'hiver;

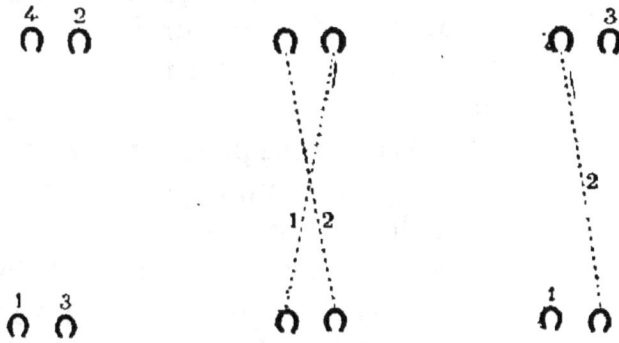

Fig. 144, 145, 146. — Décomposition schématique du pas, du trop et du galop.

il est remplacé par un poil ras, court, plus approprié aux besoins de la saison d'été; mais, en automne, ce poil s'allonge pour constituer le pelage d'hiver.

Allures. — Les *allures* du Cheval sont très variées; il y en a cependant trois principales :

Le *pas* (fig. 144) s'exécute en quatre temps ; une jambe de devant quitte le sol, puis elle est suivie d'une jambe de derrière du côté opposé ; dès que ces deux membres se posent à terre, les deux autres exécutent un mouvement analogue.

Le *trot* (fig. 145) se fait en deux temps ; il diffère du pas en ce que la jambe de derrière se lève en même temps que celle de devant du côté opposé.

Le *galop* (fig. 146) est une allure à trois temps ; quand il est très rapide, il devient un saut en avant dans lequel les deux jambes antérieures se lèvent et sont suivies si promptement de celles de derrière que pendant un court instant elles se trouvent en l'air toutes les quatre.

Ferrure. — Le Cheval, comme nous l'avons déjà dit, ne possède qu'un seul doigt bien développé à chaque membre (fig. 147) ; les métacarpes et métatarses se composent aussi d'un seul os allongé qui porte le nom de *canon*.

L'extrémité du doigt unique de chaque membre est protégée par un étui corné très épais ou *sabot*. La corne du sabot s'accroît continuellement; mais chez les Chevaux sauvages l'usure provoquée par la marche contrebalance cet accroissement et le sabot reste à peu près toujours de même épaisseur. Il n'en serait pas ainsi de ces pauvres chevaux qui traînent de lourds fardeaux sur le pavé raboteux de nos villes ou sur des chemins pierreux; l'usure de la corne serait plus rapide que la croissance et au bout de quelque temps le sabot serait complètement usé. On évite cet inconvénient par la ferrure qui consiste à revêtir le dessous du sabot d'une armature de fer. Cette armature ou *fer* doit s'adapter parfaitement au contour du pied pour conserver au Cheval l'intégrité et l'aisance de ses mouvements.

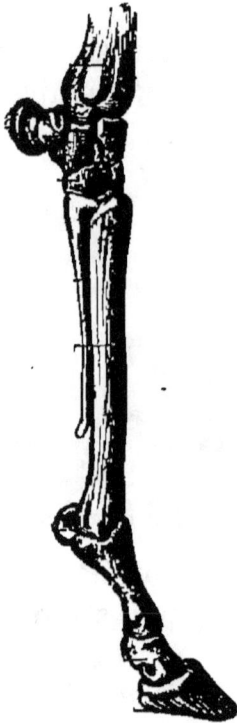

Fig. 147.
Pied de devant
d'un Cheval.

Chevaux sauvages. — Les *Chevaux sauvages* sont presque toujours moins beaux dans leur ensemble que les chevaux domestiques; ils ont la tête sensiblement plus grosse et les os plus saillants.

Les principaux Chevaux sauvages sont :

Les *Tarpans* qui habitent l'Asie et que chassent volontiers les Mongols.

Le *Cheval tartare* ou des steppes ; c'est l'animal favori des Tartares.

Le *Cheval nu* du Caboul et de l'Afghanistan.

Les *Chevaux errants* de l'Amérique du Sud ; ce sont des chevaux redevenus sauvages.

Les *Mustangs* du Paraguay.

Les *Chevaux errants*, si dociles, si résistants et si sobres de l'Amérique du Nord.

Nous possédons en France des Chevaux errants ; ceux de la Camargue furent abandonnés par les Maures et les Sarrasins sur les bords de la Méditerranée à l'époque où ces barbares avaient envahi la Gaule ; tous sont connus, sont la propriété de quelqu'un et finissent par être vendus et utilisés pour divers services.

Les Chevaux des dunes de Gascogne étaient autrefois très nombreux ; ils sont remarquables par leur longévité.

Chevaux domestiques. — Les Chevaux domestiques sont aujourd'hui répandus sur toutes les parties du globe. Ceux de la race asiatique doivent tout d'abord nous arrêter parce que le Cheval fut primitivement domestiqué en Asie. Parmi les animaux de cette race les *Chevaux arabes* sont les plus connus.

Bien bâtis, plutôt petits que grands, ces Chevaux sont ceux qui ont les formes les plus belles et les plus élégantes. Ils ont la peau fine et le pelage très souvent gris, bai ou alezan ; leur poil est fin et soyeux ; leur physionomie respire en même temps la douceur et la fierté ; la tête est presque dépourvue de chair, le front est bombé et les paupières toujours noires, ce qui donne aux yeux un caractère tout particulier. Enfin la crinière et la queue sont en général peu fournies.

Le *Cheval barbe ou numide* si répandu en Algérie est un des plus beaux types de la race arabe. Sa réputation n'est plus à faire ; les Romains tenaient en haute estime la cavalerie numide ; de nos jours cette réputation n'est pas démentie ; pendant la campagne de Crimée les Chevaux anglais et français furent décimés tandis que les Chevaux barbes montés par les chasseurs d'Afrique résistèrent au climat et à la fatigue.

Parmi les *races européennes* nous passerons d'abord en revue les principales races françaises.

Les *Chevaux des Pyrénées ou de Tarbes* appartiennent au type barbe modifié ; leur taille est petite, leurs membres forts ; la robe est souvent grise ; leur physionomie généralement calme, s'anime volontiers ; c'est une race vigoureuse et sobre éminemment propre à la cavalerie légère.

Les *Chevaux limousins* sont, paraît-il, les descendants de Chevaux arabes laissés par les Sarrasins après leur défaite par Charles Martel ; ce sont nos meilleurs Chevaux de selle et les plus élégants ; comme les précédents, dont ils se rapprochent d'ailleurs, ils sont utilisés avec avantage pour la cavalerie légère.

Les *Anglo-normands* sont de beaux Chevaux à la taille élevée, aux épaules musculeuses, à la robe généralement baie ; ils sont rarement vicieux et conviennent en raison de leur force à la grosse cavalerie, à la diligence ou à la charrette de ferme.

La *race poitevine* est une race de gros trait aux formes robustes et peu élégantes ; elle se laisse facilement dresser pour la grosse cavalerie et possède une aptitude spéciale à produire des mulets.

Les *Chevaux du Perche* (Orne, Sarthe, Loir-et-Cher, Eure-et-Loir) sont un peu lourds ; leur robe est généralement gris pommelé ; l'élevage de cette race est une branche très importante de l'agriculture française. Le Percheron est le type du cheval de trait ; il est résistant et plein d'énergie ; il convient admirablement à la culture dans les terres fortes ; les lourdes diligences d'autrefois étaient traînées par des Percherons et le service des omnibus de Paris est fait en grande partie par des Chevaux de cette race.

Le *type breton* partage avec le Percheron le privilège de constituer la grosse cavalerie des omnibus parisiens.

Les *Chevaux du Boulonnais* n'ont pas la taille bien élevée ; mais ils sont solidement musclés et conviennent parfaitement au service du camionnage.

Citons encore les *Chevaux de l'Auvergne*, employés pour la cavalerie légère, les petits *Chevaux corses*, si hardis, si pétulants et si intraitables, et enfin la race *franc-comtoise*, type peu recherché dont la laideur n'est pas rachetée par d'autres qualités.

Les Anglais ont mis à l'élève des Chevaux une activité méritoire ; leurs meilleures races sont :

Le *Cheval de course anglais* qui est plus haut de taille que le

Cheval arabe : sa cuisse allongée et sa jambe fine en font un des plus rapides coureurs. Le *Suffolk*, le *Clydesdale* et le *Lincolnshire* sont des Chevaux de trait justement estimés.

L'Ane. — L'Ane n'est pas, comme beaucoup de personnes le croient, un Cheval dégénéré ; son histoire remonte peut-être plus loin que celle de ce dernier ; la Bible le mentionne fort souvent.

Il a comme le Cheval un sabot unique à chaque pied ; mais, ses longues oreilles, sa tête grosse, large et baissée, sa queue pourvue de crins à l'extrémité seulement, sa crinière courte permettent de le reconnaître facilement. Ajoutons qu'il n'a pas, comme le Cheval, une robe uniforme, mais qu'en général son pelage gris est relevé le long de l'épine dorsale par une bande plus foncée.

Quel contraste entre l'Ane d'Arabie et le nôtre ! Le premier est un bel animal qui porte haut la tête ; il a le poil poli et les pieds légers ; sa marche est aussi élégante que celle du Cheval ; l'Ane de nos pays au contraire n'a rien de belliqueux ; petit, avec une grosse tête, des os saillants, un pelage long et hérissé, il semble une caricature du premier. Le courage s'est changé en entêtement, la vélocité en lenteur, la vivacité en paresse, l'amour de la liberté en patience, le courage en résignation.

L'Ane est d'une sobriété remarquable : les herbes et le foin que le Cheval refuse de manger sont encore des friandises pour lui ; il aime les chardons et toutes les plantes épineuses.

L'Ane est en France le Cheval du pauvre ; le lait d'Anesse est très fortifiant.

Les Mulets. — On nomme *Mulet* le petit d'un Ane et d'une Jument ; le *Bardeau* provient du Cheval et de l'Anesse.

Le *Mulet* a presque la taille du Cheval ; il en a l'uniformité de robe ; mais sa tête grosse et courte, ses longues oreilles et ses jambes sèches, sa queue faiblement pourvue de crins rappellent sa parenté avec l'Ane. La femelle porte le nom de Mule ; elle est généralement plus estimée que le Mulet et son prix est toujours plus élevé.

Les Mulets réunissent en un seul animal les qualités du

Cheval et de l'Ane. Du premier ils tiennent la force et le courage ; du second, la sobriété, la patience, un pas sûr et doux.

Ce sont des animaux indispensables dans les pays de montagne. Un bon Mulet porte une charge de 150 kilos et peut parcourir 50 kilomètres dans un jour. La douceur de leur marche les fait utiliser pour le transport des blessés (soit à l'aide de cacolets ou bâts, soit à l'aide de litières). C'est sur-

Fig. 148. — Zèbre.

tout en vue de cet usage qu'on se livre dans le Poitou à l'élevage des Mulets.

Les Zèbres. — Nous en aurons fini avec les Jumentés quand nous aurons encore parlé des *Zèbres* (fig. 148) auxquels les anciens avaient donné le nom d'*Hippotigres* (cheval-tigre). Leur robe jaunâtre est en effet rayée transversalement comme celle du Tigre excepté dans la région ventrale. Par leur port ils tiennent le milieu entre les Chevaux et les Anes. Ils ont la tête ramassée, le cou fort, les oreilles assez longues, la crinière dressée et la queue touffue à l'extrémité. On les trouve au sud de l'Afrique où ils vivent aussi bien dans les plaines que dans les régions de montagnes. Ils sont agiles et sobres, courageux et sauvages; l'homme ne parvient que difficilement à les dresser.

Rhinocéros et Tapirs. — Près des Jumentés, au nombre des Ongulés à doigts impairs, nous devons placer les *Rhinocéros* et les *Tapirs* qui possèdent trois doigts à chaque membre.

Les *Rhinocéros* (fig. 149) sont caractérisés par une peau épaisse qui les rend presque invulnérables et par la présence d'une ou deux cornes sur le nez ; on ne les rencontre que dans

Fig. 149. — Rhinocéros.

les régions chaudes de l'Afrique et de l'Asie. Quant aux *Tapirs* qui habitent l'Amérique du Sud, l'Inde et la Chine, ils ont la peau couverte de poils et la lèvre supérieure soudée avec le nez pour former une sorte de trompe.

Ordre des Proboscidiens ou Éléphants

Caractères généraux. — Les *Proboscidiens* (d'un mot grec qui signifie *trompe*) sont les géants de la création ; ils sont aux animaux terrestres ce que sont les Baleines aux habitants des eaux.

Les Éléphants (fig. 150) sont en effet des animaux de très grande taille ; ceux d'Afrique ont jusque cinq mètres de hau-

teur ; leur poids varie entre deux tonnes et demie et trois
tonnes ; mais, d'après certains auteurs on en trouverait de
cinq et même six mille kilos.

La trompe, les membres. — Ce qui attire tout d'abord l'attention chez un Éléphant, c'est la *trompe*. Cet organe n'est autre
chose qu'un nez démesurément allongé atteignant 2 mètres et
même 2^m,60 de longueur. Cette trompe, formée d'environ

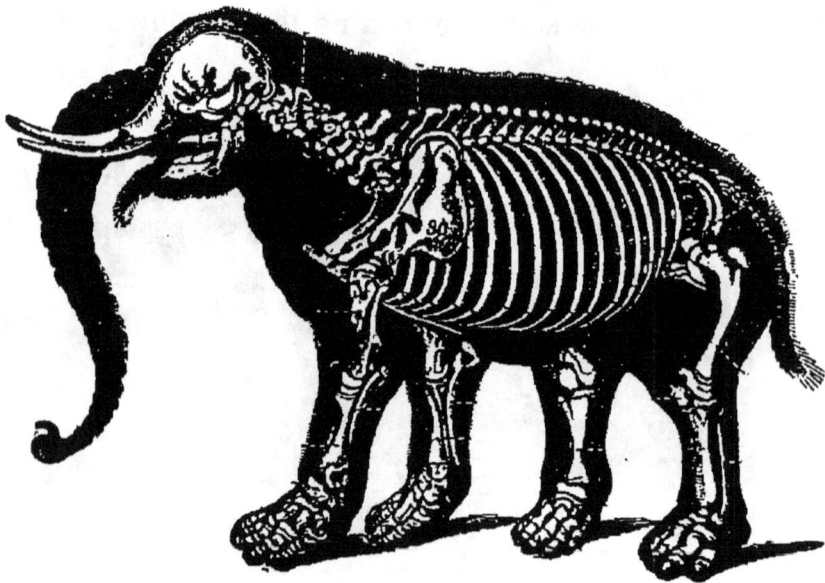

Fig. 150. — Éléphant et son squelette.

40000 muscles longitudinaux ou circulaires, doit à cette constitution une mobilité et une force remarquables. On se demande ce qu'il faut le plus admirer de sa grande force ou de
la variété de ses mouvements. Elle sert à la fois au toucher, à
l'odorat et à la préhension. Grâce à l'appendice en forme de
doigt qui la termine, l'animal peut s'en servir pour déboucher
une bouteille, ramasser une pièce de monnaie ou faire tourner
une clef, et avec cette même trompe il peut courber un arbre
ou broyer le corps d'un ennemi dans une puissante étreinte.

Il s'en sert pour arracher et porter à sa bouche les branches
d'arbres dont il fait souvent sa nourriture. Veut-il boire, il as-

pire l'eau dans sa trompe, puis, la recourbant, il en rejette le contenu dans sa bouche ; vient-il à être incommodé par les Insectes, il aspire du sable et, soufflant avec force, il le projette sur les différentes parties de son corps.

La peau des Éléphants est presque couleur de terre avec quelques taches couleur de chair ; elle est nue, dure, gercée à la façon d'une vieille écorce de chêne ; dans ses plis se cachent quelques soies clairsemées et à l'extrémité de la queue se voit un bouquet de crins durs et raides comme des filets de corne.

Les jambes courtes et grosses de l'Éléphant paraissent autant de piliers supportant le corps de l'animal ; chacune d'elles est terminée par cinq doigts dont l'extrémité est protégée par un étui corné.

Les dents. — Les Éléphants sont toujours dépourvus de canines ; chaque mâchoire porte sur chacune de ses branches une molaire unique mais énorme dont la couronne présente des replis transversaux d'émail ; ces molaires, une fois usées, sont remplacées par d'autres, et ce remplacement peut se produire jusqu'à huit fois pendant la vie de l'animal.

Mais ce qui caractérise surtout la dentition des Éléphants, c'est le développement inusité des deux incisives de la mâchoire supérieure ; elles sont longues, pointues et recourbées vers le haut ; ces *défenses*, comme on les appelle, ont la propriété de s'allonger continuellement ; aussi atteignent-elles chez quelques individus une longueur démesurée. L'ivoire qui les constitue est susceptible d'acquérir un beau poli ; on l'utilise pour la fabrication d'un grand nombre d'objets.

Mœurs et aptitudes. — L'Éléphant peut être considéré comme l'un des Mammifères doués des plus hautes qualités intellectuelles ; il réfléchit avant d'agir, il a de la mémoire et acquiert peu à peu une certaine somme de connaissances ; il est observateur et sait à l'occasion tirer profit de ses observations. On remarque, par exemple, qu'à l'approche des orages violents les Éléphants sauvages quittent les forêts et restent couchés dans les prairies loin de tout arbre tant que les éclairs brillent et que le tonnerre gronde. L'homme n'agit pas autrement ; il évite de chercher un abri sous les arbres, car il sait que la foudre les atteint volontiers.

L'Éléphant est doux et tranquille ; il semble avoir conscience de sa force et n'attaque jamais personne ; il a cependant des ennemis, d'autant plus terribles qu'ils sont plus petits : ce sont les Mouches ; aussi donne-t-il volontiers l'hospitalité sur son vaste dos à quelques Oiseaux, ses commensaux et ses amis, qui explorent les plis de sa peau pour y chercher les mouches.

Chaque famille d'Éléphants forme un troupeau comprenant de dix à deux cents individus obéissant à un chef qui est le plus prudent de la bande et qui a pour fonction de veiller à la sécurité de tous.

Les forêts pleines d'ombre sur le flanc des montagnes escarpées sont leurs séjours favoris. Pendant la nuit ils quittent leurs forêts pour aller se désaltérer et se baigner au cours d'eau le plus rapproché ; ils pénètrent parfois dans les plantations et causent alors de grands dégâts ; mais le moindre obstacle suffit à les arrêter : une haie de bambous que la trompe pourrait renverser en l'effleurant protège efficacement les propriétés.

Éléphants d'Asie et Éléphants d'Afrique. — On connaît deux sortes d'Éléphants : l'*Éléphant d'Afrique* et l'*Éléphant d'Asie*. L'*Éléphant d'Afrique* est le plus grand ; il atteint cinq mètres de hauteur ; il a la tête plate, le front incliné, les oreilles grandes et presque immobiles ; ses défenses atteignent une taille considérable.

L'*Éléphant des Indes* a la tête haute, le front vertical, les oreilles petites et mobiles ; ses défenses sont toujours beaucoup plus courtes que celles de l'Éléphant d'Afrique. Il habite les Indes, la Cochinchine, Siam, l'Hindoustan et l'île de Ceylan.

Les Éléphants tendent à disparaître, car on leur fait une guerre continuelle, non pas tant pour arrêter leurs dévastations que pour se procurer leur précieux ivoire. Khartoum, Massouah et Berbera sont en Afrique les principaux centres du commerce de l'ivoire.

Mastodonte et Mammouth. — Avant notre époque l'ordre des Proboscidiens était représenté sur la terre par des animaux aujourd'hui disparus et dont la taille dépassait encore celle des plus grands Éléphants.

Le *Mastodonte* ressemblait assez à notre Éléphant actuel ; mais le *Mammouth* était plus grand ; il avait des défenses énormes et le corps couvert de longs poils. Il vivait surtout dans les régions glaciales ; on en trouve de nombreux ossements au nord de la Sibérie ; les défenses se sont bien conservées et sont en certains points tellement nombreuses que leur recherche est devenue une industrie et une source de richesses pour le pays.

RÉSUMÉ

Les *Ongulés* sont les Mammifères dont les doigts ont l'extrémité emprisonnée dans une sorte d'étui corné ou sabot.

Les *Jumentés* sont des Ongulés pourvus d'un seul sabot à chaque pied. Ex. : le *Cheval*, l'*Ane*, le *Zèbre*.

Les *Proboscidiens* ou *Éléphants* ont cinq doigts à chaque pied. — Ils sont remarquables par leurs défenses.

TABLEAU GÉNÉRAL DES ONGULÉS.

ONGULÉS			
moins de 5 doigts à chaque pied	Doigts en nombre pair	Estomac multiple.......	*Ruminants.*
		Estomac simple........	*Porcins.*
	Doigts en nombre impair, un seul........		*Jumentés.*
5 doigts à chaque membre ; une trompe...............			*Proboscidiens.*

CHAPITRE XVIII

Les Mammifères (fin)

Ordre des Cétacés

Les Cétacés (Baleines). — Il existe des Mammifères conformés pour une vie exclusivement aquatique : les *Baleines*, qui appartiennent à l'ordre des Cétacés, en sont les types les plus remarquables.

Les *Baleines* ont la forme allongée et les apparences extérieures des Poissons ; leurs membres antérieurs, courts et aplatis, sont devenus des nageoires ; quant aux membres postérieurs, ils n'existent pas ; mais d'autres caractères les éloignent des Poissons : leur nageoire caudale est horizontale au lieu d'être verticale ; elles respirent par des poumons comme tous les Mammifères, enfin leur sang est chaud et, ce qui les caractérise encore mieux, c'est qu'elles ont des mamelles pour allaiter leurs petits.

La peau lisse des Baleines recouvre une puissante couche de graisse ; la tête occupe le tiers de la longueur du corps et porte les ouvertures des narines ou évents à

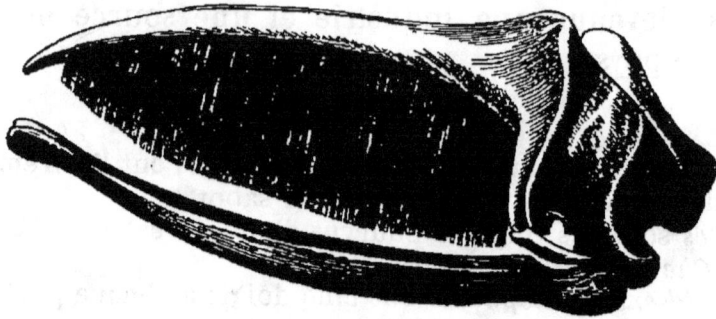

Fig. 151. — Crâne de Baleine avec ses fanons.

son sommet ; la bouche est très grande et dépourvue de dents ; mais la mâchoire supérieure porte 6 ou 700 lames aplaties de nature cornée et disposées parallèlement les unes aux autres comme les dents d'un peigne ; ces lames ou *fanons* (fig. 151), atteignent parfois une longueur de quatre ou cinq mètres. La langue, très volumineuse, adhère à la bouche par toute sa face inférieure ; elle est gorgée d'huile et si molle qu'un objet placé dessus s'y enfonce. Le gosier étant très petit, la Baleine ne peut avaler que des proies de faibles dimensions comme des Crustacés, des Mollusques ou de petits Poissons. Rencontre-t-elle un banc de ces animaux, elle ouvre la bouche et les engloutit avec l'eau dans laquelle ils se trouvent ; puis refermant la bouche, elle les emprisonne pendant que l'eau s'échappe entre les fanons.

La Baleine ne peut rester longtemps immergée ; puisqu'elle respire par des poumons, elle doit venir de temps en temps à la surface de l'eau. L'air de ses poumons s'échappe par les évents en deux jets puissants chargés de vapeur d'eau que de nombreux voyageurs ont pris pour des jets d'eau liquide.

Les Baleines ne dépassent pas en général une longueur de 25 mètres; celles de 20 mètres pèsent jusque cent mille kilos.

Elles affectionnent les mers froides du Nord et du Sud; on les rencontre dans les régions polaires aussi loin que la mer est libre, mais jamais elles n'arrivent au voisinage de l'Équateur.

Pêche. — Malgré sa grande taille, la Baleine est un animal très vif; blessée, elle file avec une vitesse tellement grande, qu'elle se brise les mâchoires si elle vient à rencontrer des rochers. Heureusement pour les pêcheurs, ce colossal habitant des eaux est presque dépourvu d'intelligence et ne sait pas se servir de sa force et de son agilité.

Les Américains surtout se livrent à la pêche de la Baleine et en retirent parfois de beaux bénéfices. Une Baleine pesant 80000 kilos fournit environ 27000 kilos d'huile et 1600 kilos de fanons. La substance de ces fanons, connue sous le nom de baleine, sert à fabriquer les parapluies et différents autres objets. Quant à l'huile, on l'utilise pour la préparation des cuirs; les Esquimaux la boivent volontiers; ils se nourrissent même de la chair de la Baleine et édifient avec les os la charpente de leurs cabanes.

Autres Cétacés. — Les *Cachalots*, les *Dauphins*, les *Narvals* et les *Marsouins* sont des Cétacés moins grands que la Baleine mais habitent comme elle les mers froides des régions polaires; il faut en excepter cependant le *Dauphin*, qui se rencontre à une latitude moins élevée; il peut même vivre dans les eaux douces, remonter les fleuves et habiter les lacs; au lieu de fanons, ses mâchoires portent des dents.

Ordre des Édentés

Les Édentés (Paresseux, Tatou, Pangolin, Fourmilier).— Les *Édentés* doivent leur nom à l'absence des dents incisives; leurs autres dents sont d'ailleurs peu développées et se ressemblent toutes, en sorte qu'il n'est pas possible d'y reconnaître des molaires et des canines. Les ongles sont toujours très grands et deviennent de véritables griffes.

Les Édentés insectivores habitent tous des terriers souterrains qu'ils se creusent à l'aide de leurs griffes.

Les *Tatous* de l'Amérique du Sud ont le dessus de la tête, le dos, la queue et les flancs recouverts d'une cuirasse résistante composée d'écailles régulièrement disposées; ils creusent

Fig. 152. — Fourmilier.

leurs terriers près des grands nids de Fourmis et de Termites, dont ils sont très friands.

Les *Pangolins* de l'Afrique centrale sont aussi couverts d'écailles, mais ces écailles se recouvrant les unes les autres, à la façon des tuiles d'un toit, sont formées de poils agglutinés et sont disposées en séries obliques.

Les *Fourmiliers* (fig. 152) qui habitent l'Amérique du Sud ont le museau très allongé, la queue couverte de longs poils et les mâchoires entièrement dépourvues de dents; ils étendent leur langue visqueuse dans les passages de Fourmis et la ramènent dans la bouche quand elle est bien chargée de ces Insectes.

Enfin les *Paresseux* sont des Édentés herbivores se nourrissant de bourgeons et de fruits; ils passent leur vie sur les arbres et se meuvent de branche en branche avec une lenteur extrême.

Ordre des Marsupiaux

Les Marsupiaux (Kanguroo, Sarigue). — Les *Marsupiaux* sont des Mammifères caractérisés par la présence sous le ventre d'une sorte de poche contenant les mamelles; c'est dans cette poche supportée par les deux *os marsupiaux* que les petits passent les premiers temps de leur vie. Quand ils en sortent définitivement, commence pour eux une vie toute nouvelle.

Les Marsupiaux étaient autrefois les seuls Mammifères vivants sur la terre; aujourd'hui encore les vastes campagnes de l'Australie n'en nourrissent pas d'autres. On

Fig. 153. — Kanguroo.

rencontre chez les animaux de cet ordre tous les genres d'alimentation. Les Marsupiaux herbivores sont les plus connus, surtout les *Kanguroos* et les *Sarigues*.

Les *Kanguroos* (fig. 153) qui habitent exclusivement l'Australie ont les membres postérieurs beaucoup plus longs et beaucoup plus forts que les membres antérieurs; aussi se servent-ils très peu de ces derniers membres; ils se tiennent debout en s'appuyant sur leurs pattes postérieures et sur la queue, qui est très puissante; leur marche se compose de bonds successifs dans lesquels les pattes antérieures ne viennent jamais toucher le sol. La vitesse du Kanguroo peut égaler celle d'un Cerf et il s'élève parfois jusqu'à trois à quatre mètres en franchissant des espaces de huit à dix mètres.

Les *Sarigues* vivent en Amérique et n'atteignent guère que la taille d'un Chat.

Ordre des Monotrèmes

Les Monotrèmes. — Les *Monotrèmes* sont les plus inférieurs des Mammifères et les caractères qui les distinguent en font des êtres extrêmement remarquables.

Fig. 154. — L'Ornithorhynque.

Au lieu d'avoir les mâchoires armées de dents, ils ont une sorte de *bec* corné analogue à celui des Oiseaux et, comme ces derniers, ils pondent (paraît-il) des œufs, au lieu de mettre au monde des petits tout vivants.

L'*Échidné* et l'*Ornithorhynque* (fig. 154) sont les deux représentants de cet ordre ; ils n'habitent que l'Australie et la Nouvelle-Guinée.

L'*Ornithorhynque* est aquatique ; comme ceux de la Loutre, ses pieds sont aplatis et palmés pour lui servir de rames ; il se nourrit de Mollusques et de Vers qu'il cherche dans la vase.

Quant à l'*Échidné*, il vit sur terre et se nourrit d'insectes qu'il prend avec sa langue allongée et visqueuse. Ses ongles larges et puissants lui servent à fouiller la terre pour se creuser des terriers dans les régions sablonneuses qu'il habite.

L'Ornithorhynque a le bec large comme celui d'un Canard et le corps revêtu d'une fourrure épaisse et souple ; l'Échidné est couvert de piquants cornés analogues à ceux du Hérisson et son bec, au lieu d'être aplati, est terminé en pointe.

RÉSUMÉ

Les *Cétacés* sont exclusivement aquatiques et manquent de membres postérieurs. Ex. : *Baleine, Cachalot, Dauphin,* etc.

Les *Édentés* ont des dents d'une seule sorte. Ex. : *Fourmilier, Pangolin, Tatou.*

Les *Marsupiaux* possèdent une poche sous le ventre. Ex. : *Kanguroo, Sarigue.*

Les *Monotrèmes* ont les mâchoires armées de lames cornées formant un bec et possèdent un cloaque comme les Oiseaux. Ex. : *Echidné, Ornithorhynque.*

TABLEAU GÉNÉRAL DES MAMMIFÈRES.

MAMMIFÈRES						
Pas de cloaque	Pas de poche marsupiale	4 membres	Dents de plusieurs sortes	Onguiculés (des ongles ou des griffes)	Pourvus de mains	*Bimanes.* *Singes.*
					Dépourus de mains	*Cheiroptères.* *Insectivores.* *Carnivores.* *Amphibies.* *Rongeurs.*
				Ongulés (des sabots)	Un nombre pair de doigts	*Ruminants.* *Porcins.*
					Un nombre impair de doigts	*Jumentés.* *Proboscidiens*
			Dents toutes semblables			*Édentés.*
		A deux membres				*Cétacés.*
	Une poche marsupiale					*Marsupiaux.*
Un cloaque et un bec						*Monotrèmes.*

CHAPITRE XIX

Classe des Oiseaux. — Caractères généraux

Les plumes. — Les *plumes* qui couvrent le corps des Oiseaux (fig. 155) permettent de les reconnaître facilement; elles

Fig. 155. — Plumage d'un Oiseau (Faucon).

ne manquent généralement qu'au bec et aux doigts; souvent aussi le tarse en est dépourvu et porte des espèces d'écailles semblables à celles des Serpents.

Les plumes sont des productions analogues aux poils des Mammifères; la substance qui les constitue est la même que celle des ongles, de la corne, etc.; aussi, par l'action du feu, dégagent-elles une odeur désagréable de corne brûlée. Chaque plume se compose de plusieurs parties. La tige principale se divise en une région basilaire ou *canon* de forme cylindrique, et une partie pleine à section carrée qui va en s'amincissant vers l'extrémité et porte les *barbes*. Chaque barbe, à son tour, porte latéralement une série d'appendices appelés *barbules*. Suivant leur structure et leur solidité, les plumes ont reçu différents noms. C'est ainsi que les plumes à tige rigide et à barbes résistantes portent le nom de *pennes*; les plumes fines et soyeuses qui sont recouvertes par les premières et qui s'opposent à la déperdition de la chaleur constituent le *duvet*. Comme nous le verrons plus tard, le duvet de certains Oiseaux est fort recherché par l'homme. Les grandes pennes des ailes sont nommées *rémiges*; celles de la queue ont reçu le nom de *rectrices*, parce qu'elles servent à l'Oiseau pour diriger son vol, comme le ferait un gouvernail. Les rémiges, insérées le long du bord inférieur de la main, de l'avant-bras et du bras, sont protégées à leur base par un grand nombre de plumes plus courtes, se recouvrant les unes les autres comme les tuiles d'un toit et connues sous le nom de *tectrices* ou *couvertures*. Il en est de même à la base des douze rectrices qui constituent ordinairement la queue de l'Oiseau. Chez le Paon, les tectrices de la queue débordent de beaucoup les rectrices elles-mêmes et se parent des plus vives couleurs.

Le plumage des Oiseaux tombe à des époques déterminées pour être remplacé par une livrée plus brillante. Cette *mue* survient ordinairement en automne ou bien elle se produit deux fois l'an, au printemps et en automne; il y a dans ce dernier cas un plumage d'été et un plumage d'automne, parfois fort différents l'un de l'autre.

Le vol. — Le *vol* est le mode de locomotion le plus ordinaire de l'Oiseau; ses ailes agissent dans l'air comme les rames dans l'eau. S'il les élève, les pennes s'écartent et laissent passer l'air; mais s'il les abaisse, les pennes se resserrent et forment une sorte de palette qui frappe vivement l'air. Le nombre des battements est de treize par seconde pour les Moineaux, de huit pour le Pigeon, de trois pour la Buse. Les Oiseaux qui possèdent des ailes longues et pointues, avec un plumage court et serré, ont en général un vol rapide; des ailes courtes et obtuses, avec un plumage lâche, caractérisent les Oiseaux mauvais voiliers.

Le bec. — Le régime des Oiseaux est presque aussi varié que celui des Mammifères ; les uns se nourrissent exclusivement de graines, d'autres ne mangent que des Insectes, ou bien encore des Poissons, des Mammifères ou d'autres Oiseaux vivants ; enfin quelques-uns ne se repaissent que de chairs corrompues. Comme le *bec* (fig. 156) est toujours le principal

Fig. 156. — Différentes formes de becs.

instrument de préhension des aliments, sa forme doit nécessairement varier suivant le régime. Les Oiseaux carnassiers qui ont besoin de déchirer leur proie, les Faucons, les Vautours, les Aigles, par exemple, ont un bec court et puissant, avec la mandibule supérieure recourbée vers le bas à son extrémité et quelquefois même plus ou moins dentée sur ses bords. La pointe recourbée du bec est d'autant plus acérée et plus puissante que l'Oiseau est plus sanguinaire. C'est ainsi que le Faucon est, de tous les Oiseaux de proie, le mieux doué sous ce rapport. Les Oiseaux de mer se nourrissant de la chair des gros Poissons, ont encore le bec puissant et recourbé, mais plus long que celui des Oiseaux de proie ordinaires. Lorsque ces Oiseaux ne recherchent que les Poissons ou les Reptiles assez petits pour être avalés d'une seule fois, le bec devient droit et s'allonge beaucoup pour fouiller dans la vase ; les Martins-pêcheurs et les Cigognes nous en offrent un exemple.

Les Oiseaux insectivores ont en général le bec très grêle et très allongé ; mais s'ils doivent happer les Insectes au vol, ils ont alors un bec court, large et profondément fendu pour engloutir facilement leur proie ; tel est le cas des Hirondelles et des Engoulevents. Enfin les Granivores ont un bec court, droit et conique constituant un outil très propre à percer et à briser les grains.

Le tube digestif. — Les aliments, en raison de l'absence des dents, ne sont que très imparfaitement broyés dans la bouche ; aussi le tube digestif présente-t-il toujours deux estomacs, dont le premier produit le suc gastrique, tandis que le second, nommé *gésier*, broie les aliments entre ses puissantes parois (voy. fig. 32). L'épaisseur et la dureté de ces parois du gésier deviennent très considérables chez les Oiseaux granivores ; l'estomac d'une Autruche est capable, par ses contractions, de broyer les corps les plus durs. Les Oiseaux granivores et les Oiseaux de proie diurnes possèdent en outre un estomac provisoire qui reçoit tout d'abord les aliments et qui a la forme d'une poche fixée latéralement sur la paroi de l'œsophage ; on lui a donné le nom de *jabot ;* il est très facile d'en constater la présence chez un Pigeon qui vient de manger.

Les pattes. — Les membres postérieurs des Oiseaux leur servent à se mouvoir à terre ; ils sont plus ou moins longs, suivant le genre de vie. Le tarse surtout a une longueur très variable ; court chez le Perroquet, il acquiert une longueur considérable chez la Grue, le Héron, etc. ; ces Oiseaux paraissent alors perchés sur des échasses ; on en a fait l'ordre des *Échassiers.* Les doigts sont le plus souvent au nombre de quatre ; cependant l'Autruche n'en a que deux et la Perdrix en a trois (fig. 157).

Parmi les Oiseaux pourvus de quatre doigts, beaucoup ont trois doigts en avant et un en arrière. Mais quelques-uns, les *Grimpeurs,* en ont deux en avant et deux en arrière (1) ; cette disposition leur permet de se cramponner plus facilement aux branches des arbres. Enfin certains Oiseaux à quatre doigts, le Cygne, l'Oie, le Canard, etc., aiment à prendre leurs ébats sur les eaux ; leurs trois doigts antérieurs sont réunis dans ce but par une membrane qui transforme la patte en une sorte de rame (3 et 4) ; on a donné à ces derniers Oiseaux le nom de *Palmipèdes*.

Les doigts se terminent par des ongles de puissance variable. Chez les Rapaces, ils sont recourbés, robustes et acérés

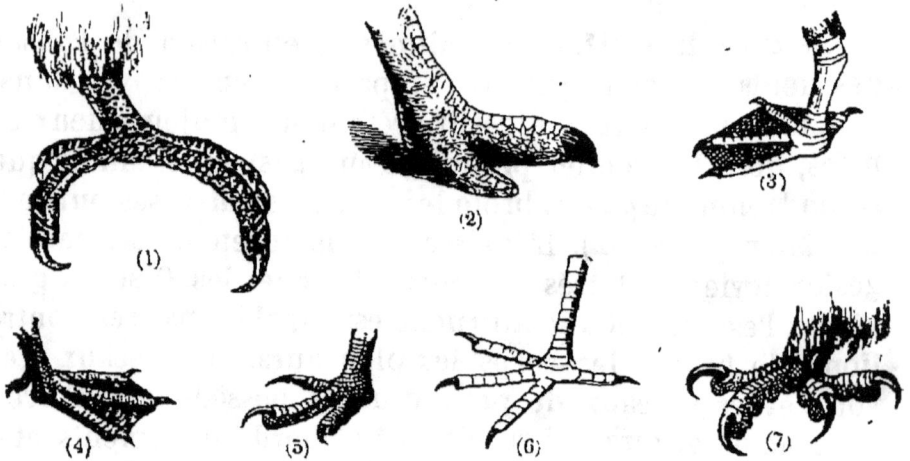

Fig. 157. — Différentes formes de pattes.

pour saisir la proie et la déchirer (7) ; les ongles de cette puissance sont des *serres*.

Les œufs. — Les Oiseaux pondent des *œufs* revêtus d'une coquille calcaire (fig. 158). L'œuf de Poule que nous allons prendre pour type a une coquille assez poreuse pour permettre un échange d'air entre l'intérieur de la coquille et l'air extérieur. Les substances calcaires qui entrent dans sa composition doivent être fournies à l'animal par l'alimentation ; quand elles ne sont pas en proportion suffisante, la Poule pond des œufs à coquille molle connus sous le nom d'*œufs hardés*.

Sous la coquille, on rencontre une fine membrane qui, en réalité, se compose de deux feuillets. Bientôt après la ponte, ces deux feuillets se séparent au gros bout de l'œuf pour laisser entre eux un espace libre dans lequel l'air pénètre par les pores de la coquille. Cette *chambre à air* n'apparaît donc qu'après la ponte.

Le liquide incolore et filant que renferme cette membrane est le *blanc d'œuf* ou *albumine* (fig. 158). Par l'effet de la chaleur, cette albumine se prend en une masse blanche et flexible, d'où le nom de blanc d'œuf.

Au milieu de l'albumine, flotte une grosse masse globuleuse qui est le *jaune* ou *vitellus*, maintenu en place par deux cordons d'albumine épaissie nommés *chalazes*. Sur le jaune se trouve une petite tache blanchâtre, régulièrement arrondie, qui est la partie la plus importante de l'œuf, car c'est à ses dé-

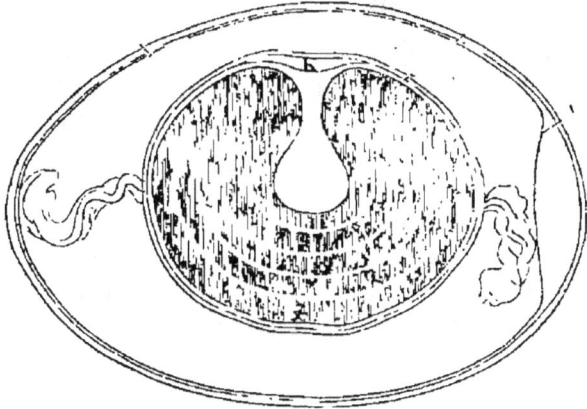

Fig. 158. — Œuf de Poule.

pens que se formera le jeune Poussin ; le jaune et l'albumine sont exclusivement destinés à le nourrir.

Incubation. — Mais ce jeune Oiseau ne peut se développer que si l'œuf est maintenu à une température variant de 37° à 41°. Aussi la Poule n'abandonne pas ses œufs ; elle les tient chaudement sous son corps pendant vingt et un jours ; c'est la période dite d'*incubation;* au bout de ce temps, les Poussins brisent la coquille à l'aide de leur bec et sortent de leur prison.

Il n'est pas indispensable que la chaleur nécessitée par l'incubation soit fournie par la Poule elle-même; on construit aujourd'hui une grande variété d'appareils appelés *couveuses artificielles*, à l'aide desquels on maintient les œufs à la température convenable jusqu'au moment de l'éclosion; la chaleur y est fournie soit par de l'eau chaude qu'on renouvelle assez souvent, soit par un bec de gaz dont la flamme est convenablement réglée.

Les Poussins à la sortie de l'œuf sont déjà très vigoureux

et peuvent prendre eux-mêmes leur nourriture. Beaucoup de jeunes Oiseaux naissent, au contraire, très faibles et incapables de quitter le nid ; les parents sont dans ce cas obligés de leur donner la becquée : ils les réchauffent et veillent sur eux avec la plus grande sollicitude.

Il est à remarquer que les Oiseaux les mieux partagés à l'état adulte sous le rapport de la force et de l'activité sont précisément ceux qui en naissant sont les plus imparfaits et les plus impotents. Les uns, comme les Poussins, éclosent les yeux ouverts et le corps couvert d'un épais duvet; les autres sont aveugles, nus et d'apparence hideuse. Certains Oiseaux peuvent déjà s'essayer à voler au bout de trois semaines, les autres au bout de trois mois seulement.

Nombre et forme des œufs. — Le nombre des œufs produits à chaque ponte varie de 1 à 24. Le plus fréquemment il est de 4 à 6. La forme se rapproche souvent de celle des œufs de Poule ; mais cependant il est des œufs plus allongés et d'autres qui sont à peu près sphériques. Leur volume est habituellement proportionné à la taille de l'Oiseau. Les œufs déposés dans des cavités sont blancs ou uniformément colorés; ceux des nids en plein air sont tachetés. En étudiant successivement les divers ordres d'Oiseaux, nous verrons quel admirable instinct, quelles fécondes ressources ils déploient dans la construction des *nids*.

Groupement des Oiseaux en Ordres. — Les Oiseaux présentent entre eux des différences beaucoup plus faibles que les Mammifères. Cependant il est facile d'établir un certain nombre d'ordres caractérisés par la forme du bec, la longueur des pattes, le nombre et la disposition des doigts, etc.

Le tableau suivant résume cette classification des Oiseaux.

Doigts palmés...........................				*Palmipèdes.*	Canard.
DOIGTS NON PALMÉS	Tarses longs.	Oiseaux volant bien..........		*Échassiers.*	Grue.
		Oiseaux ne volant pas.......		*Coureurs .*	Autruche.
	Tarses courts	3 doigts en avant et 1 en arrière.	ongles..............	*Gallinacés.* *Pigeons...* *Passereaux*	Coq. Pigeon. Hirondelle.
			serres......	*Rapaces...*	Aigle.
		Deux doigts en avant et deux en arrière.		*Grimpeurs et Perroquets*	Pic.

RESUME

Les *Oiseaux* sont des Vertébrés *ovipares* à température constante à circulation complète et à respiration pulmonaire ; ils ont le corps couvert de *plumes* et les mâchoires pourvues d'un revêtement corné ou *bec*.

La classe des Oiseaux comprend neuf *ordres* : *Palmipèdes*, *Échassiers*, *Coureurs*, *Gallinacés*, *Pigeons*, *Passereaux*, *Rapaces*, *Grimpeurs* et *Perroquets*.

————

CHAPITRE XX

Classe des Oiseaux (suite)

Ordre des Rapaces

Les Rapaces (Aigles, Vautours, Hiboux, etc.). — Leurs armes. — Les *Rapaces* ou *Oisèaux de proie* tiennent dans la classe des Oiseaux la même place que les Carnivores parmi les Mammifères. Ils se nourrissent en général de proie vivante et principalement de Mammifères et d'Oiseaux ; aussi possèdent-ils des armes puissantes qui en font de redoutables combattants. Leur bec crochu se termine par une pointe acérée ; leurs griffes puissantes, recourbées, creusées en dessous sont éminemment propres à saisir et méritent le nom de *serres*. Ils ont toujours quatre doigts dont le plus externe est dirigé en arrière et les trois autres en avant.

L'ordre des Rapaces comprend deux divisions : les *Rapaces diurnes* et les *Rapaces nocturnes* ; les premiers ont le plumage serré et les yeux latéraux ; les derniers ont le plumage soyeux et lâche avec de gros yeux situés en avant de la tête.

Les *Rapaces diurnes* sont de puissants oiseaux comme l'*Aigle*, le *Faucon*, le *Vautour* ; ils aiment à tournoyer dans les airs à une grande hauteur et ne viennent généralement à terre que pour saisir leur proie.

L'*Aigle* (fig. 159) est caractérisé par des ailes longues et pointues et par des tarses courts, emplumés jusqu'aux doigts. L'*Aigle royal* a plus d'un mètre de hauteur et ses ailes atteignent presque trois mètres d'envergure. La force musculaire de l'Aigle est considérable ; il transporte parfois à de grandes distances de jeunes Moutons qu'il enlève dans ses serres. Son nid ou *aire*, dont la largeur atteint souvent près de deux mètres, est construit sans art dans quelque anfractuosité des rochers à une hauteur énorme et sur le bord de quelque précipice.

L'Aigle pond deux ou trois œufs dont l'incubation dure trente jours. Les jeunes *Aiglons* sont nourris et protégés par leurs parents avec la plus vive sollicitude ; ils sont d'une telle voracité que l'aire devient bientôt une sorte de charnier encombré de Perdrix, de Lapins, de Lièvres, de Chevreaux apportés et dépecés par les parents.

L'Aigle a les yeux étincelants du Lion, des ongles de même forme, le cri tout aussi effrayant ; mais il n'a ni la magnanimité ni la tempérance du roi des animaux ; il ne s'attaque guère qu'à de faibles êtres que sa vue perçante lui a fait découvrir du haut des rochers.

Fig. 159. — Aigle.

L'*Aigle royal*, le plus grand de tous, habite les hautes montagnes du nord et de l'est de l'Europe.

Les *Faucons* (fig. 160) ne sont pas les plus grands Rapaces; mais leurs ailes tout à fait pointues en font les meilleurs voiliers : ils sont aussi les plus courageux. On les reconnaît facilement à une dent aiguë que présente à droite et à gauche la mandibule supérieure près de la pointe recourbée du bec.

Le Faucon ordinaire n'est pas plus grand qu'une Poule ;

Fig. 160. — Faucon.

son plumage est noir cendré sur le dos, tandis que la poitrine et l'abdomen sont blancs ou gris avec des bandes noires.

Les Faucons habitent les rochers les plus escarpés, les cimes les plus élevées. Quand leur vue perçante a découvert dans le lointain un Pigeon, une Caille, une Perdrix, une Poule ou un Canard, ils quittent leur observatoire, s'élèvent dans les airs, planent quelque temps et fondent verticalement sur la victime qu'ils tuent souvent d'un seul coup de bec et qu'ils emportent entre leurs serres.

Au moyen âge, avant la découverte des armes à feu, on dressait des Faucons pour la chasse du Milan, du Héron, de la Perdrix et même du Lièvre. Cette chasse ou *fauconnerie* n'est plus guère usitée aujourd'hui que chez quelques nations asiatiques et chez les Arabes.

Le *Faucon pèlerin*, l'*Émerillon*, la *Crécerelle*, le *Hobereau* sont encore des Faucons de nos pays.

Les *Autours* et les *Éperviers* s'en rapprochent beaucoup par leurs caractères aussi bien que par leurs habitudes. Enfin citons près de ces derniers les *Buses*, les *Milans* et les *Busards*.

Les *Vautours* (fig. 161) sont encore des Rapaces diurnes; mais leur bec n'est recourbé qu'à l'extrémité, les ongles courts et émoussés ne peuvent servir d'organes de préhension; le cou ordinairement dépourvu de plumes leur donne un aspect sordide. Faiblement armés pour la lutte, ils se contentent généralement de chairs corrompues dont ils

Fig. 161. — Vautour.

se gorgent avec une telle intempérance qu'ils tombent dans une sorte de sommeil pendant le travail de la digestion. Le Vautour fauve, qui a la taille de l'Oie, est assez commun dans les Pyrénées et dans les Alpes. Le *Gypaète* ou Vautour des Agneaux est le plus grand de nos Oiseaux de proie.

Enfin on rencontre dans la Cordillère des Andes le *Condor* (fig. 162), Vautour de la taille de notre Gypaète. Ce puissant Oiseau peut s'élever au-dessus des plus hautes montagnes ; on en a vu planant au-dessus du Chimboraco à une hauteur de 7,000 mètres environ.

Les *Rapaces nocturnes* (*Chouettes*) sont bien connus et ils se distinguent des diurnes par plusieurs caractères. Ils ont une tête grosse et ronde, un bec court et de gros yeux à fleur de tête

Fig. 162. — Condor.

entourés chacun d'un cercle de plumes. Leurs oreilles présentent souvent un repli qui rappelle assez le pavillon des Mammifères. Enfin ils ont le plumage abondant et soyeux. Ils ne peuvent supporter une vive lumière, elle les aveugle et les rend gauches dans leurs mouvements ; aussi restent-ils cachés dans leurs retraites pendant le jour. Dans la demi-obscurité du crépuscule ils se dirigent au contraire avec facilité ; mais il est bien entendu que dans l'obscurité complète ils n'y voient pas plus que les autres animaux. Leur plumage est toujours de couleur sombre ; c'est une loi commune à tous les animaux de nuit. Grâce à cette coloration foncée et à la souplesse de leurs plumes, ils peuvent voler sans bruit et surprendre leurs proies qu'ils avalent généralement d'une seule pièce, quitte à rendre ensuite les plumes, les poils et les os par une sorte de vomissement.

Les Oiseaux de proie nocturnes comprennent deux séries : les *Hiboux*, qui ont la tête ornée de deux aigrettes de plumes, et les *Chouettes*, qui en sont dépourvues.

Le groupe des *Hiboux* comprend le *Scops*, le *Hibou* commun et le *Grand-Duc* (fig. 163).

Le *Scops* n'est pas plus grand qu'un Merle ; la guerre

Fig. 163. — Grand-Duc.

qu'il livre aux Rats et aux Mulots en fait un précieux auxiliaire pour l'agriculture.

Le *Hibou* commun atteint une taille de trente centimètres et se nourrit aussi des mêmes animaux.

Le *Grand-Duc* est le plus grand des Rapaces nocturnes. Très courageux, il se défend énergiquement contre le Chien et on l'a vu s'attaquer à l'Aigle.

Dans le groupe des *Chouettes* nous trouverons tout d'abord

la *Chouette commune* ou *Chevêche* qui atteint la grosseur d'un Geai ; ses mouvements incertains, sa gaucherie quand elle vient à la lumière l'ont fait utiliser pour la chasse, car les petits Oiseaux attirés par son cri aiment à venir harceler leur ennemi et se font ainsi prendre aux gluaux. Une Chouette lancée en l'air remplace avantageusement le miroir pour la chasse aux Alouettes.

Le *Chat-Huant* ou *Hulotte* est bien connu pour le cri lugubre dont il fait retentir nos bois.

Enfin l'*Effraie* ou Chouette des clochers émet aussi pendant le silence de la nuit une sorte de râle lugubre qui a fait de cet innocent Oiseau un objet d'effroi pour les personnes faibles ou trop crédules. Le nom d'Effraie rappelle ces terreurs superstitieuses. Disons tout de suite que l'Effraie est non seulement un être inoffensif, mais un Oiseau très utile à l'agriculture, car il fait la chasse à un grand nombre de Rongeurs nuisibles. Au lieu de s'acharner à le détruire, les habitants des campagnes devraient chercher à en propager l'espèce.

Fig 164. — Chouette.

Ordre des Échassiers

Les Échassiers (Grues, Cigognes, Hérons, etc.). — Les *Échassiers* sont en général des Oiseaux d'assez grande taille caractérisés par la longueur de leurs pattes, de leur cou et de leur bec :

> Un jour sur ses longs pieds, allait, je ne sais où,
> Le Héron au long bec emmanché d'un long cou.

Les pattes sont si longues et si fines que l'Oiseau semble perché sur des échasses ; leur grande longueur est due sur-

tout au développement exagéré des tarses qui sont dépourvus
de plumes et recouverts d'une peau dure et écailleuse. Ces
échasses auxquelles viennent s'ajouter un cou et un bec dont
la longueur est proportionnée à celle des jambes permettent
aux Échassiers de rechercher dans la vase des marais, sans se
mouiller une plume, les Poissons, les Mollusques ou les Vers
dont ils font habituellement leur nourriture.

Les *Échassiers proprement dits* dont nous allons d'abord nous
occuper ont les uns quatre doigts et les autres trois. Leurs
ailes toujours bien développées en font d'excellents voiliers
capables d'exécuter les plus longs voyages. Nous rattacherons
à l'ordre des Échassiers des Oiseaux de grande taille incapables de voler : ce sont les *Échassiers coureurs.*

Les Échassiers proprement dits. — Dans cette catégorie
viennent tout d'abord se ranger les *Grues,* les *Cigognes,* les *Hérons* et les *Marabouts.*

Les Grues. — Les *Grues* atteignent souvent 1ᵐ,20 à 1ᵐ,30 de
hauteur; on les reconnaît à leur tête presque nue ainsi qu'aux
plumes longues et fines qui forment au-dessus de la queue
une sorte de panache. La Grue cendrée de nos pays a le plumage gris cendré avec la gorge noire. Grâce à des ailes bien
développées elle possède un vol puissant et peut parcourir des
distances considérables.

Les Grues habitent pendant la belle saison les contrées les
plus septentrionales; mais vers la mi-octobre elles se dirigent
vers les contrées plus chaudes de l'Afrique ou du Sud de l'Asie;
elles voyagent la nuit en bandes nombreuses (souvent près de
trois cents) et pour vaincre plus facilement la résistance de
l'air se disposent en deux files se rejoignant comme les deux
branches d'un V. Une des plus robustes occupe la pointe du
triangle; quand elle se sent fatiguée, elle se porte au dernier
rang et une autre vient la remplacer.

Les Grues affectionnent le séjour des plaines maréca-
geuses ; elles sont herbivores et se nourrissent de graines de
céréales, de feuilles, de bourgeons, etc. Leur nid, d'ailleurs
très rudimentaire, est construit sur le sol de quelque émi-
nence au milieu d'un marais ; elles y déposent deux œufs

allongés et verdâtres, mouchetés de taches brunes ou rouges.

Pendant le jour, les Grues se livrent parfois à des jeux fort bizarres qu'on a qualifiés de Quadrilles des Grues. Leur prudence est proverbiale; quand elles dorment la tête cachée sous l'aile et une patte repliée sous le ventre, il en est toujours une au moins qui veille à la sécurité générale. Au moindre danger elle fait entendre un cri particulier et toute la bande s'enfuit rapidement.

Les Cigognes. — Les *Cigognes* (fig. 165) ont à peu près la taille des Grues, mais leurs formes sont moins élégantes. Elles

Fig. 165. — Cigogne blanche.

ont le corps lourd, de grosses pattes, un bec long et fort. Privées de voix proprement dite, elles font cependant entendre un bruit sonore dû au choc des mandibules l'une contre l'autre.

Les Cigognes sont peu communes en France; mais dans les plaines plates et bien arrosées de l'Alsace, de la Hollande et de l'Allemagne du Nord on rencontre assez fréquemment la

Cigogne blanche et quelquefois la *Cigogne noire*. La première, bien reconnaissable à son bec et à ses pattes rouges, nous arrive au printemps pour retourner en août vers le sud de l'Afrique; elle ne redoute pas le voisinage de l'homme et con-

Fig. 166. — Héron condré.

struit volontiers son nid sur les arbres, sur les cheminées ou sur les toits; très friande de Reptiles, elle nous débarrasse d'un grand nombre de ces animaux; aussi les paysans hollandais la tiennent-ils en grande estime.

Les Marabouts. — Les *Marabouts* sont encore plus lourds et plus disgracieux que les Cigognes; ils ont la tête et la gorge nues; leur bec est très massif; enfin une sorte de sac suspendu à leur cou reçoit les aliments variés qu'ils avalent sans avoir le temps de les digérer.

Rien de plus glouton, en effet, que les Marabouts; tout leur est bon ; dans les rues de Calcutta et de Chandernagor ils se promènent paisiblement et dévorent tous les détritus qu'ils rencontrent ; en compagnie des Vautours, ils se chargent de la police sanitaire des villes qui leur accordent l'hospitalité. Au Sénégal et dans l'Inde, on les élève en troupeaux pour les plumes amples et fines connues sous le nom de marabouts qu'ils fournissent à l'art de la parure.

Les Hérons. — Les *Hérons* (fig. 166) sont très répandus ; le Héron cendré se rencontre dans toutes les parties du monde excepté dans l'Amérique du Nord; il a le dessus de la tête orné de longues plumes retombant sur le cou en une sorte de panache ; celles de la base du cou sont également très longues et s'étalent en éventail sur la poitrine.

Les Hérons arrivent dans nos pays au mois de mars et s'acheminent vers l'Afrique au mois de septembre ; ils voyagent par bandes d'une cinquantaine et suivent en général le cours des fleuves en volant assez lentement à une hauteur considérable. Quand ils s'arrêtent, c'est pour pêcher les Poissons dont ils aiment à se nourrir.

Autres Échassiers. — Après ces grands Échassiers, il nous en faut encore citer d'autres moins connus.

La *Spatule* est ainsi nommée à cause de son bec fortement élargi à l'extrémité.

L'*Ibis*, aujourd'hui confiné en Abyssinie, était autrefois placé par les Égyptiens au nombre des divinités, car il leur rendait des services en détruisant de nombreux Criquets.

La *Bécasse* (fig. 167) a les pattes courtes, mais elle a le bec long et fort; la saveur exquise de sa chair en fait un gibier fort recherché. Enfin viennent les *Courlis*, les *Combattants*, etc.

D'autres Échassiers proprement dits ne possèdent que trois doigts : tels sont les *Pluviers*, les *Vanneaux*, les *Poules d'eau*, les *Râles* et enfin les *Outardes*. Ces derniers Oiseaux sont très grands; la *Grande Outarde* pèse jusque seize kilos. Elle est devenue assez rare en France; on ne la rencontre plus guère que dans la Champagne.

Les Coureurs (Autruche, Nandou, Casoar). — Les Oiseaux de ce groupe constituent véritablement un ordre à part, celui des *Coureurs*. Et ils méritent bien ce nom, car, en raison de leur poids considérable, il ne leur est pas possible de voler ; leurs ailes, fort peu développées, ne portent pas de véritables pennes et le sternum n'offre aucune trace de bréchet. Mais, par contre, les pattes, très longues comme celles des Échassiers, acquièrent une grande vigueur et permettent à ces Oiseaux de courir avec une vitesse considérable. L'absence presque complète de plumes sur le cou et sur le ventre leur prête une physionomie particulière.

Fig. 167. — Bécasse.

L'*Autruche* ne possède que deux doigts à chaque patte ; les autres Coureurs en ont trois.

L'Autruche. — L'*Autruche* (fig. 168) habite l'Afrique ; elle affectionne le séjour des vastes plaines avoisinant le désert et se nourrit habituellement d'herbages ; sa voracité est si grande qu'elle avale sans discernement les objets les plus disparates ; mais il est bien entendu qu'elle ne peut digérer que les véritables aliments. Sa taille est très considérable ; elle atteint parfois deux mètres et plus de hauteur ; son poids varie de quarante à cinquante kilos.

L'Autruche est d'une force proportionnée à sa taille ; on peut l'apprivoiser et la monter comme un Cheval ; la rapidité

de sa course et sa résistance à la fatigue sont si extraordi-
naires que le Cheval le plus agile ne pourrait arriver à l'atteindre.

Elle pond de quinze à trente œufs dans une sorte de dépression qu'elle creuse dans le sable. Chacun de ces œufs pèse

Fig. 168. — Autruche.

environ un kilogramme et vaut deux douzaines d'œufs de
Poule.

Les grandes lumes de la queue et de l'aile conservent la
souplesse du duvet et sont fort recherchées comme parure.

Le Casoar et le Nandou. — Le *Nandou* et le *Casoar* possèdent trois doigts à chaque patte; le Casoar vit isolé dans les
forêts de l'Australie et de la Nouvelle-Guinée. On le reconnaît
facilement à une sorte de crête osseuse qui surmonte la tête

et aux plumes des ailes armées chacune de plusieurs baguettes longues et solides. C'est un Oiseau farouche et réfractaire à toute domestication.

RÉSUMÉ

Les *Rapaces* sont des Oiseaux carnassiers à bec crochu, et dont les doigts sont terminés par des griffes puissantes et recourbées *(serres)*.

Les *Rapaces diurnes* ont le plumage serré et les yeux latéraux : *Aigle, Faucon, Vautour, Condor, Autours, Éperviers, Buses, Milans.*

Les *Rapaces nocturnes* ont le plumage lâche et les yeux en avant de la tête : *Scops, Hibou commun, Grand-Duc, Chevêche, Hulotte, Effraie.*

Les *Échassiers* ont les jambes, le cou et le bec très allongés : *Grues, Hérons, Cigognes, Marabouts, Ibis, Bécasses, Pluviers, Vanneaux, Poules d'eau, Outardes.*

Les *Coureurs* se distinguent des précédents par l'absence de bréchet et la réduction du nombre des doigts :

Coureurs........... { 2 doigts........................ Autruche.
{ 3 doigts........................ { Nandou.
{ Casoar.

CHAPITRE XXI

Classe des Oiseaux (suite)

Ordre des Palmipèdes

Les Palmipèdes (Canard, Oie, Cygne, etc.). — **Doigts palmés.** — Les Palmipèdes sont des Oiseaux aquatiques aimant à prendre leurs ébats sur les eaux de la mer, des lacs ou des rivières. Quelques-uns ne volent pas, mais tous nagent et plongent avec la plus grande facilité. Ils sont d'ailleurs merveilleusement organisés pour la vie aquatique. Leurs doigts sont réunis par une membrane ample et souple, et les pattes ainsi transformées deviennent d'excellentes rames de natation.

Si l'Oiseau les ramène à lui, elles se ferment naturellement et n'éprouvent alors qu'une faible résistance de la part de l'eau ; mais s'il les rejette en arrière, les doigts s'écartent par l'effet de la résistance du liquide et les pattes deviennent de larges rames qui prennent appui sur l'eau pour le pousser en avant.

Des pieds ainsi organisés ont reçu le nom de *pieds palmés* et les Oiseaux qui en sont pourvus celui de *Palmipèdes.*

Les habitudes aquatiques de ces Oiseaux exigent un plumage imperméable. Aussi ont-ils tous deux sortes de plumes dont les plus petites sont très soyeuses et forment une chaude enveloppe autour du corps. Ce n'est pas encore assez ; à l'aide de leur bec, ils vont chercher sur une sorte de verrue située à la naissance du croupion une substance huileuse dont ils enduisent soigneusement leur plumage. L'eau ne mouillant pas les matières grasses ne peut pénétrer jusqu'à la peau, et le Canard, au sortir de l'eau, n'a qu'à se secouer quelques instants pour se débarrasser des gouttelettes qui perlent sur ses plumes.

Utilité des Palmipèdes. — Quelques Palmipèdes nous sont précieux à plusieurs titres : leur chair délicate est justement estimée ; les œufs qu'ils pondent sont succulents et fort recherchés. Le plumage nous fournit le duvet ou bien encore d'élégantes fourrures ; enfin ce sont les excréments de nombreux Palmipèdes de rivage qui constituent le *guano* accumulé probablement depuis des milliers d'années sur les rochers de quelques îles des mers du Sud.

Canards. — **Oies.** — **Cygnes.** — Les *Canards*, les *Oies* et les *Cygnes* ont un bec large et légèrement bombé, recouvert par une peau molle et délicate. Sur le bord du bec se trouvent de nombreuses lamelles cornées qui permettent à l'Oiseau de barboter. Tous nagent et plongent fort bien ; mais à terre ils ont une démarche lourde et embarrassée ; quant à ceux de ces Oiseaux qui sont domestiqués, ils ont perdu presque complètement la faculté de voler.

Le *Canard* (fig. 169) se reconnaît à la faible longueur de

son cou et à ses pieds placés très loin en arrière du corps. Les Canards sauvages, souche de nos Canards domestiques, sont extrêmement abondants en Laponie, en Sibérie et au Groënland ; ils passent l'été dans ces régions froides ; mais, à l'approche de l'automne, ils se mettent en marche vers nos pays et vont même jusqu'en Afrique. Leurs bandes nombreuses se disposent comme celles des Grues en une sorte de V. Le pas-

Fig. 169. — Canard.

sage des Canards sauvages est salué avec joie par les chasseurs, car la chair succulente de ces Oiseaux en fait un gibier recherché ; mais la chasse n'est pas sans difficulté, car les Canards sauvages sont d'une prudence extrême et s'envolent à la moindre alarme. Le Canard domestique est un Oiseau fort utile, exigeant peu de soins et nous donnant en échange sa chair et son duvet ; quelques graines, des débris de cuisine et un peu d'eau pour barboter, c'est là tout ce qu'il demande.

L'*Eider* des régions septentrionales est un Canard fort recherché pour la douceur et la souplesse de son duvet ou édredon (du mot suédois *Eiderdun*, duvet d'Eider).

L'*Oie* (fig. 170) ne nage pas aussi bien que le Canard ; mais ses pattes, situées moins en arrière, lui permettent de marcher plus facilement. Sa nourriture est essentiellement végétale ; elle tond l'herbe comme le ferait un Mouton.

L'*Oie cendrée* est abondante dans le nord de l'Europe ; comme le Canard sauvage, elle effectue tous les ans un voyage dans les régions tempérées.

L'*Oie domestique* est citée à tout instant comme le type le

Fig. 170. — Oie.

plus accompli de la stupidité ; mais c'est bien à tort, car elle ne mérite pas cette détestable réputation. On peut la regarder comme un des Oiseaux les plus utiles. Avant l'invention des plumes métalliques, elle nous fournissait les plumes à écrire ; elle nous donne son duvet ; enfin sa chair, autrefois plus estimée qu'aujourd'hui, figure souvent sur nos tables. Pour engraisser les Oies, on les enferme à l'obscurité dans des cages trop étroites pour permettre le moindre mouvement, et plusieurs fois par jour on les gave d'une sorte de pâtée de maïs ; au bout de trente à trente-cinq jours environ, l'Oie est devenue tellement grasse, qu'il faut la tuer pour prévenir une suffocation ; la graisse fondue est conservée précieusement ; le foie est utilisé pour la fabrication des célèbres pâtés de foie gras.

Les *Cygnes* (fig. 171) sont bien certainement les plus gracieux des Palmipèdes; c'est un spectacle charmant de les voir nager majestueusement à la surface de nos pièces d'eau, avec leurs ailes à demi soulevées qui se gonflent en voiles et leur long cou ondulant avec grâce. Le *Cygne blanc* est le plus commun; il est complètement muet; mais un Cygne de la Grèce,

Fig. 171. -- Cygne.

le *Cycnus musicus*, émet, paraît-il, des sons fort agréables, ce qui justifie la tradition sur le « chant du Cygne ».

Autres Palmipèdes. — Nous trouvons encore parmi les Palmipèdes des Oiseaux grands voiliers à bec long et fort, terminé par un crochet. Leur vol puissant les porte à d'énormes distances en pleine mer; ils aiment la fureur des flots et méritent leur nom d'*Oiseaux des tempêtes*; ce sont les *Puffins*, les *Pétrels* et les *Albatros*, particulièrement communs sur les rivages des mers du Sud, mais répandus aussi sur nos côtes de France.

D'autres ont en général une taille assez grande avec des ailes longues et pointues; mais ils ne s'éloignent pas des côtes ou bien des lacs poissonneux; citons les *Mouettes* (fig. 172), qui remontent fréquemment le cours des fleuves, les *Goélands* et les *Sternes* ou *Hirondelles de mer*. Ces derniers Oiseaux pon-

Fig. 172. — Mouette.

dent des œufs très délicats qui sont l'objet d'un commerce important aux États-Unis.

Les *Fous*, les *Frégates*, les *Cormorans* et les *Pélicans* sont des grands Palmipèdes à pieds largement palmés; ils aiment à plonger et construisent leur nid sur les rochers ou sur les arbres. Ce sont leurs excréments qui constituent en grande partie les dépôts de guano. Les *Frégates* atteignent $1^m,10$ de longueur et leurs ailes ont souvent 2 mètres à $2^m,30$ d'envergure; leur

Fig. 173. — Tête de Pélican.

grande force, leur vol rapide et puissant les font souvent désigner sous le nom d'Aigles de mer. A l'approche d'une tempête, la Frégate monte à de telles hauteurs qu'elle y trouve la sérénité; on peut dire qu'elle dort sur l'orage. Quand elle veut déployer toute la puissance de son vol, toute distance disparaît; « elle déjeune au Sénégal et dîne en Amérique ». Les *Pélicans* (fig. 173) sont bien reconnaissables à leur bec long et large terminé par un crochet; les deux branches de la mandibule sont réunies par une membrane très lâche formant un sac dans lequel l'Oiseau accumule sa nourriture avant de l'avaler.

Fig. 174. — Pingouin.

Enfin citons encore parmi les Palmipèdes les *Flamants* que leurs longues pattes rapprochent des Échassiers et les *Plongeons*, les *Grèbes*, les *Manchots*, les *Pingouins* (fig. 174) dont les ailes sont fort peu développées. Le plumage des *Grèbes* constitue une fourrure estimée.

Ordre des Gallinacés

Les Gallinacés (Coq, Perdrix, Dindon, Faisan). — **Caractères généraux et mœurs.** — La *Poule* (gallina) est le type des Gallinacés. Tous les Oiseaux de cet ordre ne possèdent que des ailes courtes et ne peuvent fournir qu'un vol lourd et bruyant. Mais, par contre, ils ont les pattes fortes et munies de quatre doigts, dont trois en avant et un en arrière; les ongles sont courts, plats et obtus pour gratter facilement la terre. Leur tête, fort petite, est souvent ornée, chez le mâle du moins, de crêtes charnues vivement colorées. Un caractère très important des Gallinacés consiste dans la présence, au-dessus du doigt postérieur des mâles, d'une pointe aiguë ou éperon dont les Coqs ont fait une arme de combat.

Le mâle se distingue presque toujours aussi par un plumage plus brillant que celui de la femelle ; celle-ci porte souvent des couleurs sombres ; les petits, à la sortie de l'œuf, sont déjà très vigoureux et se mettent à courir.

Les Gallinacés, en raison de leur faible aptitude pour le vol, ne peuvent effectuer de longs voyages et sont presque tous des Oiseaux sédentaires se nourrissant de graines, de baies, de bourgeons et quelques-uns d'Insectes. Les *Poules* et les *Dindons* vivent en domesticité depuis fort longtemps et nous fournissent leurs œufs et leur chair.

Fig. 175. — Tête de Coq.

Le Coq, la Poule. — Diverses variétés de Poules. — Le *Coq* est très répandu à l'état de domesticité. Son caractère est tellement orgueilleux et altier qu'il ne faut pas songer à mettre dans la basse-cour un autre individu de son espèce, car les deux Coqs se livreraient des combats acharnés. Le plumage du Coq est presque toujours brillant ; sa tête est surmontée de crêtes charnues aux couleurs éclatantes (fig. 175). La Poule a toujours un plumage plus sombre que le Coq et des allures plus modestes ; se contentant de peu et nous donnant en échange sa chair délicate et ses œufs succulents, elle est un de nos animaux domestiques les plus estimés. Du mois de février au commencement de l'automne, une bonne Poule pond un œuf chaque jour ; on arrive même, par une alimentation et des soins particuliers, à obtenir des pontes d'hiver. On connaît aujourd'hui de nombreuses races de Poules fort différentes les unes des autres par le plumage et par la taille.

Aux petites races appartiennent les *Poules de Bantam* ou *petites Poules anglaises*, qui ont la taille d'une Perdrix et sont élevées moins pour leur faible produit que pour l'élégance et la grâce de leurs formes.

Dans les races de taille moyenne, citons la *Poule commune*, répandue dans toutes les fermes, la *Poule de Padoue*, reconnaissable à la huppe touffue qui surmonte la tête, la *Poule de Houdan*, la *Poule de la Flèche* et celle de *Crèvecœur*.

Enfin la *Poule cochinchinoise* est une Poule de grande taille à plumage ébouriffé; les œufs qu'elle pond sont couleur café au lait.

Le Dindon. — Le *Dindon* nous a été importé d'Amérique vers le XVI⁰ siècle. Son cou, dépourvu de plumes dans la région la plus rapprochée de la tête, porte des sortes de nodosités charnues colorées très vivement; une masse de même nature pend sur le bec; enfin le mâle peut étaler sa queue en roue comme le fait le Paon. Il existe encore des *Dindons sauvages* de haute taille (jusque 1ᵐ,30) dans l'Amérique du Nord et principalement sur les rives de l'Ohio, du Missouri et du Mississipi. Cet Oiseau est d'une telle stupidité qu'il se laisse prendre à des pièges d'une simplicité primitive. Le Dindon est réputé pour la délicatesse de sa chair.

Le Paon. — Les *Paons* vivent en troupes nombreuses dans les forêts de l'Inde et de Ceylan. Connus pour les brillantes couleurs que revêt le plumage des mâles, les Paons ont malheureusement la voix la plus désagréable. Les grandes plumes vivement colorées, que le mâle étale en éventail quand il fait la roue, sont les tectrices ou couvertures de la queue; elles sont soutenues par les vrais pennes ou rectrices.

Les Faisans. — Les *Faisans* (fig. 176), aujourd'hui répandus dans nos forêts, sont originaires de l'Asie. Importé en Europe par les Grecs, ce délicat gibier fut répandu par les Romains dans les provinces de l'Empire. Les Faisans sont des oiseaux stupides qui se laissent tuer par le chasseur le plus maladroit. C'était autrefois un plaisir aristocratique de lâcher ces Oiseaux par centaines dans les bois réservés pour se livrer ensuite à une chasse aussi fructueuse que dépourvue d'intérêt.

Fig. 176. — Faisan.

Les Cailles. — De tous les Galli-nacés, les *Cailles* effectuent seules des migrations; elles vont passer l'hiver en Afrique pour nous revenir au printemps; leur vol pénible et court rend la traversée difficile; elles attendent que le vent souffle dans la direction qu'elles doivent suivre. Si le vent tourne pendant qu'elles sont au-dessus de la mer, elles tombent à l'eau et se noient; celles qui arrivent au rivage sont parfois tellement épuisées qu'elles se laissent massacrer sur place.

Fig. 177. — Perdrix.

Les Perdrix. — Les *Perdrix* (fig. 177) n'ont que trois doigts; elles vivent par troupes ou compagnies comprenant les parents et les petits de l'année; le nid est un simple trou creusé dans un sillon et dans lequel la femelle pond de quinze à vingt œufs. Le mâle montre pour ses petits une touchante sollicitude ; à l'approche d'un chasseur, il s'envole en tirant de l'aile pour attirer sur lui l'attention au péril de sa vie, pendant que la femelle et les petits s'éloignent rapidement le long d'un sillon.

Autres Gallinacés. — Le *Coq de Bruyère* (fig. 178), assez rare

Fig. 178. — Coq de bruyère.

en France, est reconnaissable à ses pattes emplumées jusqu'aux doigts.

Enfin les *Gélinottes,* les *Argus* et les *Pintades* sont encore des Gallinacés.

Ordre des Pigeons

Les Pigeons (Pigeon, Tourterelle, etc.). — **Caractères généraux.** — Les gracieux Oiseaux que nous connaissons sous le nom de *Pigeons* étaient autrefois compris par Cuvier dans l'ordre des Gallinacés ; mais les caractères tranchés qui les distinguent permettent d'en constituer un ordre à part. Remarquons d'abord qu'au lieu de nicher à terre comme le font les Gallinacés, ils aiment à percher et à construire leur nid sur les arbres ou dans les anfractuosités des rochers ; ils ont de plus des ailes bien développées qui leur permettent un vol rapide et soutenu. Leur tête est petite comme celle des Gallinacés ; mais le bec présente à la base une sorte de renflement mou qui est tout à fait particulier aux Pigeons. Enfin les petits naissent nus, aveugles et disgracieux, tandis que ceux des Gallinacés sont à l'éclosion couverts de duvet et capables de courir.

Cette faiblesse des petits Pigeons nécessite de la part des parents des soins de tous les instants ; ils doivent les réchauffer et leur donner la becquée. Les autres oiseaux viennent déposer la becquée dans la bouche largement ouverte des petits ; mais chez les Pigeons ce sont les petits qui vont au contraire plonger leur bec dans celui des parents pour y saisir une bouchée qui remonte par un mouvement analogue à celui du vomissement. L'aliment ainsi dégorgé est une sorte de bouillie de semences ramollies dans le jabot ; mais les premiers jours après l'éclosion, c'est une matière blanche, assez fluide et analogue à du lait.

Différentes sortes de Pigeons. — Le *Pigeon ramier* habite les forêts ; il niche sur les arbres et se nourrit de glands ou de faîne. Son nid, très grossier, se compose de quelques bûchettes de bois entre-croisées sur une branche ; il est dépourvu du matelas de bourre qui revêt les nids des autres Oiseaux ; sa solidité laisse d'ailleurs grandement à désirer et il arrive souvent qu'il tombe à terre avant le complet développement des petits. Le Ramier est le plus grand des Pigeons ; sa poitrine couleur lie de vin et la tache blanche en forme de croissant qu'il porte de chaque côté du col le font reconnaître facilement ; il est très sauvage et n'accepte pas l'hospitalité toujours intéressée du colombier ; au mois de septembre, les Ramiers s'acheminent vers l'Espagne ou l'Italie pour prendre leurs quartiers d'hiver ; ils passent parfois en bandes nombreuses dans les défilés des Pyrénées et les chasseurs de ces montagnes en tuent de grandes quantités à l'époque des migrations.

Le *Pigeon biset* n'existe plus à l'état sauvage que dans certaines régions de l'Europe et en particulier dans les îles de la Méditerranée ; il niche dans le creux des rochers et entreprend les plus longs voyages. Le Biset possède un plumage cendré bleuâtre et sa gorge a des reflets métalliques. Domestiqué depuis les temps les plus anciens, il a donné naissance à un grand nombre de variétés dont quelques-unes ont perdu complètement l'amour des voyages et ne sortent même pas du colombier pour chercher leur nourriture.

L'usage du Pigeon biset comme messager remonte fort

loin. En Grèce, des Pigeons rapportaient les noms des vainqueurs aux jeux olympiques. Importés ensuite en Syrie, en Perse, en Égypte, les *Pigeons messagers* ne furent introduits dans nos pays qu'en 1765 par des marins hollandais venant de Bagdad. Utilisés dans un grand nombre de circonstances jusqu'en 1844, ils perdirent toute leur importance par l'installation des télégraphes ; mais, lors de la guerre de 1870-1871, les Pigeons messagers jouèrent un rôle considérable et rendirent d'éminents services en apportant à Paris les dépêches de la province.

Fig. 179. — Tourterelle à collier.

Ils possèdent, comme beaucoup d'autres Oiseaux, une faculté d'orientation tout à fait remarquable.

Des Pigeons messagers, pris par exemple à Paris et transportés dans un panier à une grande distance, reprendront le chemin de leur colombier aussitôt que la liberté leur sera rendue et trouveront facilement la direction qu'il faut suivre pour y arriver.

Le *Pigeon voyageur* est une espèce sauvage qu'il ne faut pas confondre avec le Pigeon messager. On le trouve dans l'Amérique du Nord pendant une partie de l'année ; au moment des migrations, les Pigeons voyageurs se rassemblent en colonnes si nombreuses que le soleil en est parfois obscurci et que la fiente tombe à terre comme de la pluie. Le vol du Pigeon voyageur dépasse encore en rapidité celui du Pigeon messager. Citons enfin les *Tourterelles* (fig. 179), bien connues pour leur douceur.

RÉSUMÉ

Les *Palmipèdes* ont les trois doigts antérieurs réunis par une membrane (doigts palmés) : *Oies, Canards, Cygnes, Pétrels, Albatros, Mouettes, Goélands, Frégates, Pélicans, Cormorans, Flamants, Plongeons, Grèbes, Manchots.*

Les *Gallinacés* ont des ailes courtes et leur vol est bruyant. Ils ont trois doigts en avant et un en arrière ; le mâle a toujours un éperon : *Coqs, Dindons, Paons, Faisans, Cailles, Perdrix, Coqs de bruyère, Gélinottes, Pintades.*

Les *Pigeons* ont un renflement à la base du bec, ne nichent pas à terre et leurs petits naissent nus et aveugles : *Pigeons ramiers, Pigeons bisets, Pigeons messagers, Pigeons voyageurs, Tourterelles.*

CHAPITRE XXII

Classe des Oiseaux (fin)

Ordre des Grimpeurs

Les Grimpeurs (Pic, Coucou, Perroquet, etc.). — Nous réunissons dans l'ordre des *Grimpeurs* un certain nombre d'Oiseaux qui ont la faculté de grimper facilement le long des arbres et de se cramponner aux branches grâce à l'arrangement de leurs doigts disposés par couples, deux en avant et deux en arrière. Cet ordre comprend les *Grimpeurs proprement dits* et les *Perroquets.*

1° **Grimpeurs proprement dits.** — Le *Pic*, le *Coucou* et le *Toucan* sont les Grimpeurs les plus connus.

Le *Pic vert* (fig. 180) de nos pays est grand comme une Tourterelle ; c'est bien certainement l'un de nos plus brillants Oiseaux avec son beau plumage vert relevé par des taches d'un rouge carmin sur le haut de la tête et de chaque côté de la face.

La poitrine et le ventre sont d'un blanc jaunâtre, le croupion jaune et les pennes des ailes noires avec des taches blanches disposées régulièrement. Il grimpe le long des arbres et frappe l'écorce avec son bec pour découvrir les cavités où pourraient se cacher des Insectes. Il a pour cela un bec droit et fort en forme de coin porté par un cou robuste et court. A-t-il découvert quelque cachette, il se cramponne à l'arbre et se maintient solidement sur une sorte de trépied constitué par les deux pattes et la queue; avec son bec il creuse l'écorce ou bien l'arrache lambeau par lambeau et quand une larve apparaît il va la saisir à l'aide de sa langue qui est fort longue, cylindrique, visqueuse et armée à son extrémité d'une sorte de pointe barbelée.

Le Pic vert est aussi grand amateur de Fourmis; pour s'en procurer il va s'installer près d'une fourmilière et projette sa langue horizontalement sur le sol en un point où passent ces Insectes; les Fourmis s'engluent au passage et quand la langue en est assez riche, l'Oiseau la ramène dans la bouche et avale ses victimes.

Fig. 180. — Pic vert.

Le Pic vert aime à faire son nid dans les trous profonds des vieux arbres; les jeunes sortent du nid avant de pouvoir voler et prennent leurs ébats sur l'arbre qui les a vus naître.

Le *Coucou* est un oiseau bien connu qui arrive dans nos pays au printemps pour reprendre vers la fin d'août le chemin de l'Afrique ou de l'Asie. La femelle pond ses œufs à terre et les porte avec son bec dans les nids d'autres Oiseaux du voisinage; elle confie surtout le soin d'élever sa progéniture aux

Fauvettes, aux Merles, aux Rossignols, etc. Elle n'est d'ailleurs pas mauvaise mère car de temps en temps elle va visiter les nids où elle possède des petits pour s'assurer qu'ils ne manquent de rien.

Le *Coucou indicateur* du pays des Hottentots aime beaucoup les larves d'Abeilles et pour s'en procurer use d'un stratagème très ingénieux; quand il a découvert un essaim il va voler près des huttes; les naturels qui savent ce que cela veut dire le suivent, arrivent à l'essaim, tuent les Abeilles, prennent le miel et laissent les rayons contenant beaucoup de larves et de nymphes; l'oiseau peut alors s'en rassasier impunément.

Les *Toucans* sont des oiseaux de l'Amérique du Sud remarquables par le développement inusité de leur bec et par les couleurs brillantes de leur plumage.

2° **Les Perroquets.** — Les *Perroquets* sont placés à côté des Grimpeurs à cause de leurs doigts qui sont disposés de la

Fig. 181. -- Ara.

même façon. Mais ils en diffèrent par beaucoup d'autres points. Au lieu de rechercher les Insectes ils ne se nourrissent guère que de fruits et leur bec, très gros, recourbé dès la base, possède des bords tranchants propres à découper les matières végétales ou à extraire les graines. Leurs pattes sont courtes et leurs doigts épais; ils se servent des pattes pour porter les aliments au bec comme le font d'ailleurs d'autres Oiseaux de nos pays, la Mésange noire, la Chouette, etc. Leur bec devient, concurremment avec les pattes, un instrument

de locomotion ; ils se suspendent aux branches des arbres, à l'aide de leurs mandibules crochues.

Enfin les Perroquets possèdent une langue charnue qui leur permet d'articuler des mots et de répéter parfois avec un certain à-propos, les phrases qu'on a réussi à leur apprendre. Ils sont bien certainement les mieux doués des Oiseaux sous le rapport de la mémoire et de l'intelligence; ils ont d'ailleurs une grande faculté d'imitation et à ce titre ils sont aux Oiseaux ce que les Singes sont aux Mammifères.

Leur plumage, presque toujours brillamment coloré, les fait rechercher beaucoup, même quand ils ne peuvent apprendre à parler.

Ils vivent en bandes nombreuses dans les forêts des régions tropicales; leurs ailes courtes ne leur permettent pas d'entreprendre de longs voyages; ils ne passent pas d'une région dans une autre

Fig. 182. — Cacatoès.

et il arrive que chaque grande île possède exclusivement certaines espèces.

Les *vrais Perroquets* ont une queue courte et la tête dépourvue de huppe. Ils sont les mieux doués sous le rapport du langage.

Le *Perroquet gris* et le vulgaire *Jacquot* sont les plus connus; ce dernier nous vient d'Afrique.

Les *Aras* (fig. 181) sont les plus gros des Perroquets; on les rencontre au Brésil et au Mexique ; ils ont une queue longue et étagée, les joues dénuées de plumes et des couleurs vives dans lesquelles dominent le rouge et le bleu; on les apprivoise bien mais ils sont inférieurs aux autres par le langage.

Les *Perruches* au plumage vert relevé par un collier rouge possèdent comme les Aras une queue longue et étagée ; mais leurs joues sont emplumées.

Enfin les *Cacatoès* (fig. 182) qui habitent la Nouvelle-Guinée, l'Australie et les Moluques ont un plumage blanc avec une sorte de huppe jaunâtre qui surmonte la tête et qui est formée de deux rangées de plumes. Les Cacatoès sont avec les Perruches les plus élégants des Perroquets ; mais ils n'apprennent pas à parler.

Ordre des Passereaux

Les Passereaux (Moineaux, Alouettes, Grives, Mésanges, Hirondelles, etc.). — L'ordre des *Passereaux* (du latin *passer*,

Fig. 183. — Alouette.

moineau) comprend un très grand nombre d'espèces avec des caractères très variables. Cependant nous pouvons dire en général que les Passereaux sont des Oiseaux de petite taille munis de quatre doigts dont trois en avant et un en arrière. Ce sont presque tous des Oiseaux de passage volant bien et se tenant de préférence sur les arbres et sur les buissons.

La forme du bec permet de distinguer plusieurs catégories de Passereaux.

1° Les *Conirostres* (*Alouettes*, etc.) sont des Oiseaux chanteurs de petite taille, caractérisés par un bec fort et conique ; beaucoup d'entre eux ont un plumage orné des plus vives coueurs et déploient un art merveilleux dans la construction de leurs nids.

Les *Alouettes* (fig. 183) ont un ongle postérieur dont le développement inusité les empêche de percher sur les arbres. Elles courent à terre avec une grande rapidité et construisent leur nid dans quelque sillon. Au commencement du jour les Alouettes remplissent l'air de leur gazouillement et s'envolent vers le soleil levant ; elles nous débarrassent de bon nombre de Vers, de Chenilles et de Sauterelles et doivent être considérées comme des Oiseaux utiles ne méritant pas la chasse qu'on leur fait.

Fig. 184. — Pinson.

Les *Moineaux* se rencontrent dans l'Europe entière ; ils ont un bec fort, épais, à mandibules bombées, des pattes courtes et des ailes peu développées. S'ils prélèvent une dîme sur nos récoltes, il faut bien reconnaître qu'ils nous rendent quelques services en détruisant bon nombre de Chenilles et d'Insectes. L'Amérique du Nord et l'Australie ont fait venir d'Europe de nombreux Moineaux pour débarrasser les vergers des Insectes qui les ravageaient.

Le *Bec-croisé*, le *Bouvreuil*, le *Serin*, le *Chardonneret*, la *Linotte*, les gais *Pinsons* (fig. 184), les *Bruants* et les *Républicains* appartiennent encore à la catégorie des Conirostres.

2° Les *Dentirostres* (*Merles*, etc.) sont des Passereaux chan-

teurs de taille variable caractérisés par leur mandibule supérieure échancrée en une sorte de dent à l'extrémité. Bien que
les ailes ne soient pas très développées, ils sont cependant bons
voiliers ; leur nid est généralement construit avec beaucoup
d'art (fig. 185) et
ils font presque
tous plusieurs
couvées tous les
ans.

Le *Merle noir*
bien connu en
France a le plu-
mage noir avec
le bec jaune : il
se nourrit de
fruits, de larves
et d'Insectes et
nous quitte en
automne pour
passer l'hiver
dans des climats
plus doux.

Le *Merle poly-
glotte* de l'Amé-
rique du Nord
possède, dit-on,

Fig. 185. — Nid de Grive.

la faculté d'imiter le chant des autres Oiseaux et même les cris
des Mammifères.

Les *Grives* sont fort appréciées des gourmets pour leur
chair délicate ; elles atteignent la taille du Merle.

Le *Rossignol*, chantre des bois et messager du printemps,
le *Rouge-gorge*, le *Roitelet*, le *Hoche-queue* sont bien connus de
tout le monde.

La *Mésange* (fig. 186) se fait remarquer par sa vivacité et
sa pétulance ; d'humeur batailleuse, elle ne craint pas de se
mesurer avec d'autres Oiseaux plus grands qu'elle.

Les *Étourneaux* sont des Oiseaux chanteurs dont le plumage

sombre présente des reflets métalliques ; ils vont passer l'hiver en Afrique ; mais pendant la belle saison ils se rencontrent dans nos campagne et font une ample destruction d'Insectes et de Vers.

Les *Oiseaux de paradis* habitent les profondes forêts de la Nouvelle-Guinée et des îles voisines ; on en fait un commerce important car leur plumage d'une grande beauté est fréquemment utilisé pour la parure.

Les *Corbeaux* (fig. 187) et les *Corneilles* sont des Passereaux d'assez forte taille à plumage noir ; on les rencontre dans toutes les parties du monde en bandes parfois très nombreuses ; ils sont omnivores et affectent un goût prononcé pour la chair corrompue des cadavres. Leur voix ou croassement est un cri rauque et désagréable.

Fig. 186. - Mésange.

Les *Pies* au plumage noir et blanc, les *Geais* teintés de roux et de bleu, les *Loriots*, se rapprochent beaucoup des Corbeaux.

Enfin les *Pies-grièches* ont le bec recourbé en crochet et les griffes acérées des Oiseaux de proie. Elles ont d'ailleurs en commun avec ces derniers des habitudes sanguinaires inconnues aux autres Passereaux ; elles tuent les petits Oiseaux et les empalent sur des épines quand elles ne peuvent les manger tout de suite.

3° Les *Fissirostres* (*Hirondelles*) ont un bec large et aplati fendu profondément presque jusqu'aux yeux ; des ailes longues et pointues en font d'excellents voiliers. Ils chassent les Insectes au vol et les engloutissent dans leur large bec.

Les *Hirondelles* nous arrivent d'Afrique au printemps soit isolées, soit par couples ; elles annoncent le retour de la belle saison ; mais au départ elles se réunissent par bandes nombreuses ; celles qui sont en retard restent dans nos pays et

Fig. 187. — Corbeau.

s'endorment d'un sommeil hibernal comme le font les Marmottes et les Chauves-souris.

L'Hirondelle vient à son retour habiter le même pays qu'avant son départ ; elle reprend même souvent son nid de l'année précédente ; si elle le trouve occupé par quelque Moineau elle en ferme l'ouverture, de concert avec ses compagnes, et punit ainsi l'usurpateur en l'emprisonnant.

L'*Hirondelle de fenêtre*, blanche dessous et noire dessus avec des reflets bleus, construit son nid aux angles des fenêtres ou sous les rebords des toits. Elle emploie surtout à cette construction la terre fine que les Vers rejettent à la surface du sol après l'avoir avalée. Elle l'apporte becquée par becquée, l'imprègne de salive et la dispose par assises successives en une demi-boule accolée au mur et percée d'une étroite ouverture à sa partie supérieure ; le dedans est garni de brins de paille constituant une sorte de charpente à la bâtisse ; enfin elle le double à l'intérieur d'un épais matelas de fines plumes. L'*Hirondelle de cheminée* (fig. 188) construit le sien en forme de demi-coupe largement ouverte au-dessus. Enfin l'*Hiron-*

Fig. 188. - - Hirondelle de cheminée.

delle de rivage se creuse un terrier sur le bord d'un cours d'eau.

En raison du nombre considérable d'Insectes qu'elle détruit, l'Hirondelle est un précieux auxiliaire de l'agriculture et mérite notre protection.

Les *Engoulevents*, les *Martinets* et les *Salanganes* viennent se ranger avec l'Hirondelle dans la catégorie des Passereaux fissirostres. Les *Martinets* ont les ailes d'une longueur telle que, s'ils viennent se reposer à terre, ils ne peuvent que difficilement reprendre leur vol et se laissent prendre à la main. Quant aux *Salanganes*, leurs nids construits dans le creux des rochers au bord de la mer constituent pour les palais chinois un mets recherché dont il se fait un commerce d'une grande importance.

4° Les *Ténuirostres* (*Huppes, Oiseaux-mouches*, etc.) sont des Oiseaux criards ou chanteurs, peu nombreux en Europe, caractérisés par leur bec long et fin.

Les *Huppes* (fig. 189) habitent l'Afrique en hiver et viennent passer l'été en Europe, leur tête est ornée d'un panache de plumes pouvant se relever ou s'abaisser à la volonté de l'Oiseau.

Fig. 189.
Huppe (très réduite).

Enfin les *Oiseaux-mouches* sont de très petits Oiseaux dépourvus de voix, mais ornés en revanche des plus vives couleurs ; ils habitent les épaisses forêts de l'Amérique méridionale et de l'Amérique centrale.

5° Les *Lévirostres* (*Martins-pêcheurs*, etc.) sont des Passereaux criards pourvus d'un bec long mais faible ; les deux doigts externes sont soudés jusque vers le milieu de leur longueur.

Le *Martin-pêcheur* (fig. 190) de nos pays est un peu plus gros qu'un Moineau ; il bâtit son nid sur le

Fig. 190. — Martin-pêcheur.

bord des eaux et a la singulière habitude de le tapisser avec les arêtes des Poissons dont il se nourrit.

Les *Guêpiers*, les *Calaos* et les *Rolliers* sont encore des Lévirostres au même titre que le Martin-pêcheur.

Utilité des Oiseaux

Un certain nombre de Mammifères sont pour l'homme des animaux utiles; les Oiseaux sont à la fois des animaux d'agrément et d'utilité. Leur grâce, leur beauté, leur agilité, leur voix harmonieuse, tout les rend agréables. Les premiers hommes, aussi loin que nous pouvons remonter ont aimé les Oiseaux; les sauvages les protégeaient, les prêtres des religions passées les regardaient comme des êtres sacrés ; les poètes de tous les temps les ont chantés. Nous leur accordons une hospitalité que nous refusons à beaucoup d'autres animaux ; nous en faisons des compagnons d'appartement; ce sont nos favoris et nos bien-aimés. Mais de plus ils nous sont d'une grande utilité car ils sont nos défenseurs naturels contre nos ennemis les plus nombreux, les plus petits et les plus inaccessibles à nos coups. Une vue perçante leur permet de découvrir à une grande distance les Insectes les plus petits ; ils ont des ailes rapides pour les poursuivre, un bec vigoureux pour les broyer.

Parmi les Rapaces, les *Buses*, les *Crècerelles*, les *Effraies*, les *Hulottes* débarrassent nos champs des Campagnols, des Mulots et autres Rongeurs de petite taille qui les dévastent, et détruisent une quantité considérable de gros Insectes nuisibles à nos récoltes. Tous les Insectivores à bec fin, *Grives, Merles, Fauvettes*, nous dérobent bien quelques fruits mais nous rendent en revanche des services inappréciables en dévorant journellement des milliers d'Insectes, de larves et de vermisseaux. Les *Hirondelles* chassent les Fourmis ailées et les Charançons; elle nous délivrent en outre des Mouches qui nous importunent. Le *Coucou* fait une guerre acharnée aux Chenilles velues qui envahissent nos bois et nos vergers. Le *Pic*, accusé de nous nuire, est au contraire le conservateur de nos forêts, car il fait une guerre continuelle aux Insectes qui s'attaquent aux arbres. Les *Étourneaux* et les *Martins* sont des chercheurs infatigables qui fouillent chaque touffe d'herbe pour y trouver des Sauterelles, des larves, des Vers et des Limaces. Les *Mésanges*, malheureusement trop peu nombreuses, explôrent du pied à la cime nos arbres et nos arbustes pour découvrir non seulement les Chenilles nues et les Pucerons cachés dans le feuillage mais encore les œufs déposés par divers Insectes sur les feuilles et sur les branches. Les *Moineaux* eux-mêmes, les *Bruants* et autres Passereaux à bec conique nous rendent quelques services en détruisant des Insectes ou bien encore en dévorant les graines des mauvaises herbes.

Les Oiseaux sont donc indispensables sur la terre; ils maintiennent dans la série des êtres un équilibre qui serait bientôt détruit sans eux ; ils empêchent surtout les Insectes, ces ennemis si petits et si redoutables, de prendre une fâcheuse prépondérance. Une paire d'Oiseaux peut nous rendre plus de services que tout un ordre de Mammifères ; leur utilité est si grande qu'elle ne peut s'estimer ; mais elle peut du moins justifier cette devise qui doit être celle de toute personne éclairée : *Protection aux Oiseaux.*

RÉSUMÉ

Les *Grimpeurs* ont deux doigts en avant et deux en arrière; ils possèdent un bec puissant : *Pic, Coucou, Toucan.*

Les *Perroquets* ont, comme les Grimpeurs, deux doigts en avant et deux doigts en arrière; mais ils ne se nourrissent pas d'Insectes et leur bec gros et à bords tranchants est recourbé dès la base; enfin ils ont la langue charnue : *Jacquots, Aras, Perruches, Cacatoès.*

Les *Passereaux* sont en général des Oiseaux de petite taille et de caractères très divers.

1º *Conirostres: Alouettes, Moineaux, Bouvreuils, Serins, Chardonnerets, Linottes, Pinsons, Bruants* et *Républicains.*

2º *Dentirostres: Merles, Rossignols, Roitelets, Mésanges, Étourneaux, Corbeaux, Corneilles, Pies,* etc.

3º *Fissirostres : Hirondelles, Engoulevents, Martinets.*

4º *Ténuirostres : Huppes, Oiseaux-mouches.*

5º *Lévirostres : Martins-pêcheurs, Rolliers, Guépiers.*

La plupart des Oiseaux sont utiles à l'agriculture.

CHAPITRE XXIII

Les Reptiles, les Batraciens et les Poissons [1]

Classe des Reptiles

Caractères généraux des Reptiles. — L'étude que nous avons déjà faite du Lézard (voir page 50) nous a montré que les *Reptiles* sont des Vertébrés couverts de fausses écailles et pourvus d'un squelette interne. Ils respirent toute la vie à l'aide de poumons ; mais ces poumons au lieu d'être divisés en nombreuses vésicules comme ceux des Mammifères et des Oiseaux sont souvent réduits à des espèces de sacs dans lesquels débouchent directement les bronches primaires et présentent à leur intérieur des chambres peu nombreuses.

Fig. 191. — Cœur de Tortue.

Le sang coloré en rouge par des globules elliptiques analogues à ceux des Oiseaux est mis en mouvement par un cœur composé de deux oreillettes et d'un seul ventricule (fig. 191) (à l'exception des Crocodiliens) ; il en résulte un mélange du sang veineux et du sang artériel dans le ventricule unique ; les différentes parties du corps ne reçoivent donc que du sang imparfaitement artérialisé. Aussi la production de chaleur est toujours très faible et la température du corps suit les variations de la température extérieure. Les Rep-

---

1. La classification des Reptiles, des Batraciens et des Poissons n'est pas comprise dans les programmes de l'enseignement spécial ; nous n'avons cependant pas cru devoir l'omettre ; mais nous en avons indiqué seulement les principaux traits.

tiles sont donc des *animaux à température variable*, ou bien, comme on dit souvent, des *animaux à sang froid.*

Les Reptiles sont presque tous *ovipares* comme les Oiseaux, mais leurs œufs n'ont souvent qu'une enveloppe molle et flexible.

Tous se meuvent en rampant, c'est-à-dire en appliquant sur le sol la face inférieure de leur corps; cette *reptation* constitue un caractère général des Reptiles.

La classe des Reptiles comprend quatre ordres : les *Chéloniens ou Tortues,* les *Cro-codiliens,* les *Sauriens ou Lézards* et enfin les *Ophidiens ou Serpents.*

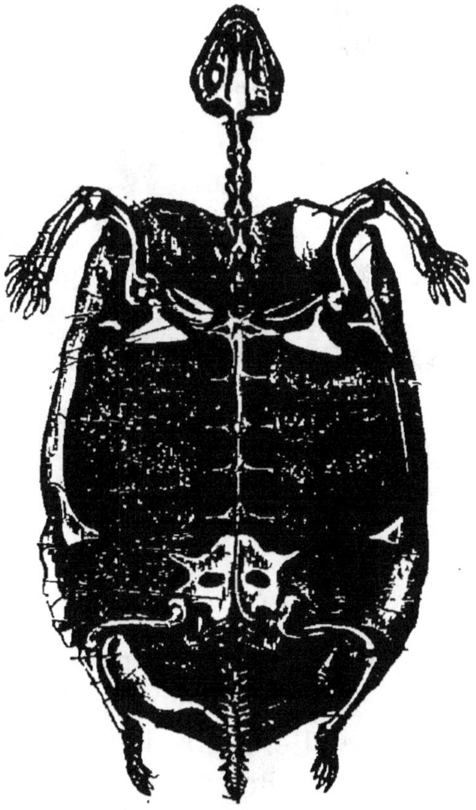

Les Chéloniens ou Tortues. — Les *Tortues* sont caractérisées par la présence d'une enveloppe solide qui entoure le corps en laissant des ouvertures pour les pattes et la tête. La *carapace* (fig. 192) ou partie dorsale de cette enveloppe est formée à l'intérieur par les côtes et les vertèbres soudées et à l'extérieur par des plaques osseuses et écailleuses qui sont

Fig. 192. — Squelette de Tortue.

des productions de la peau. Le *plastron* qui constitue le bouclier ventral est soutenu à l'intérieur par le sternum et par l'extrémité sternale des côtes. Enfin les Tortues possèdent comme les Oiseaux un *bec corné* revêtant les mâchoires. Elles sont pour la plupart herbivores et mangent très peu.

Les *Tortues terrestres* ont la carapace fortement bombée et leur tête peut se retirer entièrement avec le cou sous la carapace. La *Tortue grecque* (fig. 193) habite le sud de la France;

la *Tortue mauresque* se rencontre fréquemment en Algérie ; enfin la *Tortue éléphantine* qui peut atteindre un mètre de longueur vit dans les îles du canal Mozambique.

Les *Tortues palustres* ou des marais sont ordinairement de petite taille avec une carapace aplatie ; leurs doigts réunis par une membrane natatoire leur servent de rames. La *Cistude d'Europe* se rencontre dans le midi de la France ; elle est carnassière.

Les *Tortues fluviales* n'habitent pas l'Europe ; elles sont de grande taille et leur chair est très estimée.

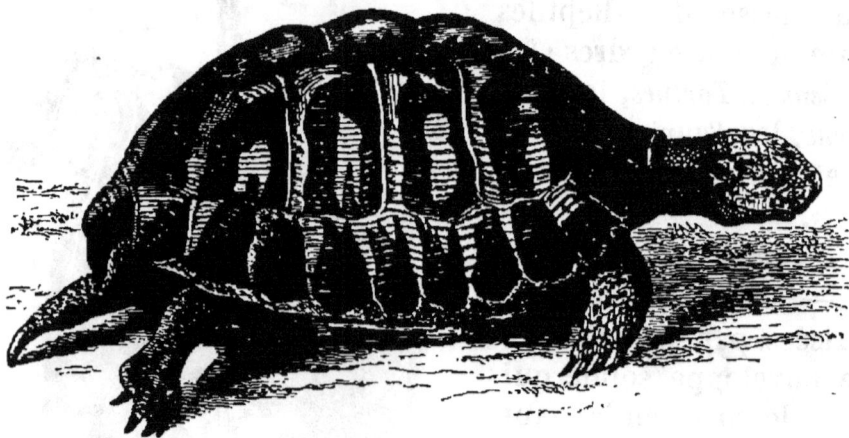

Fig. 193. — Tortue grecque.

Les *Tortues marines* ont les pattes transformées en nageoires et leur carapace fortement déprimée est recouverte de belles lames d'écaille. Leur chair et leurs œufs sont fort recherchés ; mais on les chasse surtout pour l'écaille de leur carapace ; c'est le *Caret* de l'Océan indien qui fournit la plus estimée.

Les Crocodiliens. — Les *Crocodiliens* sont pourvus de quatre membres et se distinguent des Lézards par la constitution du cœur qui présente quatre cavités au lieu de trois. Leurs mâchoires allongées sont armées de dents fortes et pointues implantées dans des alvéoles. Tous les Crocodiliens sont aquatiques et ne se nourrissent que de chair. Les *Crocodiles* se rencontrent surtout en Afrique ; les *Caïmans* n'habitent que l'Amérique et les *Gavials* sont cantonnés dans le bassin du Gange.

Les Sauriens ou Lézards. — Les *Sauriens* ont la forme générale des Crocodiles avec une taille beaucoup plus faible ;
leur queue longue et cylindrique possède la propriété de re-
pousser quand elle a été mutilée. Les membres sont pourvus
de cinq doigts et la peau est recouverte de petits tubercules
appelés improprement des écailles. Le cœur des Sauriens ne
possède qu'un seul ventricule, les dents ne sont jamais im-

Fig. 191. — Caméléon.

plantées dans des alvéoles et les mâchoires ne sont pas dila-
tables.

Les *Lézards* sont les plus vifs des Sauriens ; ils sont les utiles
auxiliaires de l'agriculture par la chasse qu'ils font aux Insectes ; les *Monitors* et les *Varans* habitent l'Afrique. Citons
encore le *Gecko* (une espèce en France), l'*Iguane* (Amérique) et
le *Caméléon* (fig. 194) (Afrique, Madagascar et sud de l'Espagne). Ce dernier, qui a les doigts de chaque membre divisés
en deux groupes opposables pour étreindre les branches,
possède une langue cylindrique et fort longue qu'il projette
sur les Insectes pour les ramener à sa bouche ; il est bien
connu pour sa faculté de changer de couleur, soit sous l'in-

fluence de la lumière, soit par l'effet de la peur ou de la colère.
Enfin les *Seps* ont quatre membres très courts et les *Orvets* en
sont dépourvus, ce qui les fait ressembler à des Serpents ;
mais on leur trouve des moignons sous la peau. Les Orvets,
malgré leur mauvaise réputation, sont tout à fait inoffensifs.

Les Ophidiens ou Serpents. — Les *Serpents* sont complètement dépourvus de membres ; c'est en pre-
nant des points d'appui sur les aspérités du sol
qu'ils parviennent à ramper ; aussi progres-
sent-ils d'autant plus vite que le sol est plus
inégal et plus rocail-leux. Leurs yeux dépourvus de véritables paupières présentent
une fixité remarqua-ble. Tous les Serpents
sont carnassiers ; ils ne se nourrissent que de
proies vivantes souvent plus grosses qu'eux-

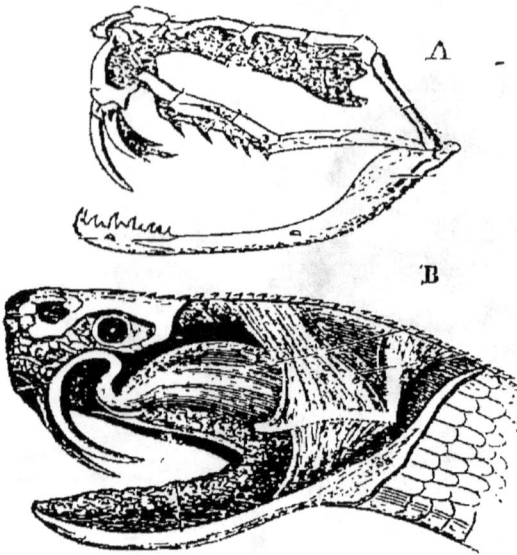

Fig. 195. — Tête de serpent venimeux.
A. Squelette de la tête avec les crochets.
B. Appareil venimeux mis à nu.

mêmes ; ils réussissent à les avaler grâce à la faculté que possèdent les os des mâchoires de s'écarter les uns des autres
pour laisser dilater la bouche. Cette bouche (fig. 195) est armée de dents nombreuses, crochues et recourbées en arrière ;
elles ne sont pas implantées dans des alvéoles. Certains Serpents possèdent à l'extrémité de la mâchoire supérieure des
dents beaucoup plus longues que les autres et recourbées en
arrière ; ces *crochets* peuvent présenter une rainure longitu-
dinale ou bien un canal qui déverse dans la plaie un venin
très violent sécrété par des glandes situées sous la peau un
peu en arrière des yeux. Les crochets cannelés sont soudés à la mâchoire, mais les crochets pourvus d'un canal
sont mobiles et peuvent se recourber en arrière quand la

bouche est fermée pour se redresser et s'enfoncer dans les chairs de la proie quand le Serpent ouvre la bouche.

Les *Vipères* et les *Couleuvres* sont les seuls Serpents de nos pays. Les *Vipères* sont vivipares et se nourrissent de Lézards, de Mollusques, d'Insectes et d'Oiseaux; elles atteignent 0ᵐ,50 à 0ᵐ,60 de longueur; la queue est très courte et la mâchoire supérieure est armée de crochets à canal.

La *Péliade* (fig. 196) et la *Vipère aspic* sont les deux espèces

Fig. 196. — Peliade.

communes. Pour éviter les suites fâcheuses d'une piqûre, il faut élargir la plaie avec un canif, la sucer et la cautériser soit avec le fer rouge, à l'aide d'un mélange d'alcool et d'acide phénique, soit encore à l'aide d'ammoniaque; il est bon en même temps d'établir une ligature au-dessus de la plaie.

Les *Couleuvres* sont inoffensives; elles ont le corps svelte, la queue longue, la tête couverte de plaques régulièrement disposées et la bouche dépourvue de crochets venimeux.

Tous les autres Serpents sont inconnus en Europe.

Parmi les Serpents venimeux citons les *Crotales ou Serpents à sonnettes* de l'Amérique du Nord et le *Bothrops jaune* ou *Fer-de-lance* de l'Amérique du Sud.

D'autres Serpents venimeux ne possèdent que des crochets cannelés; ce sont les *Serpents de mer*, les *Elaps* et les *Najas* ou *Serpents à lunettes*.

Enfin les Serpents non venimeux comprennent outre la *Couleuvre*, les *Pythons* et les *Boas* qui atteignent jusque treize mètres de longueur et sont d'une force considérable.

Classe des Batraciens

Caractères généraux. — La *Grenouille*, qui est le type des Batraciens, ne peut être séparée de la *Salamandre d'eau (Triton)* et de la *Salamandre terrestre* qui offrent la plus grande ressemblance extérieure avec le *Lézard*; aussi comprenait-on autrefois tous ces animaux dans la classe des Reptiles. Mais une étude plus approfondie a fait découvrir entre les Reptiles d'une part, la Grenouille, la Salamandre et le Triton d'autre part, des différences assez notables pour réunir

Fig. 197. — Anatomie de la Grenouille. 7, cœur; 9, un poumon; 10, foie; 15, estomac.

ces derniers animaux dans une classe distincte, celle des *Batraciens*.

Le *sang* des Batraciens est encore coloré par des globules plus épais au milieu que sur les bords comme ceux des Reptiles et des Oiseaux; il est mis en mouvement par un cœur à trois cavités (fig. 197) et le mélange des deux sangs dans le ventricule unique a encore pour conséquence la faible température du corps qui suit les variations de la température extérieure.

La Grenouille adulte respire par des *poumons*; mais ces organes sont réduits à des sacs pleins d'air contenant seulement du sang dans leurs parois; heureusement cette faible respiration pulmonaire se trouve quelque peu compensée par une respiration cutanée que facilite l'arrivée de nombreux vaisseaux sanguins sous une peau mince, dépourvue d'écailles et toujours humide.

Développement des Batraciens. — Ce qui caractérise le mieux la Grenouille et les autres Batraciens, c'est le

Fig. 198. — La Grenouille verte.

mode de développement (fig. 199). Les jeunes animaux sortant de l'œuf, au lieu de présenter la forme de l'animal adulte, comme cela arrive pour les Oiseaux et les Reptiles, ressemblent tout d'abord à des Poissons et n'arrivent à leur forme définitive qu'après avoir traversé un certain nombre de phases intermédiaires.

C'est ainsi que la très jeune Grenouille a la forme d'un petit Poisson dont la tête serait très développée; on lui a donné pour cette raison le nom de *Têtard*. En réalité, ce qu'on prend pour la tête n'est autre chose que le corps; tout ce qui est en arrière constitue la queue. Ces jeunes animaux sont essentiellement aquatiques. Leur appareil respiratoire se compose d'abord de houppes de filaments situées de chaque côté de la tête et flottant librement dans l'eau ; ce sont des branchies externes; mais bientôt ces branchies externes disparaissent et sont remplacées par des branchies internes ayant la forme de petits peignes recourbés dans lesquels circule le sang et situés de chaque côté de la tête dans une sorte de repli de la peau. Le mécanisme de la respiration est

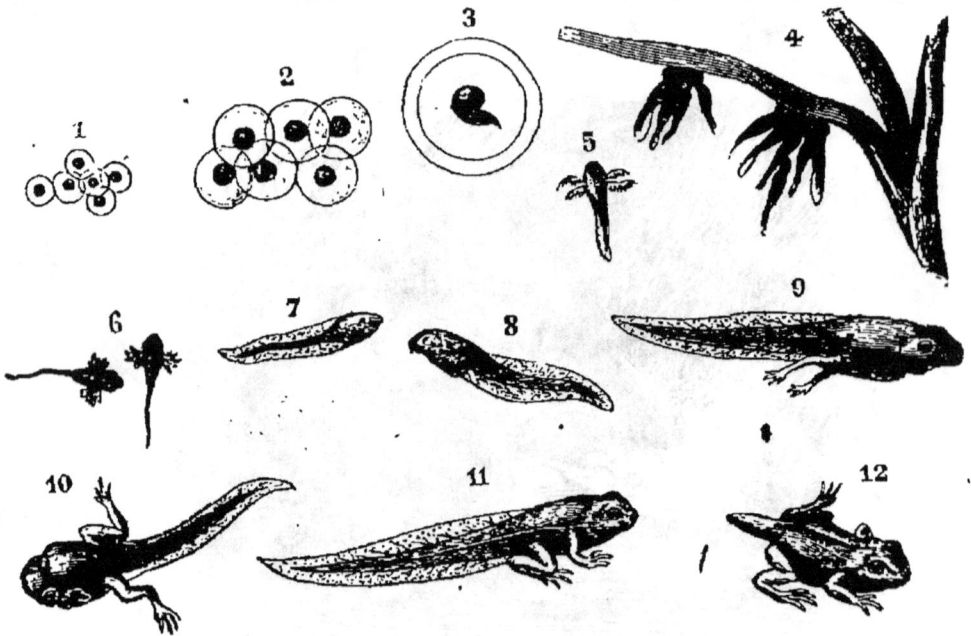

Fig. 199. — Métamorphoses de la Grenouille.

à ce moment tout à fait analogue à celui des Poissons; l'eau introduite dans la bouche s'échappe par les cavités latérales qui contiennent les branchies et baigne ces organes pendant son passage.

Les pattes postérieures apparaissent peu à peu de chaque côté de la naissance de la queue et quand elles sont déjà bien formées se développent seulement les pattes antérieures, de telle sorte que le Têtard dépourvu primitivement de membres en possède bientôt deux paires comme les animaux étudiés jusqu'ici ; pendant ce temps le corps grandit, mais la queue au lieu de suivre ce développement devient de plus en plus petite et finit par disparaître.

L'appareil respiratoire s'est lui-même modifié peu à peu; des poumons se sont développés à l'intérieur du corps et les branchies internes ont disparu. En résumé, le *Têtard, animal nageur à respiration aquatique,* s'est transformé en une *Grenouille, animal marcheur à respiration aérienne.* A ces modifications profondes correspond un changement d'alimentation ; le Têtard est herbivore et se nourrit de plantes aquatiques; la Grenouille adulte ne mange que des Vers ou des Insectes.

Toutes ces phases successives par lesquelles a dû passer la Grenouille sont des *métamorphoses;* nous aurons l'occasion d'en signaler de nombreux exemples quand nous parlerons du développement des Insectes.

Tous les Batraciens ne présentent pas des métamorphoses aussi complètes que celles de la Grenouille ; beaucoup ne perdent pas leur queue (*Urodèles*); l'*Axolotl* garde très longtemps ses branchies et pond même des œufs alors qu'il possède encore cette respiration aquatique ; enfin les *Sirènes* et les *Protées* conservent leurs branchies pendant toute la vie.

Classification des Batraciens. — La classe des Batraciens comprend trois ordres : les Anoures (*Grenouille*); les Urodèles (*Salamandre*) et les Apodes (*Cécilie*).

Les *Anoures* adultes ne possèdent pas de queue et ne respirent que par des poumons. Les *Grenouilles* (fig. 198), les *Rainettes* et les *Crapauds* en sont les principaux représentants. La *Rainette verte* de nos pays a les doigts terminés par des espèces de pelotes fonctionnant comme des ventouses, ce qui lui permet de grimper sur les arbres.

Le *Crapaud* est dépourvu de dents et possède en arrière de la tête de nombreuses glandes à venin. La coloration de sa peau et les nombreuses pustules qui couvrent son dos lui ont valu la réputation d'un animal dangereux; mais en réalité c'est un être inoffensif et de plus un utile auxiliaire des jardiniers par le nombre considérable de Limaces et d'Insectes qu'il dévore.

Les *Urodèles* possèdent une queue et quatre membres;

leurs œufs sont toujours pondus isolément et non plus en grosses masses gélatineuses comme ceux des Anoures. Les *Salamandres* (fig. 200) sont reconnaissables aux bandes jaunes qui courent le long des flancs et à la face dorsale de la

Fig. 200. — Salamandre.

queue. On les croyait autrefois incombustibles. Elles mettent au monde des petits tout vivants parce que l'éclosion des œufs se fait à l'intérieur du corps : on dit qu'elles sont ovovivipares. Le *Triton* ou *Salamandre d'eau* dont la queue est aplatie et l'*Axolotl* qui vit naturellement au Mexique sont des Urodèles ; enfin il nous faut encore citer les *Sirènes* de la Caroline du Sud et les *Protées* de la Dalmatie qui conservent des branchies pendant toute leur vie. La Sirène manque de pattes postérieures.

Le groupe des *Batraciens apodes* comprend les *Cécilies* qui sont dépourvues de pattes et rappellent un peu les Serpents.

Classe des Poissons

Caractères généraux. — L'étude de la Carpe nous a déjà fait connaître les caractères généraux des Poissons (voir page 53). Ce sont des animaux exclusivement aquatiques dont le *corps tout d'une venue* est recouvert de *véritables écailles* diversement conformées.

Tout, d'ailleurs, dans l'organisation des Poissons, est adapté à la vie aquatique ; les membres, au lieu d'être des instruments de marche, sont devenus des *nageoires paires* qui servent à battre l'eau (fig. 201) : ce sont les *nageoires pectorales* (1re paire) et les *nageoires abdominales* (2me paire) ; mais ces dernières peuvent être diversement situées et même manquer complètement (*Anguille*). Les *nageoires impaires* sont situées sur la ligne médiane du corps ; elles sont soutenues par des rayons qui deviennent parfois de fortes épines (*Perche*). L'une, située à la

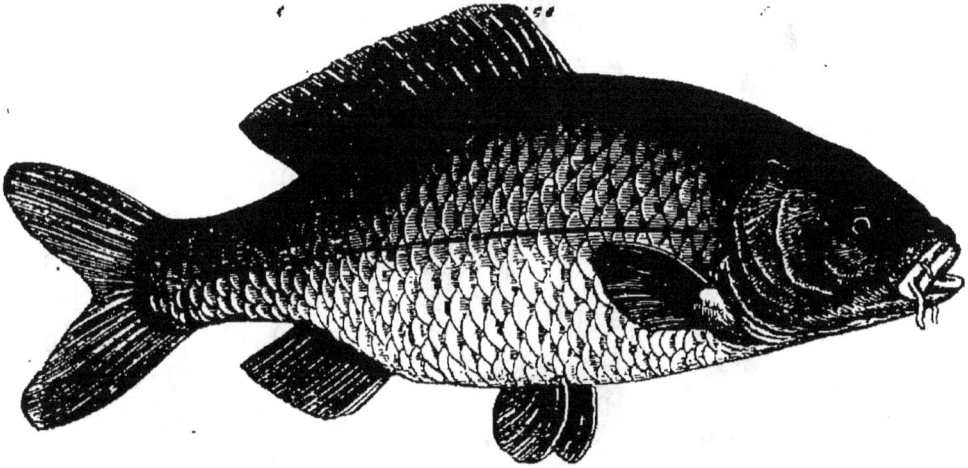

Fig. 201. - Carpo.

région dorsale du corps, porte le nom de *nageoire dorsale* ; une autre plus petite, située derrière l'orifice postérieur du tube digestif, constitue la *nageoire anale* ; enfin une troisième, divisée en deux faisceaux, termine le corps du Poisson et fonctionne comme un gouvernail, c'est la *nageoire caudale*.

L'*appareil digestif* (fig. 202) comprend tout d'abord une armature buccale composée de nombreuses dents qui atteignent parfois une assez grande longueur (*Brochet*) et sont toujours dépourvues de racines. Les glandes salivaires font défaut, mais il existe un foie volumineux. La longueur du tube digestif est encore ici en relation avec le régime animal ou végétal.

Mais ce qui caractérise surtout les Poissons, c'est l'existence d'un appareil respiratoire exclusivement adapté à la vie aquatique et constitué par des *branchies*. De chaque côté de l'arrière-bouche se trouvent une série de fentes dirigées de haut en bas et séparées par des arcs osseux nommés *arcs bran-chiaux*. Ces fentes conduisent de chaque côté dans une cavité, la *cavité des ouïes*, qui s'ouvre elle-même au dehors par une fente située en arrière de la tête. La cavité des ouïes est re-couverte par une sorte de clapet ou *opercule*, qui n'étant pas fixé à son bord postérieur, peut s'écarter et lais-ser libre l'ouverture des ouïes. L'eau que le Poisson avale pénè-tre entre les fentes des arcs, traversé la cavité des ouïes et s'échappe au dehors par les fentes après avoir baigné de nombreuses lamelles insérées sur les arcs os-seux et constituant les *branchies* (br). Dans ces lamelles pénètrent des vaisseaux sanguins qui amènent continuelle-ment du sang veineux et le mettent en con-tact avec l'oxygène que l'eau tient en disso-lution.

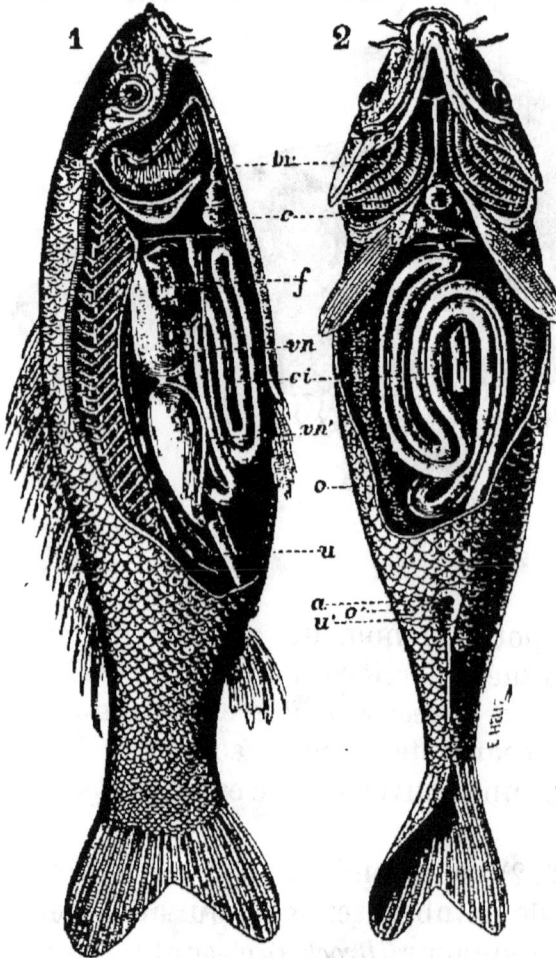

Fig. 202. — Anatomie de la Carpe.

Le corps des Pois-sons renferme presque toujours, il est vrai, un sac rempli d'air comme les poumons des Vertébrés terrestres ; mais ce sac, auquel on a donné le nom de *vessie natatoire* (*vn'*), ne reçoit que du sang rouge dans ses parois et ne sert probablement qu'à faire varier la densité du corps pour faciliter les déplacements du Poisson dans l'eau.

L'appareil circulatoire est beaucoup plus simple que celui des autres Vertébrés. Le *cœur (c)*, situé à la face ventrale du corps un peu en arrière des branchies, ne possède qu'*une oreillette* et *un ventricule*. Le sang veineux revenant des différentes parties du corps arrive dans l'oreillette et passe dans le ventricule qui le chasse lui-même dans les branchies. De ces appareils respiratoires il se rend directement aux diverses parties du corps sans revenir au cœur. Le *sang est à température variable*; enfin les Poissons sont *ovipares*.

Classification des Poissons. — Suivant que le squelette est osseux ou cartilagineux on divise les Poissons en deux groupes principaux : les *Poissons osseux* et les *Poissons cartilagineux*.

On pourrait encore établir deux catégories d'après l'habitat : les *Poissons de mer* et les *Poissons d'eau douce* ; quand on plonge dans l'eau douce un Poisson marin, ou réciproquement, l'animal périt rapidement par suite de la contraction des branchies par l'eau de mer pour les Poissons d'eau douce et par le gonflement de ces branchies par l'eau douce pour ceux de mer. Cependant les Anguilles, les Saumons, les Aloses, les Esturgeons et certaines Lamproies vivent alternativement dans l'eau douce et dans l'eau de mer. Les Anguilles, par exemple, se rendent à la mer au moment de leur ponte ; quant aux Saumons, ils font l'inverse et remontent surtout les rivières provenant de terrains siliceux ; ceux qui remontent la Seine passent exclusivement dans l'Yonne et dans la Cure.

Les *Poissons osseux* forment le groupe le plus important ; les *Anguilles*, les *Congres* et les *Murènes* n'ont pas de nageoires ventrales et affectent la forme allongée des Serpents ; la *Lotte*, le *Merlan*, la *Morue*, la *Sole*, le *Turbot*, la *Plie* et la *Limande* ont la deuxième paire de nageoires fort rapprochée des nageoires pectorales ; la *Truite*, le *Saumon*, le *Hareng*, la *Sardine*, l'*Anchois*, le *Brochet*, la *Carpe*, le *Cyprin doré*, le *Barbeau*, la *Brême*, le *Goujon*, le *Gardon* et la *Tanche* ont au contraire la deuxième paire de nageoires suspendue sous l'abdomen. Tous ces Poissons osseux ont les rayons des nageoires *mous*.

Un autre groupe de Poissons osseux comprend ceux dont la nageoire dorsale est soutenue par des rayons épineux; il faut citer la *Perche* (fig. 203), le *Maquereau*, le *Thon* et l'*Épinoche*.

Les *Coffres* et les *Balistes* ont le corps couvert de larges plaques osseuses souvent polygonales; enfin l'*Hippocampe* ou Cheval marin a des branchies en houppes de chaque côté de la tête.

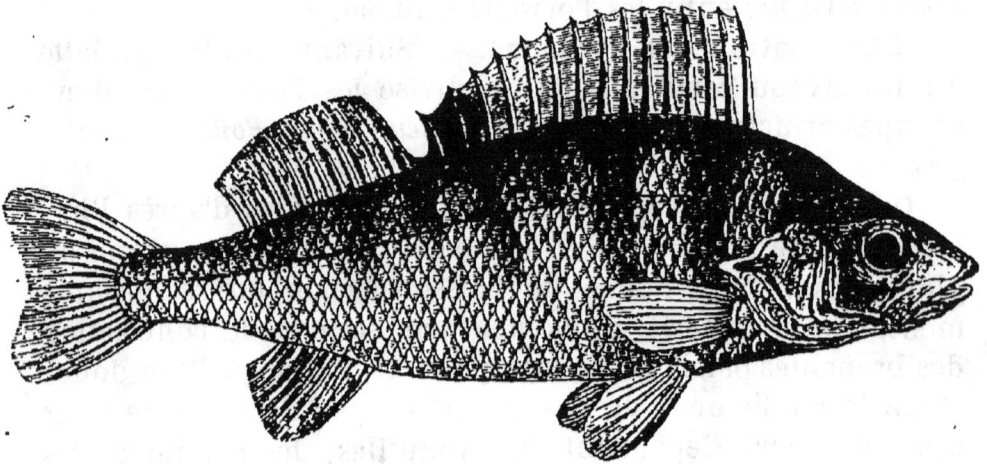

Fig. 203. — Perche.

Les *Poissons cartilagineux* ont comme leur nom l'indique un squelette cartilagineux; de plus leur corps est dépourvu d'écailles imbriquées; mais la peau présente une foule de petits noyaux osseux qui lui donnent un aspect chagriné. Les *Esturgeons*, les *Requins* et les *Raies* en sont les principaux types.

Les *Lamproies* sont dépourvues de nageoires paires et la bouche fonctionne comme une ventouse.

Poissons électriques. — Certains Poissons possèdent la singulière faculté d'émettre à volonté de puissantes décharges électriques. L'appareil producteur de l'électricité est situé de chaque côté du corps en arrière de la tête et se compose d'une multitude de petits prismes accolés comme les loges d'un rayon de miel. La *Torpille* (fig. 204) se rencontre dans la Mé-

diterranée et présente la forme d'une Raie ; le *Silure* habite le
Nil et se rapproche des Brochets; enfin la *Gymnote* est une
sorte d'Anguille qui habite les rivières de l'Amérique du
Sud.

Poissons des grandes profondeurs. — Des recherches ré-
centes ont montré qu'à une profondeur considérable dans la
mer pullulent des Poissons
aux formes étranges possédant des plaques lumineuses
diversement disposées pour
éclairer leur route dans cet
empire ténébreux où ne pénètrent jamais les rayons du
soleil. On a rencontré quelques-uns de ces Poissons à
une profondeur de près de
cinq mille mètres.

Pisciculture. — La pêche
que l'on fait dans nos cours
d'eau avec une activité qui
n'est égalée que par le défaut de discernement qui y
préside a fini par les dépeu-
pler peu à peu. Heureuse-
ment deux pêcheurs vos-
giens du village de la Bresse,
Remy et Géhin, eurent en
1842 l'idée d'assurer la mul-

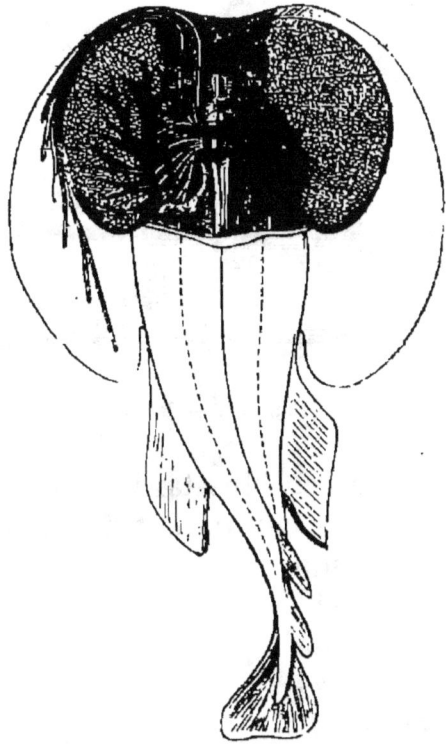

Fig. 204. — Torpille ouverte pour montrer
l'appareil électrique.

tiplication des Poissons en écartant des jeunes nouvellement éclos toutes les causes de destruction auxquelles ils sont
habituellement exposés dans les cours d'eau. On se sert d'une
caisse rectangulaire de 0^m10 environ de profondeur. A mi-pro-
fondeur de cette caisse on dispose une claie formée de baguettes de verre assez rapprochées pour retenir les œufs, mais
assez écartées cependant pour laisser passer les jeunes Alevins lorsqu'ils sortent des œufs. La femelle, maintenue verticalement la tête en haut au-dessus de cette caisse, laisse tom-

ber ses œufs (fig. 205) sur lesquels on fait arriver de la même
façon la laitance des mâles; puis un courant d'eau claire vient
tomber dans la caisse et s'échappe par une ouverture latérale pour passer successivement dans d'autres caisses situées plus bas (fig. 206). Les *Alevins* tombent dans le fond de la caisse où ils trouvent toujours de l'eau fraîche

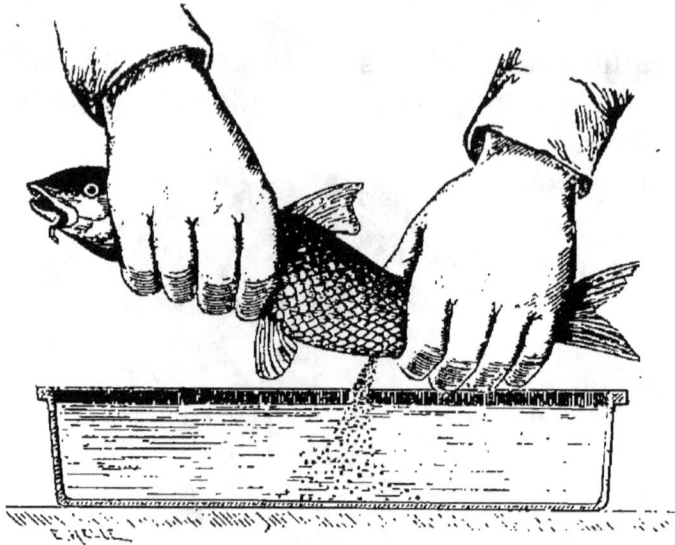

Fig. 205. — Récolte des œufs.

et bien aérée. Plus tard on les porte dans des bassins plus
vastes où ils continuent de se développer. La difficulté principale réside dans l'alimentation de ces jeunes Alevins; il faut leur fournir une nourriture en rapport avec les besoins de leur âge. Remy et Géhin donnaient

Fig. 206. — Incubateur.

tout d'abord aux jeunes Truites des œufs de Grenouilles; puis
ils élevaient des Poissons herbivores de petite taille; ces derniers
Poissons se nourrissaient d'herbes aquatiques et étaient dévorés à leur tour par les Truites qui sont carnassières. On

nourrit principalement les Alevins aujourd'hui avec de petits Crustacés, les *Daphnies*, que certains procédés permettent d'obtenir en grande abondance.

La pisciculture née en France a bientôt pénétré dans les autres pays et il existe aujourd'hui de grands établissements piscicoles où l'on élève des Poissons en quantité considérable. Toutes les personnes qui peuvent disposer à la campagne d'un faible courant d'eau claire et d'un peu d'espace pourraient avec profit se livrer à la culture peu coûteuse des Poissons.

RÉSUMÉ

Les *Reptiles* sont des *animaux vertébrés* respirant par des *poumons* et présentant une *température variable;* ils sont *ovipares,* leur corps est couvert de *fausses écailles* et ils ne progressent qu'en *rampant.*

REPTILES				
	Corps entouré d'une carapace.....................			Chéloniens.
	Pas de carapace	Cœur à 4 cavités.....................		Crocodiliens.
		Cœur à 3 cavités	Des paupières, bouche non dilatable, 4 membres.......	Sauriens.
			Pas de paupières, bouche dilatable, pas de membres......	Ophidiens.

Chéloniens : *Tortues terrestres, Tortues paludines, Tortues fluviales, Tortues marines (Caret).*

Crocodiliens : *Crocodiles, Caïmans, Gavials.*

Sauriens : *Lézards, Monitors, Varans, Geckos, Caméléons, Iguanes Orvets.*

Ophidiens : *Vipères, Couleuvres, Crotales, Boas, Pythons.*

Les *Batraciens* sont des *vertébrés à peau nue et humide;* le cœur ne comprend que *trois cavités,* le sang contient de gros globules elliptiques et la *température du corps est variable;* les Batraciens adultes ont presque tous des *poumons;* ils passent en sortant de l'œuf par une série de *métamorphoses.*

BATRACIENS				
	Pas de membres......................		Apodes	*Cécilies.*
	4 membres....	Une queue...............	Urodèles	*Salamandres. Tritons, Sirènes.*
		Pas de queue..........	Anoures	*Grenouilles. Crapauds.*

Les *Poissons* sont des animaux aquatiques à *corps tout d'une venue* et *couvert d'écailles;* ils ont le *sang froid,* un *cœur à deux cavités* et *respirent à l'aide de branchies.*

Suivant la nature de leur squelette ils appartiennent à la catégorie des *Poissons osseux* ou à celle des *Poissons cartilagineux.*

La plupart des Poissons sont utilisés pour l'alimentation de l'homme.

Les Poissons électriques sont : la *Torpille* et la *Gymnote.*

La *Pisciculture* a pour but l'élève des Poissons; elle se propose d'éloigner d'eux les causes de destruction qui les entourent dans les cours d'eau.

CHAPITRE XXIV

Les Insectes.

L'étude que nous avons faite du Hanneton (Voir page 60) nous a déjà appris que les Insectes sont des animaux articulés dont le corps, protégé par une enveloppe chitineuse, se divise en trois régions bien distinctes, tête, thorax et abdomen ; ils portent sur le thorax trois paires de pattes et deux paires d'ailes; ils respirent par des trachées et présentent des métamorphoses.

Il nous reste à voir les principaux caractères qui les distinguent les uns des autres et qui permettent de les grouper en ordres.

Métamorphoses des Insectes. — Les Insectes qui sortent de l'œuf ne diffèrent pas seulement des adultes par la taille, mais encore par la forme du corps et par l'absence d'ailes (voir ce qui a été dit pour le Hanneton, page 65) ; celles-ci n'apparaîtront que plus tard, lorsque le jeune animal aura atteint sa taille définitive et qu'il aura subi plusieurs mues, c'est-à-dire plusieurs changements de peau. Cependant, les Poux, les Puces, les Ricins, etc., conservent indéfiniment leur première forme; on peut dire que ces Insectes ne se développent jamais complètement. Les autres subissent, avant d'arriver à leur forme définitive, une série de changements qu'on appelle des *métamorphoses*

Larves. — Au sortir de l'œuf, ils ont en général le corps cylindrique et divisé en un certain nombre d'anneaux semblables et réguliers ; ce sont les *larves* auxquelles on réserve ordinairement le nom de *Chenilles* lorsqu'il s'agit de celles des Papillons et de *Vers* lorsqu'on a affaire à celles des autres Insectes ; mais ce ne sont pas des Vers véritables ; elles n'en ont que la forme extérieure. Les larves peuvent déjà posséder trois paires de pattes qui deviendront les pattes de l'adulte ; elles peuvent même en posséder un plus grand nombre ; mais les dernières sont simplement membraneuses et disparaîtront plus tard. Le plus souvent les larves sont nues, parfois elles sont couvertes de poils ; c'est le cas d'un grand nombre de Chenilles. Pendant cette période larvaire, le jeune Insecte subit des mues auxquelles correspond un accroissement considérable du corps ; au bout de trente jours, par exemple, le Ver à soie pèse près de 10,000 fois plus qu'au moment de sa naissance.

Nymphes. — Quand la larve a accompli sa dernière mue, elle cesse de prendre de la nourriture et subit des modifications importantes ; les antennes, les ailes et les pattes se développent peu à peu ; mais en général l'Insecte n'est pas encore libre ; il est renfermé à ce moment soit dans la peau de la larve dont il provient, soit dans un *cocon* de substance soyeuse. Dans ce deuxième état, on lui donne le nom de *pupe* ou de *nymphe* ou bien encore celui de *chrysalide*, s'il s'agit de la pupe d'un Papillon.

Insecte parfait. — Enfin l'*Insecte parfait* se dégage du cocon ou de la coque qui le renfermait et commence une nouvelle phase qui est généralement très courte, pendant laquelle il produira un grand nombre d'œufs.

Métamorphoses complètes et métamorphoses incomplètes. — Les Insectes qui présentent successivement les trois formes dont nous venons de parler sont appelés des *Insectes à métamorphoses complètes*. Il en est qui ont des *métamorphoses incomplètes* et chez lesquels la larve ne diffère guère de l'Insecte adulte que par l'absence d'ailes ; les Sauterelles et les Éphémères sont dans ce cas.

Changement de mœurs pendant les métamorphoses. — Le genre de vie des larves est presque toujours très différent de celui des Insectes adultes ; la larve du Hanneton, par exemple, vit dans la terre, tandis que l'Insecte adulte se plaît sur les arbres ; les larves des Éphémères et des Phryganes sont aquatiques et les Insectes qui en proviennent sont aériens. Il en est d'autres, au contraire, chez lesquels les larves ont une vie aérienne et les Insectes parfaits une vie souterraine.

Après leur métamorphose beaucoup d'Insectes, en raison du nouveau milieu dans lequel ils se trouvent, changent complètement de régime alimentaire ; c'est ainsi que les Papillons ne prennent souvent que des aliments liquides, tandis que leurs larves se nourrissaient de feuilles, etc. Les Éphémères et les Phryganes, devenus Insectes parfaits, ne prennent plus aucun aliment.

Division des Insectes en ordres. — Le nombre des espèces d'Insectes est tellement considérable (plus de 400,000), qu'il a fallu, pour en faciliter l'étude, les grouper en un certain nombre d'ordres. Les caractères que l'on peut tirer des métamorphoses sont précieux au point de vue de cette classification ; mais comme on n'a pas toujours l'occasion et le loisir de suivre un Insecte dans toutes les phases par lesquelles il passe, on a dû recourir à d'autres caractères. Le nombre et la forme des ailes, la disposition des pièces buccales, etc., nous serviront à établir cette classification.

Caractères tirés des ailes. — Les Insectes dépourvus d'ailes comme les Poux sont des *Aptères;* ceux qui n'en possèdent que deux, la Mouche, par exemple, portent le nom de *Diptères;* enfin ceux qui en quatre sont des *Tétraptères;* ceux-ci comprennent eux-mêmes plusieurs ordres. Il en est, en effet, les Papillons, les Libellules, les Sauterelles, qui ont les quatre ailes à peu près semblables ; mais chez les Papillons elles sont recouvertes de petites écailles, tandis que celles des Libellules et des Sauterelles sont simplement membraneuses. Les Hannetons, les Hydrophiles, etc., possèdent deux paires d'ailes différentes; celles de la première paire sont des *élytres*, tandis que les ailes de la deuxième paire sont délicates et membraneuses; enfin les Punaises, les Nèpes, etc., ont des ailes antérieures coriaces à leur base, membraneuses à leur extrémité.

Caractères tirés des pièces buccales. — Suivant que les Insectes sont *broyeurs*, *suceurs* ou *lécheurs*, l'appareil buccal subit des modifications profondes dans la forme et dans le développement relatif de ses différentes parties. Tous les Insectes qui ont des élytres ont des pièces buccales pour broyer leurs aliments; elles sont conformées comme celles que nous avons décrites chez le Hanneton. Chez les Papillons qui vont puiser leur nourriture au fond de la corolle des fleurs, les lèvres et les mandibules sont rudimentaires, mais les mâchoires fort longues sont creusées en gouttière et accolées l'une à l'autre pour constituer une *trompe* (fig. 207 (1) que l'Insecte enroule en spirale quand il est au repos. Les Puces, les Punaises, qui se nourrissent du sang des animaux, ont la lèvre inférieure creusée et

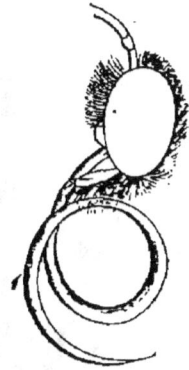

Fig. 207.
Trompe de Papillon.

allongée en une sorte de trompe, dans laquelle se meuvent les mâchoires et les mandibules transformées en autant de fins *stylets* aptes à perforer la peau.

Enfin l'absence ou la présence des ocelles, leur nombre, la forme des pattes sont encore autant de caractères qui nous serviront à distinguer et à classer les Insectes.

D'après le mode d'alimentation, nous établirons dans la classe des Insectes trois groupes principaux pouvant comprendre chacun plusieurs ordres :

1° Insectes lécheurs (ex. : *Abeille*); — 2° Insectes broyeurs (ex. : *Hanneton*); — 3° Insectes suceurs (ex. : *Papillons*).

Le groupe des Insectes lécheurs peut être subdivisé lui-même en plusieurs ordres dont le plus important est celui des Hyménoptères.

Insectes lécheurs

Ordre des Hyménoptères

Caractères généraux. — L'ordre des Hyménoptères, qui comprend au premier rang les Abeilles et les Fourmis, ne se recommande ni par l'élégance des formes ni par la splendeur des ornements ; ce sont des Insectes de petite taille dont les parures modestes ne captivent pas notre œil ; mais que de trésors cachés sous le couvert de cette charmante simplicité extérieure ! Comment ne pas admirer ces petits êtres dont l'existence entière est occupée par le travail et par les soins maternels dans lesquels ils déploient les ressources de l'instinct le plus élevé, les qualités brillantes de l'intelligence !

Les Hyménoptères sont pourvus de quatre ailes minces et diaphanes ; comme ils offrent une certaine ressemblance avec les Mouches, on les désignait autrefois sous le nom de *Mouches à quatre ailes*.

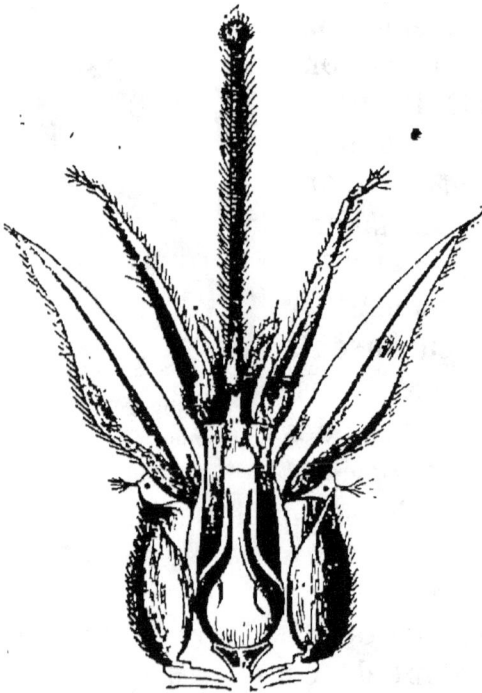

Fig. 208. - Pièces buccales d'une Abeille.

Leur tête, assez grande, porte deux gros yeux latéraux et trois yeux simples situés sur le front. La bouche est armée de fortes mandibules ; les mâchoires sont courtes ou bien elles s'allongent et se rapprochent pour constituer une sorte de trompe (fig. 208) qui se replie sous le thorax, mais ne s'enroule jamais comme celle des Papillons.

L'abdomen bombé est presque toujours réuni au thorax

par un pédicule fort rétréci. Enfin les Hyménoptères offrent des métamorphoses complètes.

Les femelles portent à l'extrémité postérieure de l'abdomen une arme qu'elles peuvent faire saillir ou rentrer à volonté et qui offre chez certains Hyménoptères la forme d'une petite scie, tandis que chez les autres elle se transforme en un aiguillon acéré.

Hyménoptères porte-scie. — L'*Hylotome du Rosier* ou *Mouche à scie* est l'un des plus connus ; les femelles entaillent avec leur tarière les feuilles du Rosier et dans chaque fente déposent un œuf autour duquel le tissu de la feuille se gonfle pour former une sorte de cellule grâce à un liquide spécial que l'Insecte a répandu.

Les Hyménoptères producteurs de galles. — Les *Cynips* provoquent sur une infinité de plantes des excroissances connues sous le nom de *galles* (fig. 209).

Fig. 209. — Le Cynips du Chêne.

Celui des galles à teinture vit sur un *Chêne d'Orient* (*Quercus infectoria*) ; au moment de la ponte, la femelle explore l'arbre et quand elle a trouvé un endroit convenable, elle y creuse une cavité dans laquelle un œuf est déposé. En piquant le végétal, l'Insecte déverse probablement dans la plaie un liquide particulier qui amène le développement d'une excroissance. Celle-ci prend une forme arrondie et devient d'une assez grande dureté. Chacune de ces excroissances ou galles renferme une larve ; mais plus tard cette larve se creuse un canal et s'échappe de sa prison. Ces galles, très riches en tannin, sont employées dans l'industrie pour la préparation de l'encre et des teintures noires. Le commerce qu'on en fait n'est pas sans importance, car, pendant la seule année 1865, on a importé en France plus de 700,000 kilos de galles, représentant une valeur de près de 3 millions de francs.

Hyménoptères porte-aiguillon. — Dans cette catégorie viennent se ranger les *Fourmis*, les *Abcilles*, les *Bourdons* et les *Guêpes* (fig. 210).

Les Fourmis. — Les *Fourmis* ont une physionomie particulière qui les fait reconnaître facilement ; toujours de petite taille, elles ont une tête triangulaire armée de mandibules fortes et dentées ; leurs antennes sont coudées et leurs pattes généralement fort grêles.

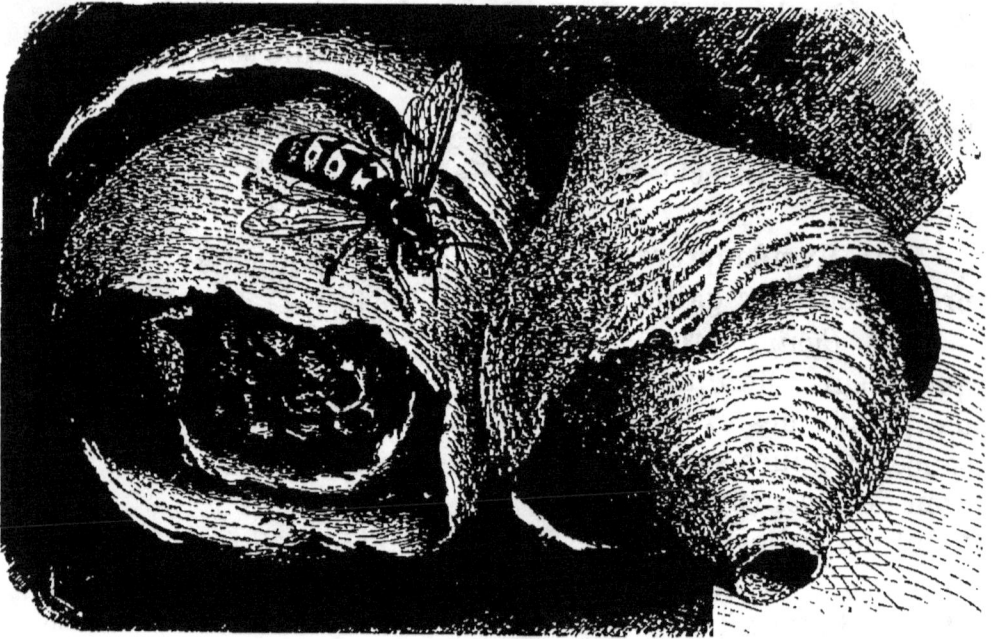

Fig. 210. — Guêpe et son nid.

Les Fourmis vivent en nombreuses sociétés dans des demeures souterraines qu'elles se construisent ; ces sociétés comprennent des mâles et des femelles possédant quatre ailes et des ouvrières qui en sont dépourvues. Celles-ci, de beaucoup les plus nombreuses et les plus communes, ont pour mission de construire la demeure ou fourmilière, de prendre soin des larves et de les nourrir.

Demeure des Fourmis rousses. — Les *Fourmis rousses* (fig. 211) que nous prendrons pour types construisent leurs demeures au pied des chênes ; ce sont des monticules peu élevés, mais parfois très étendus, composés de petits morceaux de bois, de brins de chaume, de grains de blé ou d'avoine et de terre. Un observateur attentif qui ouvre cette fourmilière reconnaît que les matériaux sont disposés de façon à circonscrire des chambres, des couloirs, des avenues et que les bûchettes sont arrangées avec art pour donner la plus grande solidité à la demeure. Souvent les grains de blé ou d'avoine sont utilisés pour cette construction, ce qui a fait croire que les Fourmis amassent des provisions; mais outre que ces Insectes ne mangent pas de blé, ils se nourrissent au jour le jour et n'ont pas à être prévoyants, car pendant la saison rigoureuse ils s'en-

Fig. 211. — La Fourmi rouge avec ses métamorphoses.

gourdissent comme la plupart des Insectes et n'ont pas besoin d'aliments.

Pendant la nuit, presque toutes les issues sont fermées; mais dès que le jour paraît, les Fourmis deviennent de plus en plus nombreuses sur le dôme de la fourmilière; elles emportent les bûchettes qui ferment les ouvertures et bientôt plusieurs passages sont déblayés. Le soir venu, les Fourmis ferment les issues pour se garantir contre leurs ennemis. En cas de pluie, elles se hâtent de clore toutes les ouvertures pour empêcher l'eau de pénétrer.

Les œufs et les larves. — Soins dont les Fourmis entourent les larves. — Les œufs pondus dès les premiers beaux jours de l'année sont extrêmement petits; les ouvrières en prennent le plus grand soin et les conservent à une douce température dans des chambres spéciales. Les petites larves qui en naissent sont très frêles; elles ne peuvent chercher elles-mêmes la nourriture qui leur convient; heureusement les ouvrières sont là, qui leur donnent à manger absolument

comme les Oiseaux donnent la becquée à leurs petits. Les ouvrières sont devenues des nourrices vigilantes; on les rencontre partout où il y a des fruits, des sirops, des substances
sucrées; et dès qu'une Fourmi a découvert une provision à
piller, on la voit aborder ses compagnes et probablement à
l'aide de ses antennes leur faire part de la bonne nouvelle;
alors toute la bande se dirige vers la place désignée.

Les Fourmis entourent les larves des soins les plus tendres;
elles les transportent d'un étage à l'autre, suivant la température qu'il fait au dehors; elles les nettoient en les frottant
avec leurs palpes. Lorsque ces larves ont acquis leur taille définitive, elles s'enferment dans une coque soyeuse pour s'y
transformer en nymphes. Ces coques sont vulgairement appelées des œufs de Fourmis, car beaucoup de personnes croient
encore que les Fourmis peuvent pondre des œufs plus gros
qu'elles-mêmes!

Les nymphes. — Les nymphes blanches et emmaillottées
sont trop faibles au moment de leur éclosion pour déchirer
elles-mêmes les parois de leur coque; ce sont les ouvrières
qui se chargent de les mettre en liberté.

Les jeunes Fourmis nouvellement écloses sont très faibles
et les ouvrières ne les abandonnent pas encore.

Les unes, qui auront pour mission de produire des œufs,
possèdent quatre ailes; les autres en sont dépourvues; elles
deviendront des ouvrières.

Animaux domestiques des Fourmis. — Les Fourmis ne
se nourrissent pas seulement des substances sucrées que contiennent les fruits, les sirops, etc.; elles ont d'autres ressources; c'est ainsi qu'elles sont très friandes du liquide sucré qui
suinte goutte à goutte de deux petits tubes placés sur le ventre des Pucerons. Suivons une Fourmi dans sa visite à un
troupeau de Pucerons; elle s'arrête auprès de l'un d'eux et le
caresse avec ses antennes qui frappent le ventre d'un mouvement très vif. Une gouttelette de liquide sucré apparaît au
bout des tubes; la Fourmi boit ce liquide et passe à d'autres
Pucerons qu'elle traite de la même façon, jusqu'au moment
où, complètement repue, elle songe à regagner sa demeure.

Bien mieux, d'autres Fourmis ne se contentent pas d'aller visiter les Pucerons, elles les transportent dans la fourmilière ou bien les parquent sur certaines feuilles ; ce sont de véritables troupeaux dont elles ont le plus grand soin : « Une fourmilière, dit Huber, l'historien des Fourmis, est plus ou moins riche selon qu'elle a plus ou moins de Pucerons ; c'est leur bétail, ce sont leurs vaches et leurs chèvres : on n'eût pas deviné que les Fourmis fussent des peuples pasteurs ! »

Autres Animaux domestiques des Fourmis. — Les Pucerons ne sont pas les seuls Insectes mis à contribution par les Fourmis ; on trouve souvent dans les fourmilières des Coléoptères de petite taille qui sont les animaux domestiques de leurs hôtes ; le Clavigère est l'un des plus communs ; il porte des poils tubuleux qui paraissent fournir une matière sucrée et que les Fourmis lèchent fréquemment. Les Clavigères ne savent pas prendre eux-mêmes la nourriture dont ils ont besoin ; ils la reçoivent des Fourmis qui la leur donnent de bouche à bouche, exactement comme elles se donnent la becquée entre elles.

Les esclaves des Fourmis. — Enfin des Fourmis de nos pays, les Fourmis Amazones, pratiquent la traite sur une grande échelle comme autrefois les blancs pratiquaient la traite des noirs ; elles ne savent ni construire leurs demeures ni élever leurs larves, ni se procurer leur nourriture ; mais avec leurs fortes mandibules elles sont armées pour la lutte ; elles envahissent en bandes nombreuses le nid des Fourmis noircendrées, s'emparent des nymphes et les emportent ; celles-ci donnent des Fourmis qui ne connaissent que la fourmilière où elles naissent et s'y acquittent de leurs fonctions ordinaires ; elles construisent la demeure, vont aux vivres, soignent les larves et donnent enfin à manger à leurs hôtes, les Amazones, dont elles sont les véritables esclaves.

Fourmis à miel. — Des Fourmis du Mexique, connues dans ce pays sous le nom de *Busileras*, accumulent une énorme quantité de matière sirupeuse dans leur abdomen, qui se gonfle outre mesure et prend la forme d'une cerise ; dans cet état, elles sont incapables de sortir de leurs demeures souterraines; les habitants du pays les recherchent dans le sol et les sucent avec délices après avoir détaché la tête et le thorax.

Les Abeilles. — Les *Abeilles* (fig. 212) vivent toujours en sociétés nombreuses qui portent le nom d'essaims, comprenant chacun vingt mille Insectes environ. Sur ce nombre, il

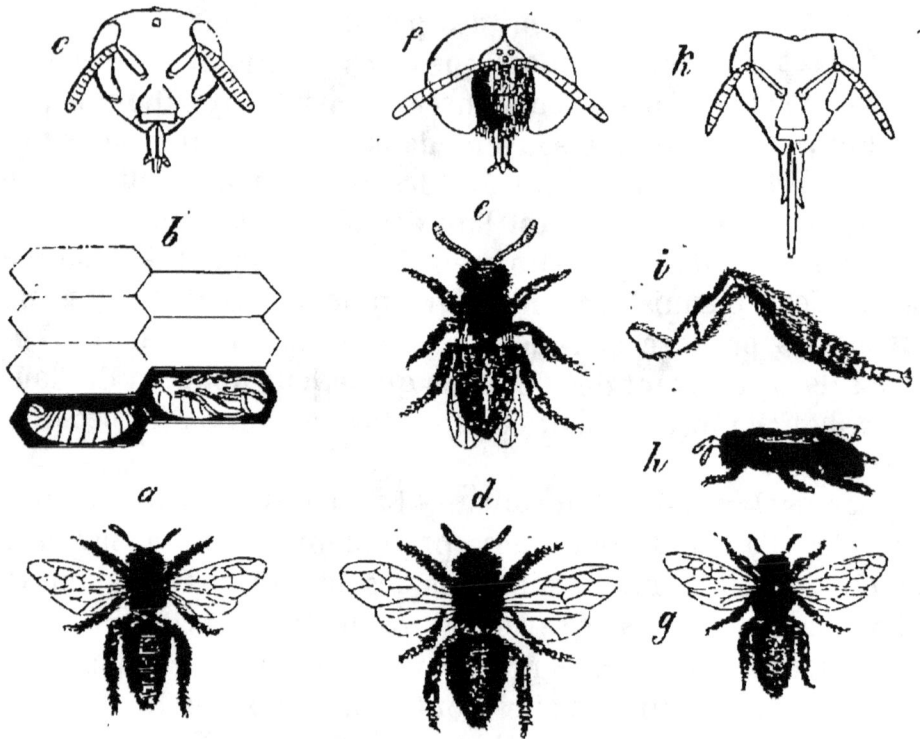

Fig. 212. — Les trois sortes d'Abeilles.

faut compter une femelle ou reine et huit ou neuf cents mâles; les autres sont des ouvrières.

La reine. — La *reine* (a b c) est plus forte et plus longue que l'ouvrière; sa couleur est moins grise et certaines parties de son corps présentent l'éclat de l'or bruni. Elle a pour unique fonction de pondre les œufs; on ne la voit pas au dehors de la ruche; elle ne prend aucune part aux travaux de ses compagnes; mais elle ne possède aucune autre prérogative comme semblerait l'indiquer le nom de reine; dans les sociétés d'Insectes la plus parfaite égalité règne entre tous les individus ; personne ne commande ; tout le monde travaille et une sorte d'instinct du devoir suffit à maintenir l'ordre le plus parfait.

Les autres Abeilles. — Les *mâles* (*d e f*), appelés *faux-bourdons*, sont un peu plus courts que la reine et leur vol est plus bruyant. Leur vie est très courte, car ils sont bientôt exterminés par les *ouvrières*. Celles-ci (*g h i k*) sont plus petites que les mâles ; ce sont les véritables Abeilles travailleuses, qui vont butiner sur les fleurs et qui récoltent le miel.

Aiguillon. — La reine et les ouvrières possèdent une arme redoutable : c'est un aiguillon situé à l'extrémité postérieure

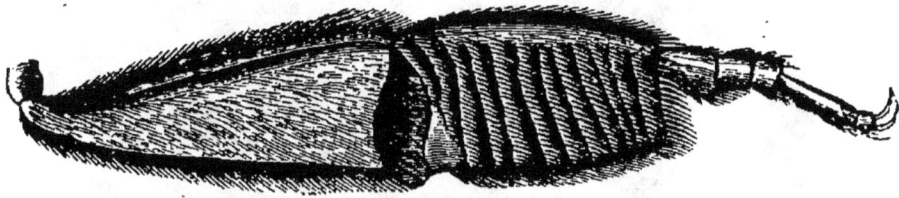

Fig. 213. — Patte d'Abeille ouvrière.

du corps et auquel aboutissent les tubes de deux glandes à venin logées dans l'abdomen.

Les pattes postérieures des ouvrières. — Les pattes postérieures de l'ouvrière (fig. 213) constituent un outil d'une merveilleuse simplicité. La jambe fortement élargie vers le bas affecte la forme d'une palette triangulaire, dont le bord inférieur est armé de longues épines recourbées constituant une espèce de râteau ; le premier article du tarse fait suite à la jambe ; il est fortement élargi et peut se recourber sur la jambe pour former avec celle-ci une sorte de pince. Sa face interne est garnie de séries de poils roides constituant une brosse.

Fabrication des rayons. — Quand un essaim a pris possession d'une cavité, il ne comprend encore qu'une femelle ou reine et des ouvrières ; celles-ci s'empressent de boucher toutes les issues à l'aide d'une substance spéciale qu'elles vont chercher sur les bourgeons du peuplier ou d'autres arbres et qui a reçu le nom de *propolis*. Puis celles des ouvrières qui sont

particulièrement chargées de la fabrication des gâteaux de
cire se mettent à l'ouvrage ; elles trouvent cette cire entre les
anneaux de leur abdomen, la prennent avec leurs pattes, la
malaxent à l'aide de leurs mandibules et l'appliquent ensuite
à la voûte de la ruche. Quand une certaine masse de cette
cire se trouve accumulée, les Abeilles y creusent des alvéoles
en opérant à la fois des deux côtés. Chaque alvéole est un
petit godet à six côtés d'une forme bien régulière. Le gâteau
(fig. 214) est ainsi composé de deux rangs de loges adossées de

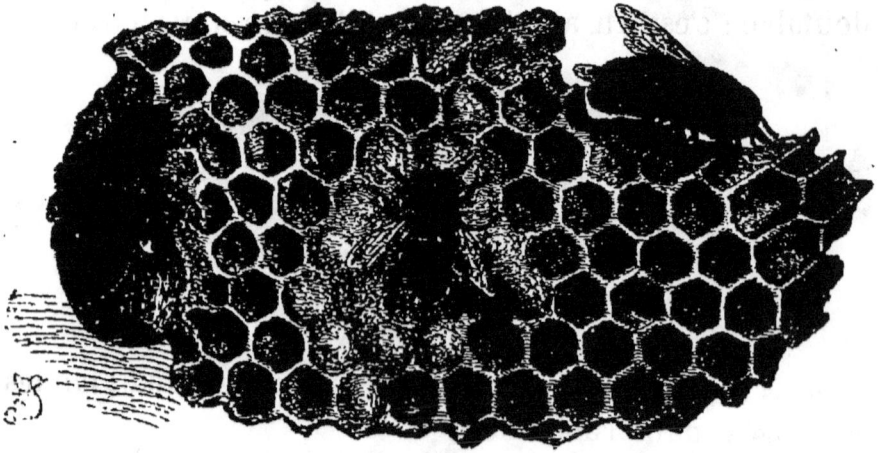

Fig. 214. - - Fragment d'un gâteau de miel.
(A gauche de la figure on voit une alvéole de reine.

telle sorte que le fond des unes est également le fond des autres, et que la base de chaque loge se trouve correspondre à
trois loges du côté opposé. Il arrive, en général, que les alvéoles
sont plus grandes au bord du gâteau qu'à la partie centrale.

Œufs et Métamorphoses. — Lorsque les cellules sont pré-
parées, la femelle ou reine parcourt le gâteau et dépose un
œuf dans chaque alvéole. Au bout de trois jours environ, les
larves éclosent ; il faut maintenant les nourrir ; mais les ouvrières ne sont pas prises au dépourvu, car elles ont butiné
de fleur en fleur et amassé quelques provisions. Les larves
bien nourries croissent rapidement, et quand elles ont atteint
leur taille définitive se tissent une fine coque soyeuse pour se

transformer en nymphes. Chaque alvéole semble alors posséder un couvercle.

Enfin les nymphes se transforment en Abeilles adultes que
les ouvrières mettent en liberté en détachant le couvercle des
cellules. Celles qui proviennent des larves les mieux nourries
sont des femelles ou reines; les autres deviennent des faux-
bourdons ou bien des ouvrières. Mais, en général, il ne se
produit à la fois qu'une seule reine.

Essaims. — En un jour, la population de la ruche a pro-
digieusement augmen-
té et une émigration
est nécessaire; la vieille
reine, avec quelques
milliers d'ouvrières,
quitte alors la ruche
pour chercher un au-
tre établissement; c'est
un nouvel essaim qui
s'est formé. Avant de
trouver une demeure
convenable, il doit

Fig. 215. — Ruche.

souvent faire d'assez grands trajets; en chemin, il prend quelque repos en se suspendant à la branche d'un arbre d'où on
peut le faire tomber dans un panier quand on a été assez heureux pour le suivre.

Mais si la population de la ruche (fig. 215) ne s'est pas aug-
mentée suffisamment pour permettre cette émigration, toutes
les Abeilles restent dans l'ancienne ruche; les deux reines se
livrent un combat acharné dont les ouvrières restent simples spectatrices. Quand un des champions a succombé, on
rejette son cadavre et la ruche ne possède plus qu'une seule
reine.

Miel. — Les ouvrières remplissent de miel pour la mauvaise saison le plus grand nombre possible d'alvéoles. Pour
cette récolte, elles butinent de fleur en fleur et le pollen ou
fine poussière des étamines s'attache à leur corps; en se bros-
sant, elles rassemblent cette poussière en petites masses

qu'elles fixent à coup de pattes dans la corbeille ou face externe excavée des jambes postérieures jusqu'au moment où ces pelotes ont la grosseur d'un petit grain de poivre. L'Abeille récolte en outre, à l'aide de sa trompe, le liquide sucré ou nectar qui suinte au fond de la corolle des fleurs et le met en réserve dans son premier estomac ou jabot. L'ouvrière regagne alors la ruche ; le nectar, subissant un commencement de digestion dans le jabot, devient un miel savoureux qui est déposé soigneusement dans certaines cellules, tandis que le pollen est déposé dans d'autres ; et les alvéoles une fois remplies sont bouchées à l'aide d'un couvercle de cire. C'est la provision pour l'entretien des larves, c'est aussi la provision pour les mauvais temps et pour la saison froide. Quand il en est besoin, le couvercle est enlevé et chaque Abeille vient puiser avec sobriété au rayon ouvert.

Quand l'été est chaud, que les fleurs sont nombreuses, la récolte est abondante et l'homme peut s'approprier une partie du miel mis en réserve. Le produit en miel et en cire peut être évalué à une vingtaine de millions par an dans notre pays. Dans les bonnes années, une ruche qui a coûté 15 francs au printemps aura rapporté à la fin de la saison le capital engagé.

RÉSUMÉ

Les *Hyménoptères* sont des *Insectes lécheurs* pourvus de *quatre ailes* et présentant des *métamorphoses complètes*.

1° Hyménoptères porte-scie : *Mouche à scie, Cynips.*

2° Hyménoptères porte-aiguillon : *Fourmis, Abeilles, Bourdons, Guêpes.*

CHAPITRE XXV

Insectes Broyeurs

Ordre des Coléoptères

Caractères généraux. — Répandus à profusion dans la nature, les Coléoptères sont bien certainement les Insectes les mieux connus malgré le nombre considérable de leurs espèces (près de 100,000). La prédilection dont ils sont l'objet n'est justifiée que par les brillantes colorations qu'ils présentent et par la solidité de leurs téguments, ce qui leur assure une facile conservation. Mais rien dans leur histoire ne rappelle l'industrie et les instincts admirables qui recommandent à notre attention l'Abeille et la Fourmi.

Les ailes antérieures très épaisses et très résistantes sont connues sous le nom d'*élytres*; elles ne servent pas au vol, mais elles constituent une sorte d'étui destiné à protéger l'abdomen et les ailes de la deuxième paire; celles-ci sont beaucoup plus grandes, très délicates et se replient au repos sous les élytres.

Les pièces buccales sont disposées pour broyer et pour mâcher (fig. 42).

Les Coléoptères présentent des *métamorphoses complètes*; leurs larves fuient souvent la lumière et se cachent dans la terre ou bien sous l'écorce des arbres; elles causent les dégâts les plus considérables dans les cultures et dans les plantations.

Les Hannetons. — Tout le monde connaît les *Hannetons*, ces gros Insectes au vol lourd et bruyant qui pullulent au printemps dans certaines parties de l'Europe. Ils apparaissent au mois d'avril et deviennent extrêmement nombreux au mois de mai pour disparaître en juin.

Leurs mandibules sont disposées pour ronger les substances végétales; leurs antennes possèdent dix articles dont les six ou sept derniers sont disposés comme les pièces d'un éventail. Ces Insectes rongent le feuillage des arbres sous les branches desquels ils aiment à s'abriter pendant le jour ; ils dépouillent parfois complètement les Chênes, les Hêtres, les Érables, les Peupliers, les Bouleaux et principalement les Ormes. Le matin et surtout le soir à la tombée de la nuit les Hannetons se mettent à voler ; ils sont si lourds qu'ils se heurtent souvent contre les arbres, les maisons et les promeneurs.

Les dégâts occasionnés par les Hannetons adultes ne sont rien comparativement aux ravages exercés par leurs larves.

Fig. 216.
Le Staphylin.

Les Vers blancs pendant les trois années qu'ils passent en terre rongent les racines des plantes cultivées et par les pertes qu'ils occasionnent méritent d'être considérés comme l'un des plus grands fléaux de l'agriculture. Le meilleur moyen de s'en débarrasser consiste dans la chasse des Hannetons adultes plus faciles à atteindre que les larves ; mais il faudrait faire cette chasse en même temps dans toute une région. On peut encore, il est vrai, atténuer les ravages en laissant vivre et en propageant les Corbeaux, Corneilles, Pies, Étourneaux, etc., qui mangent un grand nombre de Vers blancs.

Autres Coléoptères voisins du Hanneton. — Les brillantes *Cétoines*, ces beaux Insectes d'un vert doré qui affectionnent le miel et visitent les plus belles fleurs, les *Scarabées*, ces géants des Coléoptères, et les *Ateuchus* dont une espèce était réputée sacrée chez les Égyptiens sont les Insectes les plus voisins des Hannetons.

Qui ne connaît le *Cerf-volant* ou *Lucane* dont les mandibules demesurément allongées deviennent de grosses pinces d'ailleurs peu redoutables? La larve vit dans les vieux troncs de Chênes pourris. Il était autrefois abondant aux environs de Paris.

Les *Escarbots*, noirs tachetés de rouge, qui se repaissent des cadavres ou fouillent les bouses des chemins ; le *Nécrophore* qui enterre les cadavres des Taupes, Musaraignes ou Mulots après avoir pondu ses œufs dans leur corps ; les *Staphylins* (fig. 216) ces noirs Insectes à odeur repoussante, qui chassent eurs proies dans la poussière des chemins sont encore des Coléoptères bien connus.

Les Dermestes et les Charançons. — Leurs ravages. — Les *Dermestes* et les *Charançons* n'atteignent en général qu'une taille fort exiguë ; mais, en revanche, ils sont parfois trop nombreux et les ravages qu'ils exercent sont considérables.

Les *Dermestes* sont gris ou bruns ; on les reconnaît facile-

Fig. 217. — La Coccinelle et ses métamorphoses.

ment à leur corps oblong et à leurs antennes de dix articles dont les trois derniers forment une massue très forte. Ils se rencontrent dans les maisons et surtout dans les magasins de denrées ; leurs larves très voraces se plaisent dans le lard, les fourrures, les pelleteries, les animaux montés des musées d'histoire naturelle, etc. Lorsque ces larves sont nombreuses, elles occasionnent de grands ravages ; on ne peut s'en débarrasser que par des évaporations répétées de benzine, de sulfure de carbone, etc.

Quant aux *Charançons,* leur tête allongée en une sorte de museau permet de les reconnaître ; comme les précédents ils sont surtout nuisibles à l'état de larves ; l'une d'elles, la *Bruche,* habite les pois dont elle ronge l'intérieur ; la *Calandre du blé* place chacun de ses œufs sur un grain de blé ; la larve pénètre dans ce grain et en ronge la substance.

Coléoptères qui rongent les arbres ou les feuilles. — A côté des Charançons et des Dermestes citons les *Scolytes* dont la femelle dépose ses œufs sous l'écorce des arbres dans des

galeries compliquées qu'elle se creuse ; les larves s'y développent et se nourrissent de bois.

Les *Buprestes* ou *Richards* aux brillantes couleurs ont des
larves blanches, privées de pattes, vivant dans les troncs des
arbres auxquels elles causent de grands dommages dans les
pays chauds.

Les *Capricornes* de nos pays atteignent une longueur de cinq

Fig. 218. — Le Dytique.

centimètres ; leurs antennes et leurs mandibules prennent
un développement inusité et leurs larves se creusent de vastes
galeries dans les troncs des chênes.

Les *Chrysomèles* rongent les feuilles dont elles ne respectent
que les nervures ; enfin les *Coccinelles* (fig. 217) vulgairement
nommées bêtes à bon Dieu méritent toute notre sympathie ;
elles sont tout à fait inoffensives et sur les arbres des vergers,
sur les rosiers et sur les sureaux qu'elles affectionnent leurs
larves font une ample et utile destruction de Pucerons.

Les Coléoptères aquatiques : Hydrophile et Dytique. —
Les *Hydrophiles* et les *Dytiques* ont su depuis longtemps exciter
la curiosité et mériter l'affection des enfants.

L'*Hydrophile* est un gros Insecte atteignant six centimètres de longueur et pourvu sous le thorax d'une longue pointe propre à blesser la main du curieux qui le saisit sans précaution. — C'est un Insecte herbivore organisé pour la vie aquatique. Lourd et massif il vient de temps en temps à la surface de l'eau chercher l'air dont il a besoin pour respirer ; il sort seulement sa tête et avec ses antennes entraîne une bulle d'air qui se fixe aux poils situés sous l'abdomen.

Le *Dytique bordé* (fig. 218) qui abonde dans les eaux stag-

Femelle.   Larve.   Mâle.

Fig. 219. — Le Lampyre.

nantes de toute l'Europe vit très longtemps à l'état adulte et beaucoup de personnes aiment à le conserver dans les aquariums pour se divertir de ses mouvements agiles quand il se jette sur une proie.

Les Coléoptères carnassiers. — Carabes. — Les *Carabes* avec leurs mandibules tranchantes qui constituent de puissantes armes de guerre sont les animaux féroces de l'ordre des Coléoptères. Le *Carabe doré* vulgairement appelé *Jardinier* ou *Couturière* se nourrit de chenilles, de limaces et ne craint pas d'attaquer le Hanneton.

Les Vers luisants. — Enfin tout le monde a eu maintes fois l'occasion, pendant une belle soirée d'automne, de remarquer dans les herbes une perle lumineuse ; c'est un *Ver luisant* ou *Lampyre* (fig. 219) qui possède la propriété d'émettre une vive lumière sur des points du corps où l'enveloppe est très mince, entre les anneaux de l'abdomen, par la combustion d'une substance grasse accumulée dans cette région.

Les *Vers luisants* abondent en Italie et même en Provence ; c'est un spectacle charmant de voir pendant la nuit ces *Lucioles* comme autant de perles lumineuses scintillant de tout leur éclat au milieu du feuillage des arbres ou dans l'herbe des prairies. Ce sont d'ailleurs des animaux utiles car leurs larves nous débarrassent d'un bon nombre de colimaçons et de limaces.

Ordre des Orthoptères

Caractères généraux. — L'ordre des Orthoptères nous fournira peu d'exemples connus ; les principaux types sont les *Perce-oreilles*, les *Grillons*, les *Sauterelles* et les *Criquets*. Ils offrent dans leur conformation de nombreuses ressemblances avec les Coléoptères. Comme ces derniers ils ont des pièces buccales disposées pour mâcher ou broyer les aliments. Leurs ailes antérieures sont différentes des postérieures ; elles ont une consistance semi-coriace et à une seule exception près elles se croisent pendant le repos. Quant aux ailes postérieures elles sont membraneuses avec de grandes nervures qui vont d'une extrémité à l'autre ; pendant le repos elles se replient comme un éventail dans le sens de la longueur.

Enfin les Orthoptères n'offrent pas dans leur développement ces étapes successives qui caractérisent les Coléoptères et les Lépidoptères ; presque tous naissent avec la forme adulte ; ils n'ont plus qu'à prendre leur taille définitive et à acquérir des ailes ; ils subissent cependant cinq mues successives avant d'arriver à leur taille définitive. Ils abondent surtout dans les contrées chaudes.

On distingue des *Orthoptères coureurs ou marcheurs* et des *Orthoptères sauteurs.*

Orthoptères coureurs. — Parmi les coureurs citons d'abord les *Forficules* ou *Perce-oreilles* (fig. 220) dont les ailes antérieures ne se croisent pas. Les appendices recourbés qui forment à l'extrémité postérieure du corps une sorte de pince leur donnent un aspect étrange ; mais ils sont beaucoup plus redoutés que redoutables ; la fable absurde qui leur prête la faculté de s'introduire dans la tête par les oreilles n'a rien de fondé ; en réalité ils ne sont dangereux que pour les potagers et les jardins qu'ils dévastent.

Jeune femelle.   Femelle.   Mâle.

Fig. 220. — Forficule.

Les *Blattes* (fig. 221) appelées aussi Cancrelats ou Bêtes noires sont des Insectes désagréables à tous les points de vue ;

Mâle.   Femelle.

Fig. 221. — Blattes.

ils sont laids, leur corps exhale une odeur repoussante et les dégâts dont ils se rendent coupables ne sont pas faits pour eur attirer notre sympathie. Les Blattes ont un corps large et

plat, des téguments mous et flexibles ; elles possèdent cinq
articles à leur tarse ; enfin leurs œufs sont enveloppés dans
une coque affectant la forme d'un haricot. On les trouve abondamment dans les ports et sur les navires ; la couleur sombre
de leur corps leur permet de se dissimuler facilement ; elles
s'introduisent par les fissures les plus étroites grâce à la flexibilité de leur enveloppe ; elles voyagent avec les navires et

Fig. 222. — Femelle de Sauterelle pondant ses œufs.

peuplent maintenant les colonies ; les viandes conservées, les
cuirs, les denrées coloniales, tout leur est bon ; elles ne respectent rien et sont le fléau des ports.

Les *Mantes* sont caractérisées par leurs armes puissantes,
la lenteur de leurs mouvements et les attitudes étranges, presque méditatives, que prennent quelques-unes d'entre elles, la
Mante religieuse par exemple. Elles habitent les contrées
chaudes de l'Europe et s'y traînent dans les broussailles ; elles
ont une taille assez grande, leur corps présente de fraîches
nuances ; les ailes sont amples et les pattes de devant éminemment propres à saisir une proie.

Les *Empuses* ou Spectres atteignent une taille considérable ; elles peuvent avoir vingt-cinq à trente centimètres de long et se confondent d'une façon étonnante avec les branches des arbres dont elles mangent le feuillage.

Orthoptères sauteurs. — Au premier rang des Orthoptères sauteurs se placent les *Sauterelles* proprement dites (fig. 222) dont les cuisses postérieures sont fortement renflées et propres

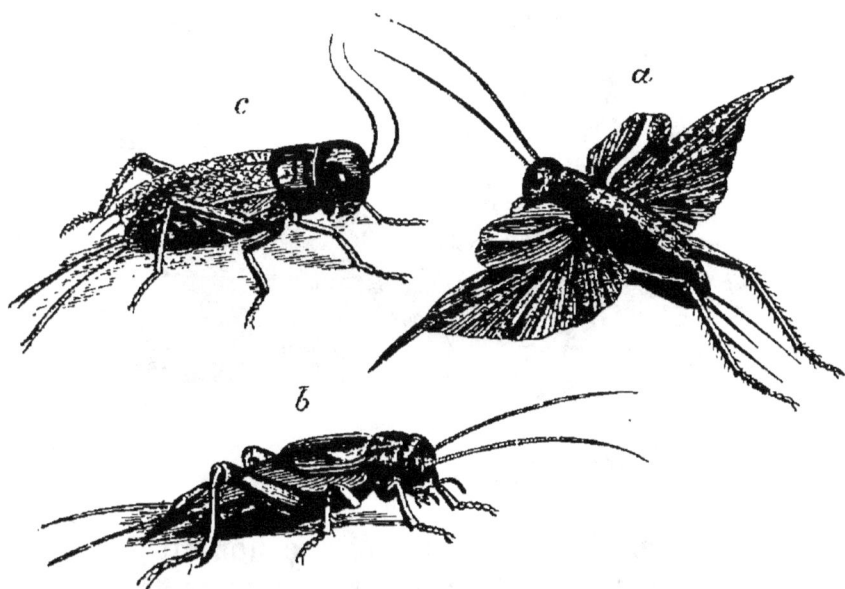

Fig. 223. — Grillons.

au saut ; leurs tarses comprennent quatre articles ; les antennes sont longues et le corps se termine à l'extrémité postérieure par une sorte de tarière en forme de yatagan qui leur sert à creuser dans la terre les trous dans lesquels elles déposeront leurs œufs. Les ailes antérieures deviennent chez les Sauterelles d'admirables instruments de musique ; pour cela elles ont à leur base une surface lisse qui porte le nom de miroir et qui se met à résonner quand l'Insecte frotte ses deux ailes l'une contre l'autre.

En raison de la forme des pattes postérieures les Sauterelles marchent difficilement mais elles progressent par sauts avec une prodigieuse facilité.

Les *Grillons* ou Cri-cris (fig. 223) possèdent trois articles seulement à leurs tarses ; ce sont des Insectes solitaires demeurant tout le jour dans des trous creusés en terre ; le Grillon domestique fréquent dans les campagnes affectionne le séjour des cuisines.

Un Grillon d'une espèce particulière, la *Taupe-grillon* ou *Courtilière* (fig. 224) présente une assez grande taille avec des pattes antérieures aplaties et rejetées latéralement comme celles de la Taupe pour fouir la terre dans laquelle elle sait se

Fig. 224. — La Courtilière.

creuser des galeries. La Courtilière se nourrit principalement de Vers de terre et de larves d'Insectes, mais dans ses voyages souterrains elle détruit les racines des plantes et cause de grands dommages dans les jardins.

Les *Criquets* sautent comme les Sauterelles; mais leurs tarses ne comptent que trois articles ; leurs antennes sont courtes ; ils manquent de miroirs et de tarière saillante. Comme les Sauterelles ils produisent un son, mais c'est par un mécanisme différent; ils frottent leurs cuisses contre les élytres ainsi qu'un archet sur les cordes d'un violon.

Le *Criquet voyageur* est connu depuis la plus haute antiquité ; c'est l'*Arbeth* de la Bible, celui qui causa la huitième plaie d'Egypte. Il se multiplie en certaines années d'une façon prodigieuse et des armées de ces Insectes causent les plus grands dégâts dans les pays qu'elles parcourent en détruisant tout sur leur passage; les colons algériens n'ont souffert que trop souvent de leurs dévastations.

Ordre des Névroptères

Caractères généraux. — L'ordre des Névroptères comprend des Insectes dont les quatre ailes nues sont prodigieu-

Fig. 225. — Termites avec nids.
(L'un des nids est ouvert pour montrer l'intérieur.)

sement riches en nervures ; il est facile de s'en convaincre en observant un Névroptère bien connu, la *Libellule* ou Demoiselle ; les pattes sont faibles et le corps presque toujours élancé ; quelques Névroptères, les Termites par exemple, sont industrieux et vivent en sociétés comme les Fourmis ; d'autres, au contraire, ne possèdent ni talents ni instincts et ne se recommandent à notre attention que par leurs formes gracieuses ou le genre de vie de leurs larves.

Les Termites (fig. 225) ont des ailes assez grandes avec une

Éphémères.　　　　　　　　　　Palingenia et larve d'Éjhémère.

Fig. 226.

tête puissante portant trois yeux simples entre les deux gros yeux composés. Ces Insectes vivent en sociétés nombreuses comprenant, outre les individus reproducteurs, des neutres de deux sortes : les uns, avec une tête ronde et des mandibules courtes, sont des ouvriers chargés de tous les travaux de la colonie ; les autres, avec une longue tête et de grandes mandibules, sont des soldats ayant pour mission la défense du nid. Chaque société possède une reine et se construit de vastes demeures avec une multitude de chambres et de galeries ; les Termites, nommés aussi Fourmis blanches, ne travaillent que dans l'ombre et, quand ils ont besoin de se déplacer, ils savent se construire de véritables tunnels.

Les *Termites lucifuges* se rencontrent fréquemment dans les landes de Gascogne où ils s'établissent dans les souches des

vieux pins. Ils ont envahi les maisons de La Rochelle, Roche-
fort, Saintes et même Bordeaux ; ils creusent l'intérieur des
poutres et occasionnent de fréquents écroulements.

Ceux des pays chauds atteignent une dimension beaucoup
plus considérable et sont fort abondants en certaines contrées,
à Ceylan par exemple; ils édifient des monticules de trois ou

Fig. 227. — Libellule.

quatre mètres de hauteur (fig. 225) assez solides pour supporter le poids d'un homme sans en être ébranlés.

Les Éphémères. — Les autres Névroptères vivent solitaires.
Les *Éphémères* (fig. 226) que l'on rencontre fréquemment au
bord de l'eau ont une vie très courte comme l'indique leur
nom ; leurs antennes ne comprennent que trois articles dont
le dernier est une soie extrêmement fine; les ailes antérieures
sont beaucoup plus larges que les postérieures et le corps se
termine par deux ou trois filets articulés; leurs pièces buccales
sont molles; elles n'ont d'ailleurs aucun usage, car l'Insecte
adulte ne devant vivre que quelques heures, n'a pas le temps
de manger. Les œufs tombent dans l'eau et c'est dans ce milieu qu'ils se développent.

Les Libellules, les Fourmis-lions et les Phryganes. — Les

Libellules (fig. 227), si fréquentes au bord des rivières et des étangs, sont connues sous le nom de Demoiselles ; leurs ailes presque égales, leur grosse tête portant deux grands yeux, leurs antennes petites et leurs tarses de trois articles permettent de les reconnaître. A les voir si élégantes on ne soupçonnerait pas la férocité dont elles font preuve dans la chasse sans merci qu'elles livrent aux Mouches et aux Papillons. Les larves des Libellules se meuvent difficilement et saisissent au passage à l'aide de leurs fortes mandibules les Insectes dont elles font leur nourriture.

Les *Fourmis-lions* qui ont une apparence de Libellules s'en

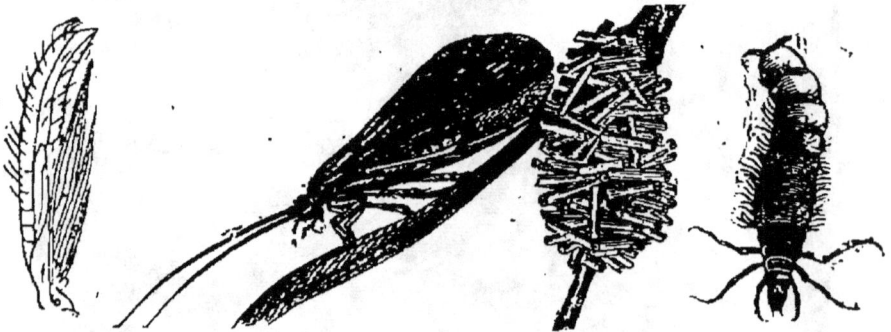

Fig. 228. — Phrygane et ses metamorphoses.

distinguent facilement à leurs ailes moins réticulées, à leurs yeux plus petits, à leurs tarses composés de cinq articles et à leurs antennes renflées vers le bout. Les larves s'enfoncent dans le sable des monticules sablonneux et, ne laissant dépasser que leur tête, attirent pour les sucer à l'aide de leurs mandibules creuses, les Fourmis imprudentes qui s'aventurent trop près.

Enfin il n'est pas rare de voir voler vers le soir, dans les marécages, sur le bord des étangs et des rivières, un Névroptère aux teintes sombres dont les ailes, comme celles des Papillons, sont recouvertes d'écailles. C'est une *Phrygane* (fig. 228) ; ses œufs tombent dans l'eau et s'attachent, par la gelée dont ils sont entourés, aux pierres et aux plantes.

Les larves sont organisées pour une vie aquatique ; elles portent des houppes latérales qui leur permettent de respirer l'air dissous dans l'eau ; enfin elles se fabriquent des sortes d'étuis ou de fourreaux, les unes avec des graviers, d'autres avec de petites coquilles, ou bien encore avec des fétus et des brins d'herbes.

RÉSUMÉ

Le groupe des *Insectes broyeurs* comprend trois ordres :

Les ailes supérieures transformées en élytres; les inférieures pliées transversalement....................	Coléoptères.
Les ailes supérieures parcheminées : les inférieures plissées en éventail...........................	Orthoptères.
Les 4 ailes membraneuses et réticulées.............	Névroptères.

INSECTES BROYEURS (4 ailes).

1° Coléoptères : *Hanneton, Cétoine, Scarabée, Cerf-volant, Staphylin, Dermeste, Charançon, Capricorne, Coccinelle, Hydrophile, Dytique, Carabe, Lampyre.*

2° Orthoptères : *Forficules, Grillons, Sauterelles, Criquets.*

3° Névroptères : *Termites, Éphémères, Libellules, Fourmis-lions, Phryganes.*

CHAPITRE XXVI

Insectes suceurs. — Insectes utiles et nuisibles

Ordre des Lépidoptères ou Papillons

Caractères généraux. — Les Papillons, ces Insectes si légers, qui courent de fleur en fleur pour y puiser le nectar dont ils se nourrissent, revêtent pour la plupart une riche et brillante livrée; leurs ailes, au nombre de quatre, offrent souvent les plus vives couleurs. Le doigt, promené sur ces ailes, en détache une fine poussière constituée par de nombreuses écailles d'une extrême ténuité, qui se recouvrent les unes les autres comme les tuiles d'un toit et sont diversement colorées.

Les pattes sont toujours frêles et celles de la première paire manquent même chez quelques-uns. La tête, ornée de deux gros yeux, possède encore deux mandibules; mais elles sont très petites, tandis que les mâchoires, extrêmement allongées et creusées en gouttière, s'accolent l'une à l'autre pour constituer une trompe (fig. 207). Cette trompe, toujours enroulée sur elle-même pendant le repos, se déroule quand l'Insecte perché sur une fleur veut puiser le nectar au fond de la corolle; et comme les Papillons de chaque espèce ont une fleur favorite, la longueur de la trompe est toujours en rapport avec la profondeur de sa corolle.

Le Papillon adulte ne vit que quelques jours; il semble destiné à embellir la nature. Les œufs qu'il se hâte de pondre pendant sa vie éphémère donnent naissance à des larves auxquelles on a réservé le nom de *Chenilles* et dont le corps allongé, couvert de poils, se compose de douze anneaux.

Les trois premiers anneaux portent chacun une paire de pattes, qui deviendront les pattes du Papillon et qui ont reçu le nom de vraies pattes; quant aux appendices membraneux ou fausses pattes que présentent les autres anneaux, on n'en retrouvera plus trace chez l'adulte.

Cette larve se transforme en un être emmaillotté et presque immobile, qu'on appelle une *Chrysalide*.

Division de l'ordre des Lépidoptères en deux groupes. — L'ordre des Lépidoptères comprend des *Papillons diurnes* et des *Papillons nocturnes*. Ces derniers ont les ailes de la deuxième paire rattachées à celles de la première par une sorte de crochet ou frein; les Papillons diurnes ont les ailes libres.

Papillons diurnes. — Le Machaon, les Piérides, etc. — C'est au nombre des Papillons diurnes qu'il faut compter les plus beaux et les plus brillants de ces Insectes, ceux dont les ailes aux contours variés se font remarquer par la splendeur du coloris. Presque tous ont le vol saccadé, et leurs ailes dépourvues de frein se redressent verticalement contre le corps pendant le repos.

Considérons par exemple le *Machaon*, très répandu dans

les champs, où il affectionne les fleurs de la Carotte et du Fenouil. Ses ailes jaunes sont rayées et tachetées de noir et les deux postérieures ont des taches d'un bleu tendre comme des yeux.

La Chenille, longue de 4 à 5 centimètres, se rencontre fréquemment de juin à septembre sur le Fenouil et sur la

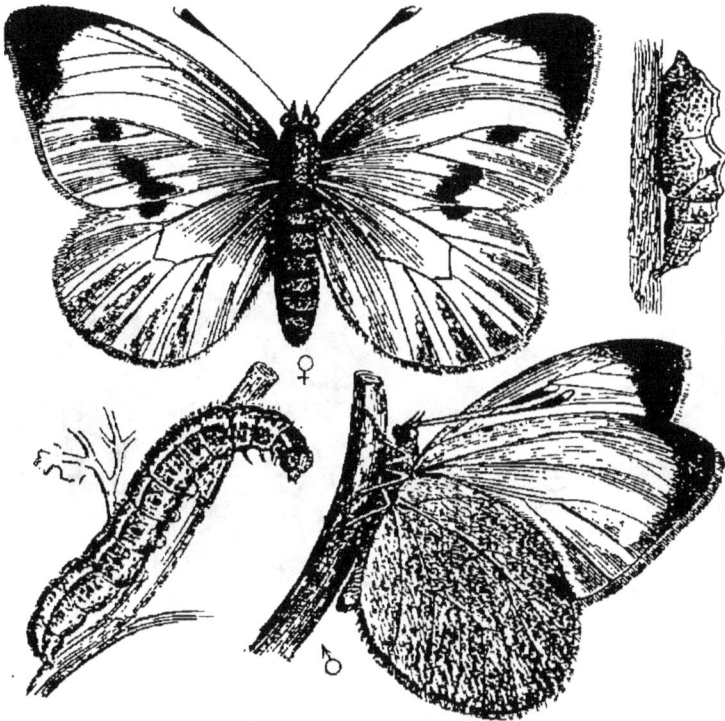

Fig. 229. — Piéride du chou et ses métamorphoses.

Carotte; elle est verte, avec des anneaux d'un noir velouté semés de gros points rouges. Cette Chenille se transforme en une chrysalide nue, c'est-à-dire dépourvue de cocon.

Il n'est pas rare de rencontrer sur le Chou, la Capucine, le Réséda, des Papillons couverts de poils et dont les ailes sont blanches ou jaunâtres, ce sont des *Piérides* (fig. 229); celle du Chou est l'une des plus connues; sa chenille, d'une couleur verdâtre, est parée de trois longues bandes jaunes interrompues par de petits tubercules noirs et poilus. ..

Citons encore la *Vanesse Io* (fig. 230), la *Vanesse carte géo-graphique*, le *Demi-deuil*, l'*Hespérie miroir*, etc.

Papillons nocturnes et crépusculaires. — Cette division est la plus importante, aussi bien par le nombre des espèces que par la singularité des mœurs; les ailes, retenues par un frein, n'offrent en général que des teintes grises et sombres, les couleurs tristes de la nuit. Au repos elles ne se relèvent pas verticalement de chaque côté du corps.

Fig. 230. — Vanesse Io.

Le Bombyx du Mûrier et le Ver à soie. — **Origine.** — Le *Bombyx du Mûrier* (fig. 231), qui nous fournit la soie, nous occupera tout d'abord. Ses formes et sa couleur n'offrent rien de séduisant, mais l'importance de l'industrie qu'il alimente justifie amplement l'intérêt qu'on lui accorde.

Le Ver à soie et le Mûrier qui le nourrit sont originaires de la Chine, où l'on savait déjà tisser la soie bien longtemps avant notre ère. L'industrie de la soie pénétra ensuite dans les Indes, d'où elle fut importée à Constantinople, en 555, sous le règne de Justinien. Elle se répandit alors en Grèce, où elle devint tellement florissante que la province du Péloponèse échangea son nom contre celui de Morée, tiré du latin *Morus*, signifiant Mûrier.

Au xiiᵉ siècle le Ver à soie fut importé en Italie et bientôt à Avignon, à Nîmes et à Lyon. Le roi Henri IV, sous l'inspiration du célèbre agronome Olivier de Serres, donna une énergique impulsion à l'industrie de la soie en faisant planter des mûriers dans plusieurs parties de son royaume. Enfin le ministre Colbert ne l'encouragea pas moins vivement; aujourd'hui la sériciculture est devenue très florissante dans toute la région méditerranéenne, et nos départements du Midi produisent annuellement plus de 30 millions de kilogrammes de

Fig. 231. — Le Bombyx du mûrier et ses métamorphoses.

cocons, ce qui représente un revenu considérable. Les établissements où l'on élève les vers à soie sont connus sous le nom de *magnaneries.*

Les œufs et les larves. — Les œufs, qui sont très petits, se nomment vulgairement des graines; ils sont de la grosseur d'une petite tête d'épingle, un peu aplatis et d'une faible nuance lilas. On les fait éclore à une température de 15 à 20°. — Les jeunes Chenilles qui en proviennent ont tout au plus deux ou trois millimètres de longueur; on les dispose sur des feuilles de mûrier dans des chambres bien aérées où règne une douce chaleur; elles mangent les feuilles et grandissent; pendant cet état larvaire qui dure environ trente-quatre jours, elles subissent quatre mues, c'est-à-dire qu'elles changent quatre fois de peau; la dernière mue est suivie d'une période de grand

appétit ou *grande frèze* pendant laquelle les vers à soie, devenus d'ailleurs très grands (80 à 85 millimètres de longueur),
dévorent une quantité considérable de feuilles.

On dispose alors sur des claies de petites branches de
bruyère sur lesquelles grimpent les Vers quand arrive le
moment de filer leur cocon. Ils se fixent là par une multitude de fils très fins qui les maintiennent suspendus, et
c'est dans cette position qu'ils vont se livrer au travail du
cocon.

Fabrication du cocon. — Dans le corps de l'animal sont
logés deux grands sacs entortillés sur eux-mêmes et placés
de chaque côté du tube digestif; ils se rétrécissent en avant
et se réunissent pour aboutir à une ouverture unique située
au voisinage de la lèvre inférieure. Le liquide qui s'écoule de
ces deux sacs par les extrémités ou filières forme deux fils
d'une extrême finesse qui se soudent en un seul dans la partie
terminale de l'appareil, grâce à une sorte de vernis qui leur
donne le brillant caractéristique de la soie et la propriété de
résister à l'action de l'eau.

Le Ver à soie dirige son fil avec sa tête et s'en entoure de
manière à s'emprisonner complètement. La soie ne forme pas
de tours complets comme ceux d'une pelote de fil, mais décrit de nombreux zigzags. Le fil est d'une parfaite continuité
et mesure environ 400 mètres. La grosseur du cocon est à peu
près celle d'un œuf de Pigeon.

Chrysalide et Papillon. — La Chenille une fois enfermée
dans son cocon se flétrit et se transforme en une Chrysalide,
état intermédiaire entre la Chenille et l'Insecte adulte. Au
bout de trois semaines environ, cette Chrysalide s'ouvre et il
en sort un jeune Papillon; celui-ci n'a plus qu'à percer le
cocon pour paraître au jour. Sa vie est d'ailleurs très courte;
il ne court pas, comme les autres Papillons, de fleur en fleur,
car il ne prend aucune nourriture; il est blanchâtre, lourd,
ventru et n'a rien de gracieux dans sa forme. Aussitôt dégagé
de son cocon, il pond ses œufs et meurt. Mais comme en perçant le cocon il rompt le fil de soie, il en rend le dévidage
impossible. On ne garde, pour se transformer en Papillons,

que le nombre suffisant d'animaux pour produire les œufs.
dont on a besoin.

Dévidage des cocons. — Les cocons dont on veut retirer la
soie sont exposés dans une étuve à l'action de la vapeur d'eau
chaude; on tue ainsi les Chrysalides et on les empêche de
percer le cocon.

Ceux-ci sont jetés dans un bassin d'eau bouillante qui dis-
sout la gomme à l'aide de laquelle les fils sont agglutinés.
Puis une ouvrière les agite dans l'eau à l'aide d'un petit balai,
pour trouver et saisir le bout du fil; elle le fixe sur un dévi-
doir, dont le mouvement déroule peu à peu le fil de soie pendant que les cocons sautillent dans l'eau bouillante comme des
pelotons de laine dont on tirerait le fil.

La soie écrue ou grège ainsi obtenue est encore revêtue de
son vernis naturel qui lui donne sa couleur; elle est blanche
ou jaunâtre; pour la faire devenir d'un beau blanc et la rendre
apte à recevoir la teinture qui en augmentera le prix, il faut
lui faire subir un léger lessivage à chaud : c'est l'opération du
décreusage.

Maladies du Ver à soie. — Les magnaneries autrefois si
prospères sont envahies aujourd'hui par diverses maladies qui
causent aux sériciculteurs des pertes considérables. La *Pébrine*
est l'une des plus fréquentes; quand on examine les Vers malades, on aperçoit à la surface de la peau des taches noires
entourées d'une auréole : c'est l'indice certain de la maladie.
La Pébrine est due à la présence de corpuscules microscopiques dans les tissus du ver; ces corpuscules, qui sont de
véritables parasites se propageant avec une effrayante rapidité, se retrouvent jusque dans les œufs et par conséquent
dans les Papillons qui pondent ces œufs. M. Pasteur a proposé
plusieurs moyens de garantir les magnaneries contre cette
maladie. Le plus employé consiste à prélever dans une chambrée un certain nombre de cocons que l'on fait transformer
rapidement en papillons en les maintenant à une température de 25 à 30°; puis on écrase ces Papillons dans un peu
d'eau et on regarde une goutte de cette bouillie au microscope; si les Papillons contiennent des corpuscules, on les dé-

couvre facilement. Quand il y en a plus de 10 pour 100 contenant des parasites, on livre toute la chambrée au dévidage,
car en les employant à la reproduction on obtiendrait de trop
mauvaises graines. S'il y en a moins de 10 pour 100, on peut
les faire développer en Papillons et leur faire produire des
œufs, en ayant soin de rejeter les Papillons dont le duvet présente des taches noires et veloutées, ce qui est, sans exception,
l'indice de la maladie.

La *Flacherie* et la *Muscadine* sont deux autres maladies dont

Fig. 232. — Bombyx processionnaire du chêne.

la première est due à la fermentation des feuilles de mûrier
dans le tube digestif, et la seconde au développement d'un
champignon microscopique dans le corps du ver.

Autres Papillons de nuit. — Échenillage des arbres. —
Il existe encore d'autres Bombyx dont le cocon pourrait être
utilisé, mais la soie qu'on en retire n'a jamais la finesse et
la valeur de celle du Bombyx du mûrier.

Le *Sphinx du Troëne*, le *Sphinx tête de mort*, le *Grand Paon de
nuit*, les *Sésies*, sont encore des papillons nocturnes. Nous devons une mention spéciale aux *Bombyx processionnaires* (fig. 232),
dont les chenilles groupées par centaines pendant le jour sur
les plus grosses branches des chênes, montent, au déclin du
jour, à la suite les unes des autres, jusque sur les feuilles
qu'elles dévorent.

Les Chenilles de la plupart de ces Papillons sont nuisibles à la végétation ; aussi des règlements spéciaux ordonnent-ils l'échenillage des arbres ; malheureusement, cette mesure est illusoire, car l'échenillage devant être fait avant le 20 février de chaque année, laisse un libre champ aux Chenilles qui n'apparaissent qu'après cette date, et ce sont les plus nombreuses.

Petits Lépidoptères. — La Pyrale et la Teigne. — La *Pyrale de la Vigne*, qui a souvent porté la désolation dans les pays vignobles, est un petit Papillon aux ailes jaunes barrées de brun, qui se montre au mois de juillet et dépose ses œufs sur les feuilles.

Il en sort des Chenilles qui se suspendent immédiatement par un fil et sont bientôt jetées par le vent contre les échalas ou contre les ceps. Elles s'y blottissent dans quelque fente où elles attendent le printemps. Lorsque les feuilles com-

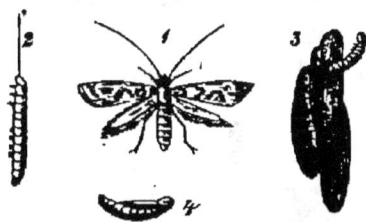

1. Insecte adulte.
2. Chenille.
3. Chenille perçant des grains.
4. Pupe.

Fig. 233. — Teigne des grains.

mencent à pousser, que les bourgeons apparaissent, les chenilles quittent leurs retraites, grimpent le long du cep, enveloppent les feuilles d'un réseau soyeux et les détruisent en quelques jours. En pratiquant pendant l'hiver un échaudage des ceps et des échalas, on détruit les chenilles et on évite par conséquent leurs ravages.

On trouve souvent à l'intérieur des pommes et des poires des sortes de Vers qui sont les Chenilles d'autres Pyrales.

Les *Teignes* (fig. 233) ne sont pas moins redoutables que la Pyrale, mais c'est dans nos habitations qu'elles exercent leurs ravages. La Teigne des tapisseries possède une petite Chenille qui ronge les étoffes de laine et se construit une sorte de fourreau avec de petits brins qu'elle tisse adroitement. On éloigne ces hôtes redoutables au moyen d'odeurs fortes, comme celles du poivre, du camphre, etc., et surtout en exposant souvent à la lumière les objets que l'on tient à conserver.

Ordre des Hémiptères

Caractèr s généraux. — Il nous suffira de citer les *Cigales*,
les *Punaises*, les *Pucerons* et les *Cochenilles* qui appartiennent à
cet ordre pour en faire comprendre l'importance.

Presque tous possèdent quatre ailes membraneuses ; chez
un certain nombre de ces Insectes, celles de la première
paire ont l'extrémité membraneuse et la portion basilaire
coriace. Les Hémiptères étant des Insectes suceurs par excellence, ont la lèvre supérieure, les mandibules et les mâchoires
transformées en stylets minces et acérés, tandis que la lèvre
inférieure devient une sorte de gaîne qui protège ces stylets.

Les uns sucent le sang de l'homme et des animaux ; les
autres, beaucoup plus nombreux, percent l'écorce des arbres
pour en aspirer le suc. Leur piqûre s'accompagne de l'émission
d'un liquide irritant qui détermine une douleur plus ou moins
vive.

Les Cigales. — Les *Cigales* ne se rencontrent chez nous
que dans le midi de la France ; mais le vulgaire donne volontiers ce nom à certaines Sauterelles. Leur taille est assez
grande ; elles ont de petites antennes terminées par une soie
grêle, des tarses de trois articles et, ce qui est bien plus caractéristique, sous l'abdomen des mâles, de grandes plaques
recouvrant un appareil musical. Cet appareil se compose de
plaques solides qui, mises en mouvement par des muscles,
produisent le chant rauque et désagréable qu'aimaient à entendre les Grecs.

Les Cigales femelles sont muettes ; elles pratiquent des
entailles dans l'écorce des arbres et déposent un œuf dans
chaque fente. Leurs larves, munies de pattes antérieures très
fortes, qui rappellent un peu celles des Courtilières, peuvent
fouir le sol à la recherche des racines. Elles se transforment
en nymphes qui sortent bientôt de terre et se suspendent aux
plantes du voisinage ; leur peau desséchée se fend sur le
dos, et la Cigale, quittant cette dépouille, grimpe sur les
arbres.

Les Hémiptères aquatiques. — On rencontre dans les

eaux un certain nombre d'Insectes nageurs et carnassiers dont les tarses antérieurs sont aplatis et frangés de poils pour servir à la natation. On reconnaît facilement les *Nèpes* ou *Punaises d'eau* (fig. 234) à leurs pattes antérieures ravisseuses, et aux deux longues tiges creuses qui terminent l'abdomen et à l'aide desquelles ces Insectes viennent renouveler leur provision d'air à la surface de l'eau. Les *Notonectes* attachent leurs œufs sur les plantes aquatiques. Les habitants du Mexique vont faucher ces plantes, détachent les œufs et les transforment en une sorte de farine avec laquelle ils fabriquent des galettes ou du pain qu'on vend sur les marchés de Mexico sous le nom de *Rautle*.

Les Punaises. — Les *Punaises des bois* (fig. 235) sont des Insectes à corps large et aplati répandant autour d'eux une odeur infecte; la *Punaise grise* et la *Punaise verte* se rencontrent sou-

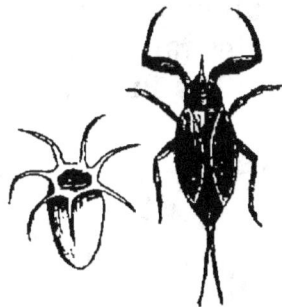

Fig. 234. — La Nèpe avec un œuf très grossi.

Fig. 235. — Punaises.

vent sur les arbres et sur les fruits; une autre espèce, non moins fréquente mais plus petite, offre sur tout son corps un mélange de rouge et de noir.

Les *Punaises de lit* ne présentent que des rudiments d'ailes; mais celle-ci peuvent se développer dans certaines conditions favorables. Ces Insectes se nourrissent exclusivement du sang de l'homme. Pendant le jour, elles se tiennent cachées dans les tentures et dans les moindres fentes; elles ressortent la nuit pour chercher leurs victimes et quand elles ne peuvent les atteindre, elles montent au plafond; arrivées au-dessus des dormeurs, elles se laissent tomber et leur but est atteint. On suppose que ces Insectes désagréables nous ont été importés d'Amérique.

Les ailes disparaissent complètement chez les *Poux*, que l'absence de métamorphoses et la disposition des pièces buccales rapprochent des Hémiptères.

Les Pucerons. — Chez les *Pucerons* et les *Cochenilles*, les mâles ont toujours des ailes; les femelles en sont ordinairement privées. Ces Insectes se rencontrent en légions innombrables sur les plantes, et on les désigne parfois sous le nom de Poux des végétaux.

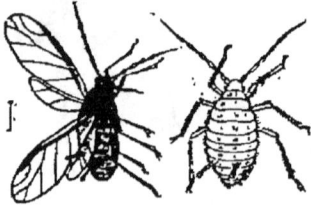

Fig. 236. — Pucerons.

Les *Pucerons* (fig. 236) sont toujours de petite taille; leurs tarses n'ont que deux articles; à l'extrémité de leur abdomen se montrent deux petits tubes qui déversent la

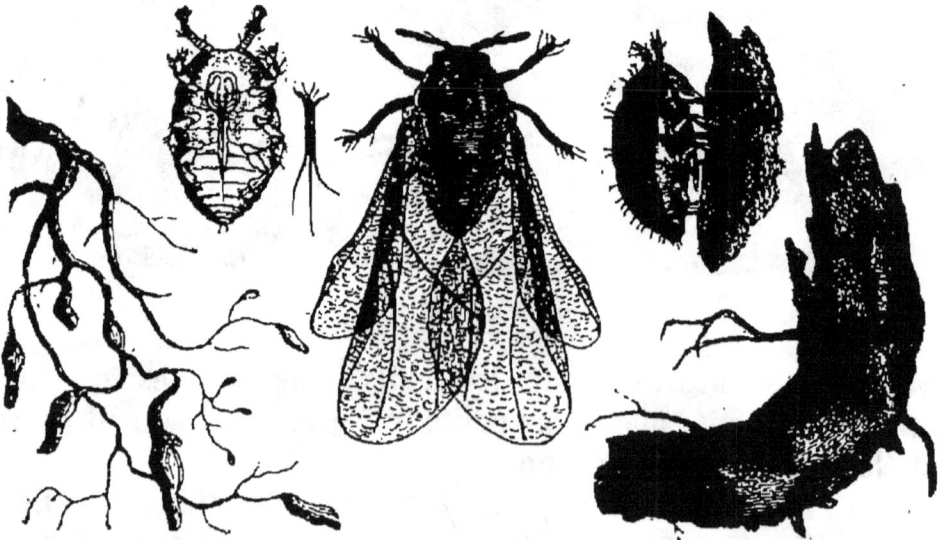

Fig. 237. — Phylloxera très grossi avec racines de vigne attaquée.

iqueur sucrée dont les Fourmis sont si friandes; les Pucerons qui naissent des œufs au printemps sont tous femelles;

chacune de celles-ci produit en moyenne quatre-vingt-dix Pucerons femelles, à raison de trois à sept par jour, et tous ces jeunes en produisent d'autres à leur tour; enfin, lorsque survient l'automne, ces Pucerons donnent naissance à des individus pourvus d'ailes qui pondent des œufs pour l'hiver. Un auteur a calculé qu'un seul Puceron était la souche annuelle d'un quintillion d'individus. Ils demeurent en groupes sur les plantes qu'il affectionnent et les font dépérir rapidement.

Une espèce de Puceron tout particulièrement redoutable, le *Phylloxera*, nous est venue récemment d'Amérique et a littéralement anéanti les vignobles d'une grande partie de notre pays. Le Phylloxera (fig. 237) présente les mêmes phases de développement que les Pucerons ordinaires ; il s'attaque aux racines de la vigne et ses piqûres développent des nodosités sur le chevelu ; les racines n'absorbent plus ; la plante dépérit et meurt en quelques années.

Les Cochenilles. — Les *Cochenilles*, étroitement liées aux Pucerons, s'en distinguent par leurs tarses formés d'un seul article. Les femelles se fixent sur les feuilles et y déposent leurs œufs. Ces Insectes sont très nuisibles à la végétation, mais plusieurs d'entre eux nous fournissent des produits précieux. La Cochenille fine qui vit sur le Nopal (fig. 238) donne le carmin. Après avoir recueilli l'Insecte sur la plante nourricière, on le tue par une courte immersion dans l'eau et on le fait sécher au soleil; il présente alors l'aspect d'une petite graine ridée; il en faut environ 140,000 pour

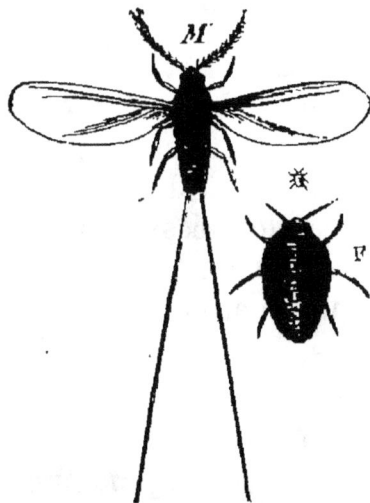

Fig. 239. — La Cochenille.
M, mâle. — F, femelle.

faire le poids d'un kilogramme. En faisant bouillir dans de l'eau cette Cochenille desséchée, on obtient un liquide rouge qui, par le repos, laisse déposer le carmin. Cette substance coûteuse est aujourd'hui remplacée par les couleurs d'aniline retirées du goudron de houille. La Cochenille du Nopal, originaire du Mexique, a été introduite avec succès aux Antilles, aux Iles Canaries et même en Algérie. La Cochenille du Chêne vert est employée pour les teintures en cramoisi ; une espèce de l'Inde nous fournit la laque.

Les Puces ; leur sollicitude pour les larves. — Les *Puces* (fig. 239) sont des Insectes suceurs comme les Hémiptères, mais leurs pièces buccales sont disposées d'une manière différente ; elles n'ont pas d'ailes et subissent des métamorphoses complètes.

Tout le monde sait comment elles sucent le sang et connaît

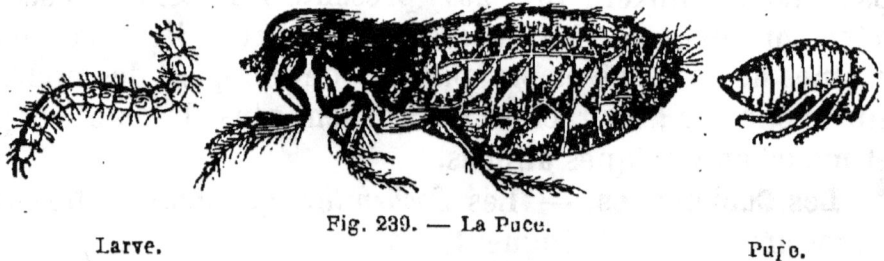

Larve.

Fig. 239. — La Puce.

Pupe.

la vigueur et l'amplitude de leurs bonds, mais on ignore l'intelligence que déploient les Puces dans les soins dont elles entourent leurs larves. Celles-ci, privées de pattes, sont condamnées à demeurer où elles naissent, mais elles ne sont pas abandonnées ; leur mère, après s'être gorgée de sang, va trouver ses jeunes et leur dégorge une partie de la nourriture qu'elle a recueillie.

Ordre des Diptères

Caractères de l'ordre. — Les Diptères ou *Mouches à deux ailes* sont les plus nombreux des Insectes ; ils abondent sous toutes les latitudes et se multiplient avec une étonnante rapidité. Comme l'indique leur nom, ils ne possèdent jamais que deux ailes ; les ailes postérieures sont réduites à une petite tige terminée par un bouton : c'est le balancier. Les Diptères sont des Insectes suceurs et les pièces de leur bouche sont transformées dans ce but en une sorte de trompe. Ils possèdent des métamorphoses complètes.

Principaux Diptères. — Les *Mouches*, les *Œstres* etles *Taons* se reconnaissent à leurs antennes courtes ; les *Cousins* et les *Tipules* les ont au contraire longues et filiformes.

Les *Mouches* sont répandues partout en immense quantité ; leur tête porte une grande trompe constituée par les pièces

Fig. 240. — Œstre du Cheval.

Œuf fixé à un poil.　　Larves.　　Enveloppe de la pupe ouverte.

buccales réunies. Les larves ont ordinairement la forme de Vers et sont bien connues sous le nom d'Asticots. Pour se transformer en pupes, ces Asticots ne subissent pas de mue : le corps se raccourcit simplement et la peau se durcit.

La plupart des Mouches se nourrissent de chair corrompue. Elles possèdent à l'extrémité des pattes des pelotes charnues qui leur permettent de se maintenir au plafond ou de marcher sur les vitres.

Fig. 241. — Le Taon du Bœuf.

Les *Œstres* sont de grosses Mouches velues à petites antennes et à trompe rudimentaire. Ils sont incapables de piquer et ne peuvent qu'effrayer les Chevaux, les Bœufs, les Moutons en bourdonnant autour d'eux.

L'Œstre du Cheval (fig. 240) dépose ses œufs sur la peau du Cheval et celui-ci les avale en se léchant ; *l'Hypoderme du Bœuf* dépose les siens sous la peau de ce Ruminant et y provoque des tumeurs.

Les *Taons* sont les Diptères les plus robustes et les plus redoutables ; ils ont un corps large et épais avec des yeux très grands et brillants qui se rejoignent presque sur le sommet de la tête. Le Taon des Bœufs (fig. 242) possède un puissant suçoir et se nourrit du sang des animaux ; on le rencontre fréquemment à la lisière des bois ou dans les clairières.

Les *Cousins* sont des Diptères à longues antennes qui affectionnent les endroits marécageux ; ceux de nos pays sont déjà fort désagréables, mais que dire des Cousins ou Moustiques des pays chauds, tant redoutés des voyageurs ! Leur nymphe flotte à la surface de l'eau, l'air dessèche et fend son enveloppe le long du dos et l'Insecte s'en échappe.

Les *Tipules* ressemblent fort aux Cousins, mais leur bouche molle, ne leur permettant pas de se nourrir de sang, en fait des Insectes inoffensifs, hôtes habituels des prairies et des jardins.

Préjudices causés à l'agriculture par les Insectes
Utilité de quelques-uns

La plupart des Insectes sont des animaux nuisibles à l'agriculture. Les tableaux suivants font connaître les dégâts occasionnés par les principaux d'entre eux.

INSECTES NUISIBLES A L'AGRICULTURE

NOMS VULGAIRES	ORDRES	DÉGATS COMMIS
1° Insectes nuisibles à toutes les cultures.		
Hanneton............	*Coléoptères*	La larve dévore les racines ; l'insecte adulte détruit les feuilles des arbres.
Criquets voyageurs..	*Orthoptères*	Détruisent les récoltes, l'herbe et les feuilles des arbres.
2° Insectes nuisibles aux céréales.		
Charançon du blé....	*Coléoptères*	Ronge les graines en grenier.
Taupin...............	*id.*	Ronge les racines.
Teigne des blés.....	*Lépidoptères*	Ronge le blé dans les greniers.
Hanneton	*Coléoptères*	La larve ronge les racines des céréales.
3° Insectes nuisibles aux plantes potagères.		
Courtilière..........	*Orthoptères*	Ronge les racines.
Bruche..............	*Coléoptères*	Attaque les graines.
Puceron.............	*Hémiptères*	Suce la sève des feuilles.
Doryphora de la pomme de terre.......	*Coléoptères*	Ronge les feuilles.

NOMS VULGAIRES	ORDRES	DÉGATS COMMIS
4° Insectes nuisibles aux arbres fruitiers.		
Guêpes............	*Hyménoptères*.......	S'attaquent aux fruits.
Fourmis...........	*id.*	id.
Pyrale............	*Lépidoptères*	Ronge l'intérieur des poires, des pommes et des prunes.
Scolyte...........	*Coléoptères*	Creuse des galeries dans le bois du pommier.
Pucerons..........	*Hémiptères*	Sucent la sève.
Grand Paon de nuit..	*Lépidoptères*.......	S'attaque aux feuilles.
Petit Paon de nuit...	*id.*	id.
5° Insectes nuisibles à la vigne.		
Écrivain de la vigne.	*Coléoptères*	Ronge les feuilles et les racines.
Altise.............	*id.*	S'attaque aux bourgeons.
Pyrale de la vigne...	*Lépidoptères*.......	S'attaque aux feuilles et aux jeunes pousses.
Phylloxera.........	*Hémiptères*	Suce la sève des racines.
6° Insectes nuisibles aux arbres forestiers.		
Bupreste..........	*Coléoptères*	Creuse des galeries dans le bois.
Charançon.........	*Coléoptères*	Attaque les feuilles.
Cerambyx	*Coléoptères*	Creuse des galeries dans le bois.
Cossu	*Coléoptères*	id.
Bombyx procession-naire............	*Lépidoptères*	S'attaque aux feuilles.
Sirex géant........	*Lépidoptères*	Creuse des galeries dans le bois des hêtres.
Scolyte............	*Coléoptères*.........	Creuse des galeries dans le bois des ormes, des bouleaux, etc.
Lophyre du pin	*Hyménoptères*.......	S'attaque aux feuilles.

A côté de ces nombreux Insectes nuisibles à l'agriculture, nous pouvons en citer quelques-uns qui sont les auxiliaires de l'agriculteur.

INSECTES AUXILIAIRES DE L'AGRICULTURE

NOMS VULGAIRES	ORDRES	UTILITÉ
Carabe doré	*Coléoptères*	Détruit les Limaces et les Hannetons.
Calosome sycophante.	*id.*	Dévore les Chenilles du Bombyx processionnaire.
Cicindèle	*id.*	Détruit les Insectes.
Coccinelle	*id.*	Fait un grand carnage de Pucerons.
Fourmi-lion........	*Névroptères*........	Dévore les Chenilles et les Fourmis.
Hémérobe vulgaire ..	*id.*	Ses larves dévorent les Pucerons sur les arbres.

Enfin, il est des Insectes qui fournissent à l'homme des produits directement utilisables, soit au point de vue alimentaires, soit au point de vue industriel.

INSECTES DIRECTEMENT UTILES A L'HOMME

NOMS VULGAIRES	ORDRES	PRODUITS
Abeille domestique ..	*Hyménoptères*......	Cire et miel.
Ver à soie	*Lépidoptères*	Soie.
Cynips	*Hyménoptères*.......	Galles.
Cochenille du Nopal.	*Hémiptères*	Cochenille, carmin.
Kermès du chêne vert.	*id.*	Matière colorante, vermillon.

RÉSUMÉ

Le groupe des *Insectes suceurs* comprend trois ordres :

INSECTES SUCEURS

4 ailes	Recouvertes d'écailles........................	Lépidoptères.
	Les supérieures souvent durcies à la base; les inférieures membraneuses...........	Hémiptères.
2 ailes	Les deux ailes postérieures sont transformées en *balanciers*...........................	Diptères.

1° Lépidoptères : *Papillons de jour* et *Papillons de nuit* (Bombyx du mûrier).

2° Hémiptères : *Punaises, Cigales, Pucerons, Phylloxera.*

3° *Diptères* ou Mouches à deux ailes : *Mouches, Taons, Œstres, Cousins.*

TABLEAU GÉNÉRAL DE LA CLASSIFICATION DES INSECTES.

INSECTES.

Lécheurs..	Métamorphoses complètes		Hyménoptères (*Abeille*).
Broyeurs..		Les ailes supérieures transformées en *élytres*, les inférieures pliées transversalement, métamorphoses complètes............	Coléoptères (*Hanneton*).
		Les ailes supérieures parcheminées; les inférieures plissées en éventail..........	Orthoptères (*Sauterelle*).
		Les 4 ailes membraneuses et réticulées...	Névroptères (*Libellule*).
Suceurs...	4 ailes	Recouvertes d'écailles..	Lépidoptères (*Papillon*).
		Les supérieures souvent durcies à la base, les inférieures membraneuses	Hémiptères (*Punaise*).
	2 ailes	Les 2 ailes postérieures sont transformés en balanciers......	Diptères (*Mouches*).

FIN.

TABLE DES MATIÈRES

Maison Quantin & Ricourt
S. Benoît-Z.A.Nice